新标准 中文本科系列教材

高级中文综合教程 1

GAOJI ZHONGWEN ZONGHE JIAOCHENG

总主编：张　浩
主　编：李　文
编　者（按姓氏笔画排列）：
李　文　杨　洁　宋红芳　张亚茹　张咏梅　柯润兰　洪桐怀

北京语言大学出版社
BEIJING LANGUAGE AND CULTURE UNIVERSITY PRESS

图书在版编目（CIP）数据

高级中文综合教程. 1 / 李文主编 ; 李文等编. 北京 : 北京语言大学出版社, 2025. 2. -- (新标准中文本科系列教材 / 张浩总主编). -- ISBN 978-7-5619-6613-6

Ⅰ. H195.4

中国国家版本馆CIP数据核字第20244G1W06号

高级中文综合教程1

GAOJI ZHONGWEN ZONGHE JIAOCHENG 1

排版制作：北京创艺涵文化发展有限公司
责任印制：周　燚

出版发行：北京语言大学出版社
社　　址：北京市海淀区学院路15号，100083
网　　址：www.blcup.com
电子信箱：service@blcup.com
电　　话：编 辑 部　8610-82303647/3592/3724
　　　　　国内发行　8610-82303650/3591/3648
　　　　　海外发行　8610-82303365/3080/3668
　　　　　北语书店　8610-82303653
　　　　　网购咨询　8610-82303908
印　　刷：天津嘉恒印务有限公司

版　　次：2025年2月第1版　　印　　次：2025年2月第1次印刷
开　　本：787毫米 × 1092毫米　1/16　　印　　张：21.25
字　　数：339千字
定　　价：89.00元

PRINTED IN CHINA

总前言

中文作为第二语言教学，其命名从“对外汉语教学”演变为“汉语国际教育”，再进一步发展为“国际中文教育”，这两次关键性的更名标志着中文教学领域的持续拓宽，彰显了其在全球范围内的普及与影响力的逐步提升。为顺应新时代国际中文教育事业的发展需求，2021 年 3 月，中华人民共和国教育部、国家语言文字工作委员会正式发布了《国际中文教育中文水平等级标准》。该标准创造性地推出了“三等九级”的新范式，同时提出了“等级质量”与“集成创新”的新理念，优化升级了“3 + 5”(“3”指言语交际能力、话题任务内容、语言量化指标三个层面，“5”指听、说、读、写、译五种语言技能）规范化新路径。正是在这样的时代背景下，“新标准中文本科系列教材”(以下简称“新标准中文”）应运而生。本系列教材旨在以《国际中文教育中文水平等级标准》为参照，更好地满足新标准下本科来华留学生中文教学的需求。

一、适用对象

“新标准中文”主要是为来华攻读汉语言专业本科学历的留学生量身打造的，能够全面满足初、中、高各层次的中文综合课、专业技能课和专业知识课的教学需求；也可用作海内外相关培训课程的中文教材，来华学习中文的长期进修生及中文自学者也可选用。

二、结构规模

“新标准中文”教材体系与专业课程体系联系紧密，采取综合语言能力培养与听、说、读、写、译专项语言技能训练相融合的教学模式和教材编写模式。此外，还增设了商务、翻译、教学等专业方向的专业语言技能教材和专业知识教材，以满足不同领域的学习需求。全套教材被精心划分为三个层级和两个序列，即初、中、高三个层级，横向和纵向两个序列。横向序列，根据课程性质和专业方向，划分为汉语言技能与知识、文化知识、汉外翻译、商务汉语四大板块，确保学生在各个领域得到全面学习。纵向序列则以综合课教材为主线，辅以听、说、读、写各分项技能的配套教材，该序列贯穿一至四年级，平衡了一般技能课与各层级专业技能课、知识课的比例，确保学生在各个学习阶段都能获得均衡而深入的学习效果。

三、编写理念

本系列教材深度融汇了第二语言教学理论及学习理论，充分考虑了学习者的个体特征、认知差异以及实际需求。在编写过程中，我们始终秉持语言学习与知识学习相融合的教学理念，旨在全方位提升学习者的汉语言能力及自主学习能力，特别强调对学习者认知能力与跨文化交际能力的双重培养，确保学习者在掌握语言技能的同时，拥有更加宽广的视野和跨文化的沟通素养。

“多元、立体、创新、智能”是本套教材的基本理念。多元，即对教学法、教学理论、教学大纲及教学材料、训练方式兼容并包；立体，即加强主干教材和配套教学资源的综合开发；创新，即在继承原有成熟的教学理念、教学方式和教材编写研究成果的基础上，对各分系列教材进行整体和局部的特色设计；智能，即在教材研发模式上，依托多媒体数字化平台，以更智能、更灵活的方式服务于课堂内外的教学工作。

四、编写原则

为实现本系列教材的编写理念，本系列教材在编写过程中遵循如下原则：

依据标准 以《国际中文教育中文水平等级标准》为基石，将其核心理念融入教材编写的每个环节。针对各类教材特性，研制与之匹配的教学大纲，确保每部教材独具匠心，同时又能与其他教材形成互补，共同构建完整的教材体系。

结构模式 秉持“语言结构—功能—文化”三者融合的理念，将语言的结构规则、交际功能以及文化知识结合起来，形成一个全面、系统的教学体系，从而实现语言知识、语言技能与文化认知的协同发展。

话题设计 精选多元话题，从校园生活点滴到当前社会热点，从中华传统文化的深度介绍到现代中国的多维展示。话题设计兼具开放性与包容性，注重跨文化交际的深度解析，旨在增进学习者对中国社会的全面理解，推动不同文明间的交流与互鉴。

语言知识 遵循中文教学与学生认知规律，系统呈现中文基本词汇、语法与汉字知识，多角度展示中文口语与书面语的差异，强调语言要素的语用功能，突出语段与语篇的教学，以此助力学生掌握并灵活运用中文。

技能训练 涵盖听、说、读、写、译五大分项技能，五大技能既各自独立，又相互关联，形成一个完整的技能体系。各分项技能在初级、中级、高级教学阶段逐层递进，实现多层级覆盖，从而精准满足不同层次学习者的实际需求。

专业培养 中文技能培养贯穿本科教学始终，中高级阶段渐进式强化专业技能与专业知识，专业特色鲜明的教材资源帮助学生实现从单一中文能力向“语言 + 专业”综合素养的跃升，彰显复合型、多元化的人才培养理念。

五、教学资源

教学资源是确保教材高效利用的关键支撑。为助力教学工作顺利进行，本系列教材配备教师用书、精选教案及教学示范视频等丰富的资源，依托多媒体数字化平台，以智能化、多样化的方式全面服务于课堂内外的教学实践。

六、分工与致谢

本系列教材编写团队由北京语言大学国际中文学院（原汉语学院）的中青年骨干教师组成。在编写过程中，我们得到了众多支持和指导，对此深表感激！同时，我们也热切期待各位专家、学者、老师及同学们能够不吝赐教，提出宝贵的意见和建议，以使本系列教材日臻完善。

张 浩

2024 年 6 月 26 日

编写说明

《高级中文综合教程》是北京语言大学国际中文学院（原汉语学院）“新标准中文本科系列教材”中的一种，共三册，主要适用于汉语言、汉语国际教育等本科专业三、四年级的来华留学生。已达到中文中级水平并计划学习高级中文的来华进修生，以及具有相同需求的海外中文学习者，也可以选用本教材。

本教材依据2021年3月教育部、国家语委发布的《国际中文教育中文水平等级标准》（下文简称《等级标准》）进行编写，这使教材名称中的“高级中文”做到了名实一致。《等级标准》将中文水平分为初、中、高三等，每一等内部再分为三级，共“三等九级”。其中高等七—九级属新增水平等级，语言能力定位在“能够理解多种主题和体裁的复杂语言材料，进行深入的交流和讨论。能够就社会生活、学术研究等领域的复杂话题进行规范得体的社会交际”，同时，能够“深入了解中国文化知识，具备国际视野和跨文化交际能力”。从话题任务来看，七—九级各有自己的话题领域及需要完成的交际任务。从语言量化指标来看，七—九级内部不再分级，高级阶段规定应掌握的词语总量为11,092个，在中级基础上新增5636个；语法点总量572个，新增148个。《等级标准》高级阶段各项标准是本教材编写的重要参考依据。

本教材1、2册依据话题分册，话题安排循序渐进，与《等级标准》的话题分级基本一致。第1册话题涉及社会、文化遗产、心理健康、动物保护等方面，第2册话题涉及历史、科技、探险、医学伦理、艺术等领域。第3册课文也有具体的话题归属，不过体裁已基本限定在论文，除特别安排的两课“名著欣赏”外，其他八课重心已转向学术文章，话题涉及哲学、比较文学、语言文字、翻译技巧、学术研究方法等。总之，三册话题各有分工，体裁则从追求多样逐渐转向单一，这一变化与高级阶段中文学习重点的转换相一致。

教材所选课文除了要符合话题的要求，同时也必须能够提供足够的高级阶段词语和语法、修辞现象。《等级标准》高等词语有 5636 个，教材重点讲解和练习的词语基本就在这个范围之内。《等级标准》高等语法点有 148 个，涉及词类、短语、固定格式、复句、句群等，教材对此分两类处理，复句关联词全部安排在第 1 册，每课讲解一到两个复句类型；其他语法点只重点讲解课文中出现的项目，余者则暂不涉及。修辞手法在《等级标准》中未做等级分类，本教材选取最常见的 11 种在第 2 册进行集中讲解。

作为本科中文教材，本书具有鲜明的专业特色。1. 系统性。三册的内容编排各有侧重，共同构成一个整体。第 1 册重在学习语法，特别是高级阶段的复句关联词，第 2 册则系统学习常用修辞格。在此基础上，第 3 册专门针对学术文章的阅读和写作进行训练，以便学生对学术文章之章法有较为系统的认识。在每册内部，各课在内容上也互相配合，共同实现教学设计意图。2. 知识性。课文等语料既是语言学习的材料，更是知识的载体，选入教材的每篇课文及每一则语料都承担着向学习者传授知识的重任。既有知识容量又有专业深度的语料，可以激发学习者更强的学习动力和更旺盛的求知欲。因此，教材围绕各课中心话题精心挑选了各层级的语料。值得一提的是，这里说的“知识性”核心在于对语料真实性的追求。教材中的每一则语料，甚至小到每一个例句，都尽可能做到内容真实，不违背常识，不违背事实，实事求是。3. 科学性。科学性是教材设计的总目标，上述“系统性”“知识性”也可视为一种“科学性”。除此之外，本教材的科学性还体现在作为本科教材，尊重中文学习规律，科学处理《等级标准》未涉及的问题。比如修辞格，《等级标准》并没有具体的介绍和分级，但常用修辞格在高级阅读和写作中都十分重要，故教材安排在第 2 册进行系统讲解。又如成语，《等级标准》有 300 多条，几乎全部收于七—九级词汇。考虑到大量常用成语未能收入，而高级阶段的词汇学习不能忽视成语，故本教材将课文中出现但未列入《等级标准》的常用成语也作为各册词语讲练的重点，对其用法做了非常详细的介绍。

本教材的使用需要注意以下几点。第一，不同分册的教学目标和语言训练重点均有所不同。第二，每册所包含的十课均按两个单元来设计，五课为一个单元，每个单元内部题材或体裁力求丰富，其中第五课、第十课安排为叙事散文或小说。第三，每课均按五个模块来设计：①前课文模块；②课文模块；③语言点讲解模块；④练习模块；⑤语言实践模块。

◆前课文模块。这个模块主要是从作者、作品、话题或文体角度为把握课文背景做基本的准备，一般包括“作者简介、作品出处、话题归属/文体说明、课堂报告选题”四个部分。其中，“课堂报告选题”提供了解课文背景的各种视角，供学生分组后选择。每组可选择一题进行资料准备，并在课堂上完成报告。这个环节将为课文的学习奠定基础。

◆课文模块。这个模块为该课学习的主要内容。课文选用原汁原味的中文文章，除受限于课文长度进行必要的删减（课文一般在3000字左右），一般不对原文做任何改动。鉴于高级教材课文较长，一般会按原文章节把课文划分成若干部分，并为每个部分设置“阅读提示”和“词语表”(第3册每课只列一个词语总表)。“阅读提示”可以从内容角度检查学生对课文的理解程度；“词语表”则列出课文中所有高等词语和未被《等级标准》收纳的重要词语，并且列出绝大部分词语的常见搭配，其中的高等词语是练习模块中重点训练的词语的基本来源。课文都有注释，主要针对人物、事件、专业术语等进行说明，以辅助教学或自学。“课文回顾与思考”是课文模块的最后一项，旨在对课文进行全方位的总结，以便加深和拓展学生对课文主题、语言和体裁特点的认识。

需要注意的是，“词语表”中“搭配举例”列出的是词语可能出现的搭配组合，而不是使用中的具体用法。比如，“名＋形”的组合在实际使用中可以是主谓关系，也可以表现为定中关系。以“视野—开阔”为例，其为主谓关系，但也可以表示“开阔（的）—视野”。“词语表”中“名＋形”实际包含了这两种可能出现的用法。如果“名＋形”一般只有定中关系，则以“形＋名”的形式出现。“词语表”中表示语法关系的“的”“地”等词一般会省略。

◆语言点讲解模块。本模块讲解的内容主要包括常见文言词、高级阶段的虚词/固定短语/特殊句式、成语、复句关联词、修辞格、文章结构等，其中复句关联词、修辞格和文章结构依次安排在三册中进行全面而系统的介绍，其他语言点则只针对课文中出现的进行讲解。安排在第3册中的文章结构（“提要与提纲”）涉及文章章法，是掌握论文写法并提高论文写作能力的锁钥。在本模块中，用于解说的文字简洁明晰，例句均经过精心选择，可以满足课堂教学和学生自学的基本需要。本模块相对独立，其中大部分项目与课文在内容上并无紧密关联，所以也可以单列出来进行学习。

◆练习模块。这个模块有以下四个特点。第一，内容全面，且每册各有重点。1、2

两册各课的练习均包含三个部分：词汇 / 语法 / 修辞（第 2 册增加）、拓展阅读、写作。第 3 册练习没有再细分为三个部分，但训练内容一致，并且增加了涉及文章结构的题型。第二，词语和语法练习重点明确，以“词语表”中的高等词语和语言点讲解中的内容为基本范围。第三，三册均坚持从句到段、从段到篇的训练层次的完整性，并逐步加大语段、语篇训练的比重。第四，练习中所有语料均紧扣课文话题。从句或段落排序到段落、篇章论点归纳，从修辞、阅读到写作题材料，语料内容都在该课的中心话题范围之内。

◆语言实践模块。本模块一般会列出两个任务以供选择，内容跟课文有一定的关联，旨在巩固学生课堂所学，培养兴趣，并锻炼解决实际问题的能力。1、2 两册的任务大致包括设计问卷进行采访、就某个问题搜集资料做统计分析、实地参观博物馆、组织辩论会等。第 3 册的任务为“论文设计与讨论”，专为论文写作服务，这与本科最后阶段的学习重点一致。

最后还需对教材中使用的图标做一些说明。特殊符号的使用主要集中在“词语表”中，表中某词语出现上标“○”，表示这是《等级标准》中的七—九级词。如第 1 册第一课“词语表”中“沉思”一词，标为“沉思○”，表示这是七—九级词。未标注的词语则表示没有出现在《等级标准》中。“词语表 · 搭配举例”中用到“◇”和“◎”两种符号，“◇”表示词语搭配用的是该词的比喻义，“◎”表示固定搭配。“◎”也用在练习二或练习三的词语搭配练习中，同样表示这里的搭配是固定搭配。此外，在 1、2 两册目录的“词语例释”中，如果一个词语出现上标，则表示该词语至少会出现两次。如“之”字，安排在第 1 册第四课、第六课中讲解，分别标为“之[1]”“之[2]”，第三次出现在第 2 册第五课，则标为“之[3]”。

《高级中文综合教程》是根据《等级标准》编写的教材，可以帮助进入高级阶段的学习者稳步提高中文水平，并最终实现高级阶段的学习目标。由于本教材侧重满足本科专业三、四年级的需求，不同学习目标的使用者可以根据自身需要选择合适的分册，并对教材内容进行取舍。限于水平、编写时间等因素，教材中错误和不当之处在所难免，恳请使用者批评指正。

李　文

2024 年 3 月 31 日

目 录

第一课　论读书

周国平

课文导览

【作者简介】

周国平（1945— ），上海人。中国社会科学院哲学研究所研究员，作家。学术著作有《尼采：在世纪的转折点上》《尼采与形而上学》，译作有《悲剧的诞生——尼采美学文选》《偶像的黄昏》《希腊悲剧时代的哲学》等。散文创作有较大影响，代表作有《人与永恒》《守望的距离》《各自的朝圣路》《周国平人文讲演录》《妞妞：一个父亲的札记》等。周国平的散文包含对社会、人生的深入思考与独特感悟，文笔优美，语言规范，风格典雅。

【作品出处】

课文选自《人生哲思录》第四编“精神家园”，北京十月文艺出版社，2019 年版。有删减。课名为编者所加。

【话题归属】

课文可以围绕读书、知识积累与文明进步这一中心话题进行学习和讨论。作为人类高尚的爱好，读书兴趣的培养对丰富我们的精神世界至关重要。作为课文背景，涉及书籍与图书馆、学术大家、文学与学术经典等方面的话题，也在学习和讨论的范围之内。

课前准备——课堂报告选题

1. 某国、某地区、某城市或某阶层阅读爱好调查结果介绍；
2. 书籍的起源、形式及其发展；
3. 图书馆的起源、作用与形式演变；
4. 一个关于书的传说或历史故事；
5. 一家著名图书馆的介绍；
6. 周国平散文的特点。

课 文

01–01

费尔巴哈[1]说：人就是他所吃的东西。至少就精神食物而言，这句话是对的。从一个人的读物大致可以判断他的精神品级。一个在阅读和沉思中与古今哲人文豪倾心交谈的人，与一个只读明星逸闻和凶杀故事的人，他们当然有着完全不同的内心世界。我甚至要说，他们也是生活在完全不同的外部世界上，因为世界本无定相[2]，它对于不同的人呈现不同的面貌。

好读书

人的癖好五花八门，读书是其中之一。但凡人有了一种癖好，也就有了看世界的一种特别眼光，甚至有了一个属于他的特别的世界。不过，和别的癖好相比，读书的癖好能够使人获得一种更为开阔的眼光、一个更加丰富多彩的世界。

一个人怎样才算养成了读书的癖好呢？我觉得倒不在于读书破万卷[3]，一头扎进书堆，成为一个书呆子。重要的是一种感觉，即读书已经成为生活的基本需要，不读书就会感到欠缺和不安。宋朝诗人黄山谷[4]有一句名言："三日不读书，便觉语言无味，面目可憎。"[5]如果你三日不读书，就感到自惭形秽，羞于对人说话，觉得没脸见人，则你必定是一个有读书癖的人了。

读者是一个美好的身份。每个人在一生中会有各种其他的身份，例如学生、教师、作家、工程师、企业家等，但是，如果不同时也是一个读者，这个人就肯定存在着某种缺陷。

---

1 费尔巴哈：Ludwig Andreas Feuerbach（1804—1872），德国哲学家，其哲学思想对唯物主义的发展有较大贡献。"人就是他所吃的东西"，德语原文为"Der Mensch ist, was er isst"，出自1850年费尔巴哈发表的《自然科学与革命》一文。

2 定相：这里指固定不变的面貌。

3 读书破万卷：唐朝大诗人杜甫（712—770）在《奉赠韦左丞丈二十二韵》中有两句诗"读书破万卷，下笔如有神"，意思是因为读书多，知识丰富，所以写作时才思敏捷，好像有神人相助。

4 黄山谷：即黄庭坚（1045—1105），字鲁直，号山谷道人，北宋著名文学家、书法家和画家。

5 这几句话的意思是：三天不读书，便会觉得自己说话淡而无味，相貌也变得丑陋。

历史上有许多伟大人物，在他们众所周知的声誉背后，往往有一个人所不知的身份，便是终身读者，即一辈子爱读书的人。

在很大程度上，人类精神文明的成果是以书籍的形式保存的，而读书就是享用这些成果并把它们据为己有的过程。质言[1]之，做一个读者，就是加入到人类精神文明的传统中去，做一个文明人。相反，对于不是读者的人来说，凝聚在书籍中的人类精神财富等于不存在，他们不去享用和占有这笔宝贵的财富，一个人唯有在成了读者以后才会知道，这是多么巨大的损失。

中国国家图书馆阅览大厅（张海岩 摄）

读书唯求愉快，这是一种很高的境界。关于这种境界，陶渊明[2]做了最好的表述："好读书，不求甚解。每有会意，便欣然忘食。"[3]不过，我们不要忘记，在《五柳先生传》中，这句话前面的一句话是："闲静少言，不慕荣利。"[4]可见要做到出于性情而读书，其前提是必须有真性情。那些躁动不安、事事都想发表议论的人，那些渴慕荣利的人，哪里肯甘心于自个儿会意的境界。

以愉快为基本标准，这也是在读书上的一种诚实的态度。无论什么书，只有你读时感到了愉快，使你发生了共鸣和获得了享受，你才应该承认它对于你是一本好书。

1 质言：如实而说，按照真实的情况谈（某个问题）。

2 陶渊明：约 365—427 年，东晋著名诗人，散文亦有很高的成就，代表作有《五柳先生传》《桃花源记》等。《五柳先生传》是带有自传性质的散文。

3 这几句话的字面意思是：喜欢读书，但不追求一字一句地解释。每当领会到书中的义理，便会高兴得忘记吃饭。陶渊明认为，领会文章的精神，比只重视一字一句地解释更加重要。成语"不求甚解"现在是贬义词，形容学习态度不认真。

4 这两句话的意思是：安静，言语不多，不向往功名利禄。

尤其是文学作品，本身并无实用，唯能使你的生活充实，而要做到这一点，前提是你喜欢读。没有人有义务必须读诗、小说、散文。哪怕是专家们同声赞扬的名著，如果你不感兴趣，便与你无干。不感兴趣而硬读，其结果只能是不懂装懂，人云亦云。相反，据我所见，凡是真正把读书当作享受的人，必有自己鲜明的好恶，而且对此心中坦荡，不屑讳言。

对今天青年人的一句忠告：多读书，少上网。你可以是一个网民，但你首先应该是一个读者。如果你不读书，只上网，你就真成一条网虫了。称网虫是名副其实的，整天挂在网上，看八卦，聊天，玩游戏，精神营养极度不良，长成了一条虫。

互联网是一个好工具，然而，要把它当工具使用，前提是你精神上足够强健。否则，结果只能是它把你当工具使用，诱使你消费，它赚了钱，你却被毁了。

书籍是人类经典文化的主要载体。电视和网络更多地着眼于当下，力求信息传播的新和快，不在乎文化的积淀。因此，一个人如果主要甚至仅仅看电视和上网络，他基本上就是一个没有文化的人。他也许知道天下许多奇闻八卦，但这些与他的真实生活毫无关系，与他的精神生长更毫无关系。一个不读书的人是没有根的，他对人类文化传统一无所知，本质上是贫乏和空虚的。我希望今天的青少年不要成为没有文化的一代人。

我承认我从写作中也获得了许多快乐，但是，这种快乐并不能代替读书的快乐。有时候我还觉得，写作侵占了我的读书的时间，使我蒙受了损失。写作毕竟是一种劳动和支出，而读书纯粹是享受和收入。

阅读不但可以养心，而且可以养生，使人心宽体健。人的身体在很大程度上受心灵支配，忧虑往往致病，心态好是最好的养生。爱阅读的人，内心充实宁静，不易陷入令人烦恼焦虑的世事纷争之中。大学者中多寿星，原因就在于此。

阅读还可以救生，为人解惑消灾。人遇事之所以想不开，寻短见，是因为坐井观天，心胸狭窄。爱阅读的人，眼界开阔，一览众山小[1]，比较容易超脱人生中一时一地的困境。

阅读甚至可以优生，助人教子育人。父母爱阅读，会在家庭中形成良好的文化氛围，对子女产生不教之教的熏陶作用。相反，父母自己不读书，却逼迫孩子用功，一定事倍功半。

---

1 一览众山小：杜甫《望岳》一诗的最后两句为“会当凌绝顶，一览众山小”，意思是一定要登上最高峰，那时群山就会显得渺小。这里比喻读书多了，知识水平提高了，对问题就会有清醒的认识。

阅读提示（一）

1. 文章开头引用了费尔巴哈的话“人就是他所吃的东西”，作者认为这句话与文章的主题“读书”有什么关系？
2. 第一部分标题“好读书”中的“好”是什么意思？声调为第几声？
3. 一个人怎样才算是有了读书的癖好？“读者”身份对一个人来说为什么是重要的？
4. 读书中“愉快”的境界指的是什么？一个怎样的人才可以从读书中得到愉快？
5. 作者为什么建议青年人“多读书，少上网”？
6. 作者认为阅读有哪些好处？

词语表（一） 01–02

序号	词语	拼音	词性	搭配举例
1	读物	dúwù	名	◎儿童 / 通俗 / 科普 / 有声～
2	品级	pǐnjí	名	产品 / 商品～
3	沉思○	chénsī	动	陷入 / 打断～；～良久
4	哲人	zhérén	名	
5	文豪	wénháo	名	◎大～
6	倾心	qīngxīn	动	一见～；～交谈
7	逸闻	yìwén	名	～轶事
8	凶杀	xiōngshā	动	～现场；◎～案
9	呈现○	chéngxiàn	动	～（出）特点 / 面貌 / 风格
10	癖好	pǐhào	名	
11	五花八门○	wǔhuā-bāmén	成语	
12	但凡	dànfán	副	～……，都……
13	开阔○	kāikuò	形 / 动	视野 / 眼界 / 心胸 / 思路～；～视野 / 眼界
14	丰富多彩○	fēngfù-duōcǎi	成语	
15	读书破万卷	dúshū pò wànjuàn	成语	

16	书呆子	shūdāizi	名	
17	即○	jí	副/动	
18	欠缺○	qiànquē	动/名	～能力/知识/经验；有/没有～
19	面目可憎	miànmù-kězēng	成语	
20	自惭形秽	zìcán-xínghuì	成语	
21	羞于	xiūyú		～启齿
22	必定○	bìdìng	副	
23	众所周知○	zhòngsuǒzhōuzhī	成语	
24	声誉○	shēngyù	名	享有/赢得～；～很高
25	书籍○	shūjí	名	
26	享用	xiǎngyòng	动	
27	据为己有	jùwéijǐyǒu	成语	
28	凝聚○	níngjù	动	～智慧/心血；◎～力
29	唯有	wéiyǒu	连/副	
30	唯○	wéi	副	
31	境界○	jìngjiè	名	～高；◎艺术/精神/思想～
32	表述○	biǎoshù	动	
33	不求甚解	bùqiú-shènjiě	成语	
34	性情○	xìngqíng	名	～温顺/急躁
35	躁动不安	zàodòng bù'ān		
36	渴慕	kěmù	动	
37	甘心○	gānxīn	动	（不）～失败/落后/受穷；◎～情愿
38	会意○	huìyì	动	
39	共鸣○	gòngmíng	动	引起/产生～
40	充实○	chōngshí	形/动	生活/心灵/内容～；～生活/心灵/内容
41	赞扬○	zànyáng	动	受到/赢得～
42	名著○	míngzhù	名	◎世界/文学/学术/经典～

43	无干	wúgān	动	与……～
44	人云亦云	rényún-yìyún	成语	
45	好恶	hàowù	名	个人～；～不同
46	坦荡	tǎndàng	形	胸怀～
47	不屑 ○	búxiè	动	～于；神情 / 口气～；◎～一顾
48	讳言	huìyán	动	无可～
49	忠告	zhōnggào	名 / 动	提出 / 接受～；一再～
50	网民 ○	wǎngmín	名	
51	名副其实 ○	míngfùqíshí	成语	
52	八卦 ○	bāguà	名 / 形	～新闻 / 消息；太～
53	极度 ○	jídù	副	～疲劳 / 不满 / 紧张 / 兴奋
54	强健	qiángjiàn	形	身体 / 体格～
55	诱使	yòushǐ	动	
56	载体 ○	zàitǐ	名	物质 / 信息～
57	着眼 ○	zhuóyǎn	动	～于
58	当下 ○	dāngxià	名 / 副	
59	力求 ○	lìqiú	动	～达到 / 完成
60	积淀 ○	jīdiàn	名 / 动	历史 / 文化～；～精神 / 感情
61	奇闻	qíwén	名	～趣事；天下～
62	一无所知 ○	yìwúsuǒzhī	成语	
63	贫乏	pínfá	形	物质 / 资源 / 内容 / 知识 / 思想～
64	空虚 ○	kōngxū	形	精神 / 生活 / 内容～
65	侵占 ○	qīnzhàn	动	～财产 / 领土
66	蒙受	méngshòu	动	～损失 / 耻辱
67	纯粹 ○	chúncuì	副 / 形	
68	养生 ○	yǎngshēng	动	～知识；◎～之道
69	忧虑 ○	yōulǜ	动	对……感到～

70	焦虑◯	jiāolǜ	形	心情～；～不安
71	纷争	fēnzhēng	名/动	引起/消除～；～不休
72	寿星	shòuxīng	名	◎老～
73	救生	jiùshēng	动	～设备；◎～员/衣/圈/艇
74	解惑	jiěhuò	动	答疑～
75	消灾	xiāo//zāi	动	～避难
76	之所以◯	zhīsuǒyǐ	连	
77	坐井观天	zuòjǐng-guāntiān	成语	
78	狭窄◯	xiázhǎi	形	场地/空间～；◇心胸/眼界～
79	眼界◯	yǎnjiè	名	～开阔/狭窄；大开/开阔～
80	超脱	chāotuō	动/形	～现实；性格～
81	困境◯	kùnjìng	名	陷入/走出/摆脱～
82	优生	yōushēng	动	～优育
83	氛围◯	fēnwéi	名	课堂/家庭/社会/工作/学术～；欢乐/温暖/沉重～
84	熏陶◯	xūntáo	动	在……的～下；受……的～
85	逼迫◯	bīpò	动	
86	事倍功半	shìbèi-gōngbàn	成语	

读好书 01-03

有人问一位登山运动员为何要攀登珠穆朗玛峰[1]，得到的回答是："因为它在那里。"别的山峰不存在吗？在他眼里，它们的确不存在，他只看见那座最高的山。爱书者也应该有这样的信念：非最好的书不读。让我们去读最好的书吧，因为它在那里。

攀登大自然的高峰，我们才能俯视大千[2]，一览众山小。阅读好书的效果与此相似，伟大的灵魂引领我们登上精神的高峰，超越凡俗生活，领略人生天地的辽阔。

---

1 珠穆朗玛峰：简称珠峰，是喜马拉雅山脉的主峰，位于中国和尼泊尔边境。根据2020年的测量结果，海拔8848.86米，是世界第一高峰。

2 大千："大千世界"的省称。"大千世界"原为佛教用语，现指我们生活的这个广阔的世界。

人类历史上产生了那样一些著作，它们直接关注和思考人类精神生活的重大问题，因而是人文性质的，同时其影响得到了许多世代的公认，已成为全人类共同的财富，因而又是经典性质的。我们把这些著作称作人文经典。在人类精神探索的道路上，人文经典构成了一种伟大的传统，任何一个走在这条路上的人都无法忽视其存在。

人文经典是一座圣殿，它就在我们身边，一切时代的思想者正在那里聚会，我们只要走进去，就能聆听到他们的嘉言隽语。就最深层的精神生活而言，时代的区别并不重要，无论是两千年前的先贤，还是近百年来的今贤，都同样古老，也都同样年轻。

古往今来，书籍无数，没有人能够单凭一己之力从中筛选出最好的作品来。幸亏我们有时间这位批评家，虽然它也未必绝对智慧和公正，但很可能是一切批评家中最智慧和最公正的一位，多么独立思考的读者也不妨听一听它的建议。所谓经典，就是时间这位批评家向我们提供的建议。

人类历史上有过许多精神巨人，他们高瞻远瞩，各人依凭自己的心性看见了不同的奇异风景。我们不是巨人，但何妨站到巨人的肩膀上，去欣赏一下他们眼中的那奇异的风景。我们不是伟大的人，但何妨阅读伟大的著作，去体会一下人的伟大可以达到何种高度。是的，读经典就是站在巨人的肩膀上的最直接、最现成的方式。

人生不能没有朋友。在一切朋友中，有两个朋友是最不可缺的。一个朋友就是你自己，是你身上的那个更高的自我，但它常常是沉睡着的，你要去把它唤醒。为了使这个更高的自我变得丰富而强大，你还必须有另一个朋友，就是那些好书，活在好书里的那些伟大的灵魂。

读永恒的书，做纯粹的人。

阅读提示（二）

1.“因为它在那里”，作者为什么用这句话来概括登山和读书的共同点？

2.什么样的书能够被称为人文经典？它们的地位是怎样得到确认的？

3.作者认为哪两个朋友是一个人最不可缺少的？这两个朋友之间是什么样的关系？

4.什么是“永恒的书”？什么是“纯粹的人”？

词语表（二） 01–04

序号	词语	拼音	词性	搭配举例
87	攀登	pāndēng	动	～高峰
88	俯视	fǔshì	动	～山下 / 大地
89	灵魂○	línghún	名	～不灭；◇出卖～；◎～人物
90	引领○	yǐnlǐng	动	～潮流
91	凡俗	fánsú	形	不同～
92	领略○	lǐnglüè	动	～魅力 / 风光
93	辽阔○	liáokuò	形	土地 / 海洋 / 幅员～
94	人文○	rénwén	名	◎～学科 / 科学 / 精神
95	世代○	shìdài	名	～友好 / 流传
96	圣殿	shèngdiàn	名	◇音乐 / 艺术～
97	聆听	língtīng	动	～教诲
98	嘉言隽语	jiāyán juànyǔ		
99	深层	shēncéng	形 / 名	～原因 / 动机；土壤 / 地下～
100	先贤	xiānxián	名	
101	古往今来	gǔwǎng-jīnlái	成语	
102	一己之力	yìjǐzhīlì		
103	筛选○	shāixuǎn	动	对（信息 / 资料 / 方案等）进行～
104	幸亏○	xìngkuī	副	
105	批评家	pīpíngjiā	名	
106	不妨○	bùfáng	副	
107	巨人○	jùrén	名	科学～
108	高瞻远瞩	gāozhān-yuǎnzhǔ	成语	
109	依凭	yīpíng	动	
110	心性	xīnxìng	名	～高傲 / 刚强

111	奇异	qíyì	形	景色 / 服装～
112	何妨	héfáng	副	
113	肩膀○	jiānbǎng	名	
114	现成○	xiànchéng	形	～答案 / 经验 / 饭菜 / 工具
115	沉睡	chénshuì	动	
116	唤醒	huànxǐng	动	◇～民众 / 良知
117	永恒○	yǒnghéng	形	爱情 / 魅力 / 价值 / 主题～

怎么读 01–05

真正的阅读必须有灵魂的参与，它是一个人的灵魂在一个借文字符号构筑的精神世界里的漫游，是在这漫游途中的自我发现和自我成长，因而是一种个人化的精神行为。

前人的思想对于我不过是食物。让化学家们去精确地分析这些食物的化学成分吧，至于我，我只是凭着我的趣味去选择食物、品尝美味、吸收营养。我胃口很好，消化得很好，活得快乐而健康，这就够了，哪里有耐心去编制每一种食物的营养成分表！

怎么读大师的书？我的方法是：不求甚解，为我所用[1]。

不求甚解，就是用读闲书的心情读，不被暂时不懂的地方卡住，领会其大意即可。这是一个受熏陶的过程，在此过程中，你用来理解大师的资源，即人文修养在积累，总有一天会发现，你读大师的书真的像读闲书一样轻松愉快了。

为我所用，就是不死抠所谓原义，只把大师的书当作自我生长的养料，你觉得自己在精神上有所感悟和提高就可以了。你的收获不是采摘某一个大师的果实，而是结出你自己的果实。

读大师的书，走自己的路。

读书犹如采金。有的人是沙里淘金，读破万卷，小康而已。有的人是点石成金，随手翻翻，便成巨富。

---

1 为我所用：被我利用。为：被。为……所……：表示被动。

阅读提示（三）

1. 第二段中，作者想用“食物”的比喻说明自己的什么看法？
2. 作者认为应该怎样去读大师的书？
3. 最后一段提到“读书犹如采金”，作者想用这个比喻说明什么观点？

词语表（三）

01–06

序号	词语	拼音	词性	搭配举例
118	构筑	gòuzhù	动	
119	漫游○	mànyóu	动	在……中～；～世界
120	精确○	jīngquè	形	数字/统计～
121	趣味○	qùwèi	名	～高雅/低俗；审美～；迎合～；◎～性；饶有～
122	品尝○	pǐncháng	动	～美食/美酒；◇～（生活的）甘甜/艰辛/滋味
123	胃口○	wèikǒu	名	～好/不好；有/没有～；～大开；◇对/合/倒～
124	闲书	xiánshū	名	
125	卡○	qiǎ	动	
126	领会○	lǐnghuì	动	～意思/意图
127	大意○	dàyì	名	文章/讲话～
128	养料	yǎngliào	名	提供/吸收～
129	感悟	gǎnwù	动	～人生；对……有所～
130	采摘	cǎizhāi	动	～水果/茶叶/棉花
131	犹如○	yóurú	动	
132	沙里淘金	shālǐ táojīn		
133	小康○	xiǎokāng	形	～生活；◎～社会
134	而已○	éryǐ	助	说说～；◎如此/仅此～
135	点石成金	diǎnshí-chéngjīn	成语	

课文回顾与思考

1. 课文讨论的是读书话题，共有三个部分。从内容上来说，这三个部分是什么关系？它们的位置可以互换吗？
2. 关于为什么应该多读书，作者在文章中提到了哪些因素？你觉得他的观点有道理吗？为什么？你有没有其他因素可以作为补充？
3. 作者在写作过程中，多次引用古诗文名句来说明自己的观点。你觉得这样的写法有什么好处？你还可以引用哪些名诗或名句来说明应该勤于读书的原因或读书的好处？
4. 你对作者“多读书，少上网”的建议有什么看法？

词语例释

1. 就

“就”作为介词，一个基本的用法就是引出动作的对象或话题的范围。

其一，“就”后面所接宾语为句中动词所涉及的对象。一般用于正式场合。如：

（1）两国贸易代表团就能源领域的合作问题进行了商讨。

（2）每逢校长接待日，校长都会就学生们关心的问题做出解答。

例（1）中“就”的宾语“能源领域的合作问题”是“商讨”的具体内容；例（2）中“就”的宾语“学生们关心的问题”是“解答”的对象。成语“就事论事”中的“就”也是这个用法。“就事”指“针对这件事”。“就事论事”表示按照某件事情的实际情况来评价它，而不涉及其他问题。

其二，“就”后面的宾语表示话题的范围。这时，一般会用“就……而言 / 来说”这一常见格式，意思是“对……而言 / 来说，从……（方面）来说”。如：

（3）至少就精神食物而言，这句话是对的。

（4）就大城市的交通而言，离开地铁是很难想象的。

（5）就儿童的成长过程来说，家庭教育的重要性可以放在首位。

2. 即

副词。意思是“就，便”。用于书面语。常见搭配有“即可”，意为“就可以”。“一……就……”在书面语中也可以说成“一……即……”，成语有“一拍即合、一触即发”等。如：

（1）每课的写作题不要求写太长，600 字即可。

（2）速冻饺子在水快开的时候下锅煮，一般 15 分钟即可。

（3）不求甚解，就是用读闲书的心情读，不被暂时不懂的地方卡住，领会其大意即可。

（4）她一毕业即找到了一份称心的工作。

（5）他的计划一宣布即得到了大家的赞同。

“即”还是一个动词，表示“就是”。用于判断句。“即”前后的名词同指一个事物。如：

（6）在中国古籍中，天竺，即古印度；大食，即阿拉伯帝国。

（7）太阳系八大行星之一的金星有许多名称。古籍中的启明、长庚、太白即金星。

“即”作为动词，后面所接部分还常常用来解释或说明前面的名词或名词短语。如：

（8）重要的是一种感觉，即读书已经成为生活的基本需要，不读书就会感到欠缺和不安。

（9）历史上有许多伟大人物，在他们众所周知的声誉背后，往往有一个人所不知的身份，便是终身读者，即一辈子爱读书的人。

（10）这是一个受熏陶的过程，在此过程中，你用来理解大师的资源，即人文修养在积累。

例（8）中“即”后面的两个小句用来说明前面的“感觉”是什么；例（9）中“即”后面的部分“一辈子爱读书的人”用来解释“终身读者”；例（10）中“即”后面的部分“人文修养”可以看成是对“你用来理解大师的资源”的一种解释。

“即”还可以组成“非……即……”的结构，表示选择关系。如“非此即彼”，意思是不是这个，就是那个。

3. 唯

副词。意思是“只”。用于书面语。“唯”也作“惟”。如成语“唯我独尊”，意思是认为只有自己最了不起。如：

（1）读书唯求愉快，这是一种很高的境界。

（2）尤其是文学作品，本身并无实用，唯能使你的生活充实。

（3）家里的宠物，唯猫能得所有家庭成员的喜爱。

（4）语言没有高低之分，能满足交际的需要就可以，唯我独尊是可笑的。

“唯”可以作为语素构成词，如“唯独、唯恐、唯有”等。唯独：只有。唯恐：只怕。唯有：只有。如：

（5）在中学时，他大部分功课都很好，唯独化学学起来非常吃力。

（6）她天天上网看招聘信息，唯恐错过报名机会。

（7）一个人唯有在成了读者以后才会知道，这是多么巨大的损失。

4. 以……为……

书面语格式。有两个基本用法。

其一，相当于“把……作为/当作……”。“以胖/瘦为美、以人为本、以苦为乐、以守为攻、以退为进”等四字格就是“以……为……”的结构。如：

（1）以愉快为基本标准，这也是在读书上的一种诚实的态度。

（2）在这次行动中，我们以红色为信号，看见红色就表示情况紧急。

（3）这次聚会就以叙旧为主吧，多年不见，咱们好好聊聊。

（4）我很佩服哥哥的好学精神，总是以他为榜样。

（5）古人说得好，民以食为天。这句话的意思是百姓以粮食为生存的根本。

（6）不同的时代有不同的审美标准，不同的民族也会有不同的审美标准，有的以胖为美，有的以瘦为美。

其二，表示“要算、要数”的意思，含有比较的意味，“为”后接形容词，且形容词常受程度副词的修饰。如：

（7）在他看来，运动以游泳、徒步、瑜伽为佳。

（8）中国的淡水湖以江西省鄱阳湖（Póyáng Hú）的面积为最大。

5. 何

疑问代词。意思是“什么”。常和其他单音节词结合，构成词组，如：“为何”，为什么；“何种”，哪一种；“何人 / 地 / 时”，什么人 / 地方 / 时候；“何故”，什么原因。如：

（1）有人问一位登山运动员为何要攀登珠穆朗玛峰。

（2）我们不是伟大的人，但何妨阅读伟大的著作，去体会一下人的伟大可以达到何种高度。

（3）“八大山人”是何人？原来，他就是明末清初著名画家朱耷（Zhū Dā）。“八大山人”是他的别号。

（4）她性格开朗，无忧无虑，最近不知何故，有点闷闷不乐。

“何”作为疑问代词还可以表示反问。如“谈何容易”表示很不容易，“有何不可”表示完全可以。如：

（5）学艺术的不少，但要成为一个成功的艺术家，谈何容易？

（6）跟好朋友谈谈自己生活中的烦恼，有何不可呢？

“何”作为语素跟单音节语素结合后产生的词常表示反问语气，如：“何必”，不必；“何不”，为什么不，应该；“何妨”，不妨；“何苦”，不值得；“何须”，无须。如：

（7）“茶亦醉人何必酒”，说得真好。好茶一杯，已经使人迷醉，何必去饮酒呢？

（8）既然青春短暂，何不抓紧时间刻苦学习？

（9）虽然考前复习的任务很紧，但看书看久了，何妨出去散散步呢？

（10）钱这种东西，生不带来死不带去。把赚钱当作生活的全部内容，何苦呢？

（11）既然我一个人可以完成，何须麻烦大家呢？

6. 不妨

副词。表示可以这样做，没有什么妨碍。语气委婉。其后的动词常用重叠形式或后加“一下”。以“试”为例，可以说“不妨试试 / 试一试 / 试一下”。如：

（1）如果发现用文字很难说清楚，不妨试试用图片或表格。

（2）自己的方法不行，不妨想想别人用了什么新方法，效率为什么这么高。

（3）幸亏我们有时间这位批评家，虽然它也未必绝对智慧和公正，但很可能是一切批评家中最智慧和最公正的一位，多么独立思考的读者也不妨听一听它的建议。

（4）既然来了，不妨尝试一下。也许以后你会喜欢上这项运动呢？

7. 而已

语气助词。意思是“罢了”。用于句尾，表示程度或范围有限。常跟“只、不过、仅仅”合用。可构成固定短语“如此而已、仅此而已”，强调不多。如：

（1）有的人是沙里淘金，读破万卷，小康而已。

（2）我完全同意大家的意见，这里只想做一点补充而已。

（3）他不过是说说而已，并不是真的想邀请你做客。

（4）让我做翻译可能还不行，我的中文水平仅仅 HSK 5 级而已。

（5）大部分的动物都很容易满足，它们只要吃饱肚子就行，如此而已。

（6）她的工作只是每周上两小时课，仅此而已。

成语运用

成语概述

成语是熟语的一种。熟语指人们常用的定型化了的固定短语，包括成语、谚语、惯用语和歇后语等。

成语具有熟语的一般特点，大多数成语历史悠久，富有表现力。不过，成语自身的特点也非常鲜明，比如结构和词序都已定型，不能随意改变；大部分成语都是四个字的；风格庄重、典雅。这些特点跟成语的来源有很大关系，成语大多来自古代文献和历代文学作品，因此书面语色彩十分明显。成语数量众多，《中国成语大辞典》（上海辞书出版社）收录的成语有 18,000 余条。其中，常用成语量为 1500 左右。成语在中文学习中的重要性是不言而喻的。

成语学习需要注意以下几点（下文举例所用成语均来自本册课文）：

第一，成语的结构。

四字格成语内部的结构关系与一般词组的结构关系相同，也有以下五种：

并列结构：大同小异　随波逐流　丰富多彩

偏正结构：肃然起敬　拍案而起　截然不同

动宾结构：不求甚解　独辟蹊径　饱经风霜

补充结构：一泻千里　近在咫尺　奉若神明

主谓结构：自惭形秽　名副其实　风尘仆仆

其中的并列结构，常常呈现 $A_1B_1A_2B_2$ 的格式。A_1B_1 与 A_2B_2 结构相同，语义相关（相同、相近或相反），其中，A_1 与 A_2、B_1 与 B_2 词性相同，语义相关。比如“大同小异”，“大”与“小”在这里指“大的部分”和“小的部分”，“同”和“异”都是形容词，表示“相同”和“不同”。该成语的意思是大的方面相同，只有小的地方不同，表示区别不大。

成语内部还有复句关系。比如“瓜熟蒂落、百思不得其解、放之四海而皆准”等，“瓜熟蒂落”是承接关系，“百思不得其解”是转折关系，“放之四海而皆准”是让步关系。

第二，成语的意义。

成语跟一般词语一样，意义也分为字面意义、引申意义、比喻意义三种。

其一，成语的意义就是字面意义，通过字或词就能了解成语的意思。如“一无所知”，意思是一点也不知道；“显而易见”，意思是很明显，很容易看出来。

其二，成语的意义需要在字面意义的基础上做进一步的阐发。如“水土不服”表示不适应某地的气候、饮食等，引申表示新事物、新思想刚到某地，还不能被完全接受；“左顾右盼”表示左边看看，右边看看，引申为犹豫不决。

其三，成语的意义是字面意义的比喻义。这可以看成是一种特殊的引申。如“坐井观天”指坐在井里看天，比喻眼界狭小；“泰山压顶”指泰山压在头顶，比喻压力极大。

第三，成语的用法。

成语在使用中相当于一个词语，因此，需要注意它的语法功能。在使用中，大部分成语相当于动词或形容词，可以相应地做谓语、定语、状语等成分。以“形影不离”为例：

（1）虽然小马出生一两天内即可站立走路，也能很快自己吃草，但小马还是会追随母亲一两个月，跟母马形影不离。（做谓语）

（2）她特别喜欢看书，书早已成了她形影不离的好朋友。（做定语）

（3）假期来临，他们在海边的一个小村子里形影不离地生活了两个月。（做状语）

还有一部分成语相当于名词，在使用中可以做主语、宾语等。以“芸芸众生”为例：

（4）芸芸众生，谁不希望自己有一个温暖的家？（做主语）

（5）一个关心社会的作家，总是会把描写的视角对准生活在底层的芸芸众生。（做宾语）

（6）芸芸众生的日常生活史就是我们社会最真实的历史。（做定语）

还有少数成语在使用中相当于句中的独立语。如“众所周知”放在句子开头时，就是一个插入语。

1. 五花八门

五花：五花阵，也叫五行阵。八门：八门阵。都是古代战争中军队采用的阵型。“五花八门”现比喻事物种类繁多，花样繁多，或变化多端。使用中相当于形容词，多做谓语，有时也做定语。中性词。口语色彩较浓。如：

（1）人的癖好五花八门，读书是其中之一。

（2）我们班的同学兴趣多样，因而晚会形式很丰富，唱歌、跳舞、拉小提琴、武术表演，可谓五花八门，应有尽有。

（3）长寿老人的生活习惯五花八门，根本没有一个固定的模式。

（4）你认为未来的社会是怎样的？对于这个问题，同学们的回答五花八门。

（5）随着网络的发展，五花八门的网上诈骗手段也出现了，需要警惕。

2. 丰富多彩

形容数量大、形式或种类多，也指作品内容充实、生动。使用中相当于形容词，褒义。可以受程度副词修饰。多做定语和谓语。如：

（1）和别的癖好相比，读书的癖好能够使人获得一种更为开阔的眼光、一个更加丰富多彩的世界。

（2）在对老年大学的采访中，我们无时无刻不被老人们丰富多彩的晚年生活所感动。

（3）公元前四世纪到前一世纪是古希腊文化发展最丰富多彩的时期，在文学、艺术、哲学、自然科学等方面都有名著流传后世，对古罗马文化和后世欧洲文化产生了巨大的影响。

（4）北京梅兰芳大剧院几乎每天都有京剧演出，剧目丰富多彩。

3. 众所周知

大家都知道。使用中相当于动词，可以做定语、谓语，也可以作为插入语，用于句首。如：

（1）历史上有许多伟大人物，在他们众所周知的声誉背后，往往有一个人所不知的身份，便是终身读者，即一辈子爱读书的人。

（2）音乐对人的情绪有积极影响已成为众所周知的事实。经常听欢快的音乐，对调节情绪有很大的作用。

（3）沙漠地区气候恶劣，昼夜温差大，这一点众所周知。

（4）众所周知，钙或维生素D摄入不足将严重影响骨骼的健康发育。

（5）众所周知，人类最早的几个文明古国都诞生于大河流域。

4. 人云亦云

云：说。亦：也。别人说什么，自己也跟着说什么，形容没有主见，只会附和别人的意见。在使用中相当于动词，多做谓语。含贬义。如：

（1）不感兴趣而硬读，其结果只能是不懂装懂，人云亦云。

（2）独立思考，就是用自己的脑筋思考，而不是人云亦云，哪边人多，就去附和哪边的意见。

（3）他遇事有主见，也敢讲真话，从不人云亦云。

（4）我佩服他在艺术上有创新精神，绝不人云亦云。

5. 名副其实

副：相称，符合。名声或名称与实际情况相符合。使用中相当于形容词。较多地出现在“是……的”结构中。常做定语，有时也做谓语。如：

（1）称网虫是名副其实的，整天挂在网上，看八卦，聊天，玩游戏，精神营养极度不良，长成了一条虫。

（2）印度洋岛国斯里兰卡有“宝石王国”的美称。这是名副其实的，因为在岛上任何地方都可能挖出珍贵的宝石。

（3）我演的虽然是个小配角，只有几句台词，但可以说我已经是一个名副其实的演员了。

（4）北京潭柘寺（Tánzhè Sì）有两棵唐代种植的银杏树，已有1300年的历史，是名副其实的“老寿星”。

（5）云南省省会昆明，气候温和，四季如春，“春城”之名名副其实。

6. 一无所知

什么也不知道。使用中相当于动词，多做谓语，常用的格式是“对……一无所知”。如：

（1）一个不读书的人是没有根的，他对人类文化传统一无所知，本质上是贫乏和空虚的。

（2）学生如果在上课前不做准备，对老师要讲的内容一无所知，在课堂上就会很被动，甚至听不懂讲授的内容。

（3）我们很多人对常见树木的种类其实一无所知，甚至连杨树和柳树也分不清楚。

（4）京剧《霸王别姬》在中国几乎家喻户晓，但绝大多数外国人对这一故事一无所知，所以在国外演出的时候需要先介绍剧情。

（5）这家著名的博物馆究竟展出了多少件珍贵的藏品，参观之前我一无所知。

7. 坐井观天

坐在井里看天。指看到的天空只有井口那么大，比喻眼界狭小，见识不广。使用中相当于动词，常做谓语、定语。贬义，具有讽刺意味。如：

（1）人遇事之所以想不开，寻短见，是因为坐井观天，心胸狭窄。

（2）他知识有限，阅历有限，坐井观天，很难提出什么有创新性的建议。

（3）如果我们能以谦虚的态度吸取各种知识，不封闭自己，就能避免染上坐井观天、自以为是的毛病。

（4）只有那种坐井观天的人，才会认为自己世界第一。

8. 事倍功半

事：做事所花的时间、精力等。功：收到的功效。形容用力大而收效小。使用中相当于动词，多做谓语。跟成语“事半功倍”意思相反。作为对照，这两个成语常常同时出现。如：

（1）父母自己不读书，却逼迫孩子用功，一定事倍功半。

（2）不管是从事哪一行的工作，如果离开科学技术的支撑，就会事倍功半。

（3）灾前防灾，事半功倍；灾后救灾，事倍功半。

（4）不管做什么事，方法不正确就会事倍功半，方法正确才能事半功倍。

复句讲解

复句是包含两个或两个以上分句的复合句。按照分句之间的意义关系，复句可以分为联合复句和偏正复句两大类。联合复句是指各分句意义上平等、无主从之分的复句，包括并列、承接、解说、选择、递进五类。偏正复句是指分句间有主从关系的复句，也叫主从复句。正句即主句，偏句即从句，包括条件、假设、让步、因果、目的、转折六类。

高级阶段各复句类型还有一些基本关联词需要掌握。本册教材中的“复句讲解”部分将重点介绍这些关联词的用法。

1. 因果复句

表示因果关系的复句。课文中出现的“之所以……，是因为 / 是由于……”就是因果复句常见的关联词组合之一。“之所以”引导的分句在前，强调结果。如：

（1）人遇事之所以想不开，寻短见，是因为坐井观天，心胸狭窄。

（2）《史记》这部史学巨著之所以能够流传千年，是因为它提供了大量丰富而准确的史料。

（3）人类所生活的世界之所以是一个有秩序的世界，是由于人类具有理性。

高级阶段因果复句常用的关联词还有以下两类。第一类有“（因）……，故……”“（由于）……，以致……”和“……，以至于……”三组。“故”意为“所以”，用于书面语；“以致”表示的结果一般是不好的；“以至于”的结果是中性的。如：

（4）芹菜是营养价值很高的蔬菜，因有药用价值，故又名“药芹”。

（5）这里地势较高，故可登高望远。

（6）由于过多地开采地下水，以致地下水位急剧下降，井泉枯竭。

（7）病人在送医院的途中遇到了堵车，以致错过了最佳的抢救时间。

（8）黑洞这种天体，体积虽小，但引力非常大，以至于光都无法逃脱它的引力。

（9）对于食用肉、奶较多而蔬菜吃得过少的民族来说，茶叶可以提供多种维生素，以至于出现了“不可一日无茶”的说法。

第二类是“鉴于”。“鉴于”的意思是“考虑到”，作为连词，用于第一个分句句首，表示原因、理由或依据。如：

（10）鉴于冬季饭馆生意清淡，老板决定停业3个月进行装修。

（11）鉴于夏季鸟类不多，我们观鸟团决定到9月再恢复每周一次的观鸟活动。

（12）鉴于准备时间不充分，我们决定取消本次讲座，以后再做安排。

2. 紧缩复句

复句经过紧缩，分句间的语音停顿被取消，形式上是一种单句，但表达的是复句的逻辑关系，这样的句子就是紧缩复句，也叫“紧缩句”。紧缩复句可以单独使用，也可以用作多重复句的一个分句。

从关联词的使用来看，紧缩复句大致可以分为三种情况：

其一，关联词成对使用。如：

（1）一个人唯有在成了读者以后才会知道，这是多么巨大的损失。（条件关系）

（2）他很聪明，一学就会。（条件关系）

（3）他很固执，再劝也没有用。（条件关系）

（4）这么浅显的道理，不学也知道。（让步关系）

（5）非最好的书不读。（假设关系）

（6）不读书就会感到欠缺和不安。（假设关系）

（7）他很有幽默感，这个特点并没有因年老而消减。（因果关系）

（8）很不幸，我预定的航班因恶劣的天气而被取消了。（因果关系）

（9）不感兴趣而硬读，其结果只能是不懂装懂，人云亦云。（转折关系）

其二，只用一个关联词。如：

（10）做什么事情都是这样，肯花时间才能成功。（条件关系）

（11）这种植物喜干，水浇多了就会死。（假设关系）

（12）她迟到了，因地铁出故障改坐公交车来的。（因果关系）

（13）她学习很努力，身体不好也没有放弃。（转折关系）

（14）船破又遇顶头风。这句俗语的意思是，在困境中又遇到了新的困难。（并列关系）

其三，不用关联词。这种形式在成语、俗语等固定短语或语句中很常见，从逻辑关系来说相当于一个紧缩复句。如：

（15）日久见人心。（条件关系）

（16）千金难买老来瘦。（让步关系）

（17）浪子回头金不换。（假设关系）

（18）不知者不罪。（因果关系）

（19）只重衣衫不重人。（转折关系）

（20）无可无不可。（并列关系）

练　习

第一部分　词汇、语法

一、解释加点语素的意思，并根据拼音完成新词语，同时说明其词义。

1. 食物（　　　　　　）
   cái______物
   dú______物
2. 逸闻（　　　　　　）
   qí______闻
   qù______闻
3. 共鸣（　　　　　　）
   共 cún______
   共 yíng______
4. 名著（　　　　　　）
   名 chéng______
   名 yán______
5. 网民（　　　　　　）
   网 diǎn______
   网 yè______
6. 养心（　　　　　　）
   养 shén______
   养 shēng______
7. 致病（　　　　　　）
   致 cán______
   致 sǐ______
8. 救生（　　　　　　）
   救 huǒ______
   救 zāi______
9. 解惑（　　　　　　）
   解 mèn______
   解 yōu______
10. 公认（　　　　　　）
    公 yòng______
    公 yǒu______

二、选择成语填空并模仿造句。

五花八门	丰富多彩	众所周知	人云亦云
名副其实	一无所知	坐井观天	事倍功半

1. 重庆是____________的雾都，平均每年有104天是大雾天，这是由它的地理位置决定的。

____

2. 小古董店里的东西____________，有字画、瓷器、陶器、铜器、锡器，还有红木小件、古钱币等。

____

3. 如果我们不能合作，则必定会浪费很多精力，____________。

____

4. 朋友送了我一本海底生物摄影挂历，虽然我对海底生物____________，但挂历的图片还是深深吸引了我。

____

5. ____________，人的右脑支配左半身的活动，左脑支配右半身的活动。

____

6. 善于独立思考的人，遇到问题会有独立的看法；缺乏主见的人，则容易__________。

____

7. 居住在大城市可以享受到许多便利：现代化的交通设备、整洁舒适的楼房住宅、____________的文化生活等。

____

8. 大家一起讨论问题的时候，他常常嘲笑别人，却不知道自己____________，知识很有限。

____

三、词语搭配与填空。

陷入	风光
呈现	心血
凝聚	意图
领略	沉思
领会	特点

（1）人们从这些邮票精美的画面中可以______到青藏高原壮美的______。

（2）收到朋友寄来的生日礼物，他______了______，往事又浮上心头。

（3）现代农业发展到今天，已经______出与传统农业完全不同的______。

（4）只有仔细阅读，慢慢品味，才能______作家这样描写的______。

（5）每个孩子的成长过程，都______了父母和老师大量的______。

性情	空虚
内容	辽阔
眼界	精确
土地	急躁
数字	狭窄

（6）众所周知，坐井观天这个成语就是讽刺某些______ ______的人。

（7）不可否认，近些年拍摄的不少电视剧______极度______。

（8）他缺乏耐心，______非常______，很容易和别人产生矛盾。

（9）在日常生活中，我们一般取 π（圆周率）等于 3.14 来计算圆的周长。不过很明显，这个______不是十分______。

（10）新疆约占中国陆地总面积的六分之一，______ ______，景色壮美。

◎

艺术	社会
学术	境界
灵魂	学科
人文	名著
小康	人物

（11）我家附近有一个书店，专门经营各类______ ______，来书店的都是真正的读书人。

（12）一支球队最好能有它的______ ______，这样全队更有凝聚力，也更有战斗力。

（13）______ ______主要包括语言学、文学、历史、哲学、艺术、考古学等门类。

（14）______ ______是中国人眼中政治清明、百姓生活宽裕的理想社会。

（15）“画中有诗”是指绘画富有诗意。这是中国文人画家所追求的最高______ ______。

四、用指定词语完成句子或对话。

1. 他写的文章总能给人很多启发，____________________________（开阔）
2. 求职面试失败，原因很多，_____________________________（欠缺）
3. 一个喜欢阅读的人，__________________________________（必定）
4. _________________________________，所以她换了工作。（不甘心）
5. 今天的演讲者是我们的同龄人，___________________________（共鸣）
6. 如果你问我大学生活怎么样，____________________________（充实）
7. 他经常热心帮助别人，________________________________（赞扬）
8. 可能是觉得别人提的问题太简单了，________________________（不屑）
9. 如果我们已经决定要参加比赛，___________________________（力求）
10. 如果土地继续沙漠化，________________________________（侵占）
11. 她这样做没有别的目的，_______________________________（纯粹）
12. A：听说小刘最近做生意很不顺利。

    B：____（困境）
13. A：听说你从小就喜欢文学。

    B：____（熏陶）
14. A：你们班送了几幅书法作品去参赛？

    B：____（筛选）
15. 昨晚小张跟朋友聚会，酒喝得太多了，__________________________

    ____（幸亏）
16. 虽然说年轻人的社会经验比不上老年人，_________________________

    ____（不妨）
17. 改革就是走前人没有走过的路，___________________________（现成）
18. 这些年他开过出租，做过保安，换了不少工作，_____________________

    ____（品尝）
19. A：这家新开的饭馆菜品怎么样？

    B：____（胃口）
20. 读一本好的书，____________________________________（犹如）
21. 同屋说他还想再学一门外语，开始的时候我不相信，__________________

    ____（而已）

五、选择关联词填空并模仿造句。要求：①造句时使用本句所用关联词和括号中的词语；②括号中的词语分别用于两个分句中。[1]

1. A. 之所以……，是因为……　B. 因……，故……
   C. 鉴于……，……　D.（由于）……，以致……
   E. ……，以至于……

（1）________不少人不太会在银行的自动柜员机（ATM机）上操作，工作人员一般都会在一旁提供帮助。

____（高温；取消）

（2）辣椒________会辣，________它含有一种辣椒素。

____（成功；努力 / 天赋）

（3）最近，他同时承接了多个设计项目，________疲劳过度住进了医院。

____（学习压力；失眠）

（4）________英国物理学家埃德蒙·哈雷（Edmond Halley，1656—1742）首先测定了这颗彗星的轨道并成功预言其回归时间，________这颗彗星被命名为哈雷彗星。

____（节日；交通堵塞）

（5）越剧《梁山伯与祝英台》的演出太成功了，________京剧、黄梅戏等也都演出这个剧目。

____（畅销；再版）

2. A. 唯有……才……　B. 一……就……
   C. 非……不……　D. 不……也……
   E. 因……而……

（1）她喜欢学语言，读大学的时候________外文系________读。

____（高学历；录用）

（2）人生中有许多宝贵的东西，________失去的时候________想到要珍惜。

____（多练习；掌握）

1 如果某句填入两组关联词时语法都正确，请指出使用不同关联词时句意的区别，并选择一组模仿造句。各课要求同此，不再一一说明。

（3）考试前，有部分学生________心理压力过大________失眠。

____（生病；休学）

（4）看他不高兴的样子，________问________知道他又遇到麻烦了。

____（化妆；漂亮）

（5）她是优秀的京剧演员，________出场________能赢得掌声。

____（调查；发现）

六、排序，并画出各句所用关联词及其他可提示句子顺序的词语。

1. A. 书籍就和空气一样重要

   B. 这就是为什么我一直觉得住在图书馆附近是一件幸运的事

   C. 而图书馆正是书籍的宝库、阅读的天堂

   D. 对于一个以读书写作为职业的文学研究者来说

   正确语序：________________________

2. A. 由于秉持这一自由开放的原则

   B. 允许世界上任何出版公司展出任何图书

   C. 法兰克福书展是德国举办的国际性图书展览

   D. 法兰克福书展现已成为世界上最大和最重要的图书贸易盛会

   正确语序：________________________

3. A. 位于浙江省宁波市的天一阁修建于明代嘉靖年间

   B. 也是世界上最古老的三大家族图书馆之一

   C. 故清朝存放《四库全书》[1]的七座皇家藏书楼都以它为范本

   D. 由于天一阁在防火、通风和防潮方面独具特色

   E. 是中国现存历史最悠久的私家藏书楼

   正确语序：________________________

1《四库全书》：清朝乾隆年间编修的大型丛书。分为经、史、子、集四部，故名“四库”。丛书收录3460余种图书，共79,300余卷，36,000余册，约8亿字。《四库全书》共抄录7部，分别藏于北京紫禁城文渊阁、辽宁沈阳文溯阁、北京圆明园文源阁、河北承德文津阁、江苏扬州文汇阁、江苏镇江文宗阁和浙江杭州文澜阁等7座皇家藏书楼中。

4. A. 一些被传统出版商拒绝的作者可以通过这种方式出版自己的作品
B. 可以在专用数字设备（如电子阅读器）或电脑上阅读
C. 由于生产成本较低
D. 电子书是一种数字出版物
正确语序：________________

5. A. 是传统图书馆在信息时代发展出来的新形式
B. 即使和图书馆相隔千山万水
C. 读者只要登录网站，轻点鼠标
D. 数字图书馆是一个电子化的信息仓库
E. 也可以在几秒钟内看到自己想要查阅的资料
正确语序：________________

第二部分 拓展阅读

七、请概括下面这段文字的主要意思。

1995 年，联合国教科文组织宣布，将每年的 4 月 23 日定为“世界图书与版权日”。1996 年又更名为“世界读书日”(中文还译成“世界阅读日”和“世界书香日”)。关于其来源，一种说法是，“世界读书日”的灵感来源于西班牙加泰罗尼亚地区的“圣乔治节”。传说一位公主被恶龙困于山中，勇士乔治战胜了恶龙，救出了公主。公主回赠给乔治的礼物是一本书。于是，书成为勇气和力量的象征。其实，在世界文学领域，这个想法最初由西班牙作家维森特·克拉维尔·安德烈斯（Vicente Clavel Andres，1888—1967）提出，以纪念本国著名作家塞万提斯（Miguel de Cervantes Saavedra，1547—1616），因为他的忌日[1]是 4 月 23 日。4 月 23 日也是英国大文豪莎士比亚（William Shakespeare，1564—1616）的诞辰与忌日，同时，世界许多著名作家的忌日或生日也在这一天，于是，联合国教科文组织最终将 4 月 23 日定为世界读书日。

上面这段文字主要说明了（请选择）：

□ A. 西班牙加泰罗尼亚地区有关“圣乔治节”的一个传说

1 忌日：jìrì。去世的日期。

☐ B. 世界读书日的来源

☐ C. 联合国教科文组织要用读书节来纪念西班牙的伟大作家塞万提斯

☐ D. 世界上许多伟大作家的生日或忌日都是 4 月 23 日

八、阅读下面的文章，并完成后面的练习。

休闲时代好读书[1]

陈平原

当下中国，有两个值得仔细琢磨①的好词，一是“休闲时代”，一是“书香社会”。前者是现象描述，后者是理想表达。二者不能等量齐观，但也不无结盟②的可能性。

影响休闲的因素很多，如社会发展水平、经济能力、受教育程度，还有社会思潮等。对于大多数人来说，闲暇时间是越来越多。而将“休闲”当作一个好词，且落实为国家政策，惠及普通百姓，确实是不久前的事。政府官员称，我们的公共假期有 115 天，已达到了中等发达国家水平。很多人吐槽，说这不可能，自己并没有那么多闲暇时间。其实是这么算的，一年 52 周，每周休息 2 天，共 104 天，外加 11 天公共假期，合起来不就是 115 天吗？至于你是否经常加班，或如何落实带薪休假，那是另一个话题。

百姓“有闲”做什么，最好是出去旅游，因为那样可以成就另一个产业，有利于国民经济的发展。但“旅游休闲”合称，很容易造成误解，以为“休闲”就是“旅游”——在实际生活中，确有很多人是这么想的。

休闲需要时间，需要金钱，需要学识，但更需要好的心境。所谓“休闲”，有几种不同的方式：第一，中断日复一日③的劳作，什么都不做，就睡懒觉；第二，借助某种手段（如禅修），使自己彻底放松，这里着重的是心境的自我调整；第三，选择自己感兴趣而平日无暇享受的娱乐方式（如唱歌、下棋或旅游）；第四，用一种轻松的方式自我学习，重新积蓄能量（俗称“充电”）。四者没有高低之分，也不是一个递进关系，纯属④个人爱好。但有一点，若能在放松、娱乐与自由发展之间，取得某种平衡，那无疑是最佳状态。

---

1 文章发表于《文汇报》，2015 年 4 月 23 日。有删减。陈平原，1954 年生，北京大学中文系教授。

这就说到了读书。想象国人因为闲暇时间增加，或教育普及，自然而然[⑤]地养成良好的阅读习惯，那是天大[⑥]的误解。记得好几年前，政府曾提出“构建学习型社会”的口号，民间也有“书香社会”的形象说法。可在我看来，口号依旧只是口号，今日中国，“书香”不是日浓，而是日淡。因此，在“休闲的时代”如何挽救“有效的阅读”，可谓迫在眉睫。

先说学习的必要性。有人18岁就业，有人30岁博士毕业才第一次进入劳动力市场。平均起来，就算是22岁就业吧，60岁退休，工作时间大约38年。此前有16年以上的“职业读书”，此后又有20年的“活到老学到老”，这还不算在职期间隔三岔五的“充电”。可以说，现代人为了适应日新月异的科技与文化，学习时间比古代人要长很多。这世界变化太快，要学的东西太多，大家（尤其是年纪大的）都活得很累。

还有一个因素必须考虑，那就是人的寿命在延长。过去说“人生七十古来稀”，如今八九十岁的老人还活蹦乱跳。2014年中国人预期寿命75岁，其中北京人预期寿命81.35岁，上海人预期寿命82.47岁，其他经济发达省份也多接近80岁。一是闲暇时间增多，二是学习的迫切性加强，最理想的，莫过于二者结盟。之所以说21世纪是教育的世纪，或者说学习的世纪，不仅是就业前的青灯苦读，在岗[⑦]时的奋力拼搏，还包括退休后的“享受生活”。

每个人的状态不一样，但如何让“休闲”与“读书”同行，让二者心甘情愿地走到一起，而不是拉郎配，绝对是个有趣的话题。这里不谈富二代，不说啃老族，也不提失业者或工作狂[⑧]，说的是普通人的生存状态——学会劳作，学会休闲，学会将劳作与休闲有机结合，学会将自由自在的阅读作为一种休闲方式，不是一件容易的事情。

1. 请给文章拟一个新的题目（写在下面的横线上）。

____

2. 解释文中画线词语。

①琢磨　　②结盟

③日复一日　　④纯属

⑤自然而然　　⑥天大

⑦在岗　　⑧工作狂

3. 判断下列说法是否符合文章原意（符合画“√”，不符合画“×”）。

（1）在中国，百姓拥有越来越多的休闲时间，已有国家政策的保障。（　　）

（2）休闲基本上可以理解为旅游。（　　）

（3）休闲最需要的是时间和金钱。（　　）

（4）不管是睡懒觉，还是较轻松的主动学习，都是休闲的一种方式。（　　）

（5）“书香社会”的意思是一个人人都爱读书的学习型社会。（　　）

（6）中国人的读书风气越来越浓，很多人都有良好的阅读习惯。（　　）

（7）“人生七十古来稀”是说活到70岁已经不容易了，所以不需要继续学习。（　　）

（8）“休闲”和“读书”自然地结合在一起，不是一件容易的事。（　　）

4. 回答问题。

作者认为，在当下的中国社会为什么应该提倡多读书？

____

____

____

____

____

第三部分 写作

九、写出课文第一部分《好读书》的内容提要。（300字左右）

十、写一篇600字左右的短文。主题是“知识丰富人生，知识改变人生”。题目自拟。要求：有观点，有例证。

语言实践

一、我们可以怎么利用图书馆？

——参观学校的图书馆，了解图书分类和图书馆可以提供的各类学习资料，包括网上的各种资源，做一个简要的记录。可用表格的形式完成。

二、我的同学爱读什么书？

——设计问卷，调查同班同学的阅读兴趣和习惯，并做简单的统计和分析。

第二课　从人生的最底层出发

林清玄

课文导览

【作者简介】

林清玄（1953—2019），当代著名散文家、学者，曾担任过报社记者、主编等职，1973年开始文学创作，多次获得台湾各类文学奖项。作为一位高产作家，散文作品集有《莲花开落》《冷月钟笛》《温一壶月光下酒》《鸳鸯香炉》《金色印象》《紫色菩提》《红尘菩提》《在云上》等，此外还有杂文集、报告文学集、评论集等出版。林清玄的散文清新隽永，充满哲理，作品饱含温暖而纯真的情感，在平易的叙述中散发出感人的力量。

【作品出处】

课文选自《人间有味是清欢》，作家出版社，2017年版。有删减。

【话题归属】

课文可以围绕个人奋斗目标和生活感悟这一中心话题进行学习和讨论。不管境遇如何，对生命意义的追求都具有永恒的价值。与此相关，涉及生存意义、生命价值、人生哲学等方面的问题，也在本课探讨的范围之内。

课前准备——课堂报告选题

1. 什么是成功，一个人获得成功的原因可能有哪些；
2. 人生的价值体现在哪些方面；
3. “觉悟”的含义；
4. 林清玄及其散文特点介绍；
5. 台湾文学、电影、音乐等方面的情况介绍（可以选择一位作家、导演、演员或音乐人进行介绍）。

课 文

2014 年 4 月 11 日，林清玄在苏州湖畔论坛做主题演讲（李俊锋 摄）

在人生最底层也不要放弃飞翔[1]的梦想 02–01

我的人生几乎是从最底层出发的。我生长在一个几乎没有文化和文明的地方，而且家庭十分贫困。我没有读过什么好的学校，学校里的老师经验也都很不足，就像给我们教英文的老师，其实他只是受了几个月的短训就上岗了。但这没有妨碍我们的成长。

这个老师教我们用汉字来记住英文单词，“土堆”就是 today，“也是土堆”是 yesterday，而 tomorrow 就理所应当地变成了“土马路”。于是，我记住了这些单词，还明白了一个道理：“今天是土堆没关系，昨天是土堆也没关系，只要明天能成为一条土马路就行。”

17 岁那年，我决定离开家乡。临行前，妈妈送了我一样[2]东西，是一个玻璃的瓶子，里面装着黑黑的东西。母亲说，你别小看，这里面装了三样重要的东西，一样是

---

1 林清玄于 2019 年 1 月 23 日离世，离世前的最后一条微博是这样写的：“在穿过林间的时候，我觉得麻雀的死亡给我一些启示，我们虽然在尘网中生活，但永远不要失去想飞的心，不要忘记飞翔的姿势。”“飞翔”是作家不变的信念。

2 一样：这里是“一个、一件”的意思。样：量词。

拜祖先的香炉里的香灰，一样是农田里的土，还有一样是井里的水。闽南[1]的祖先们在离开家乡的时候都会带着这个，说是带着这个去到别处就不会水土不服，而且有了它们，走到哪里，哪里就是你的家乡。这个瓶子至今还摆在我的桌上，它让我明白了什么是家乡。

因为身上没钱，离家后的生活一度过得很苦。我曾经在餐馆当过服务生，做过码头工人，摆过地摊，还在洗衣店烫过衣服，甚至还杀过猪。杀完猪回到家，洗完手，就继续写作，变成作家。那会儿我 17 岁，开始陆续发表作品，被一部分读者视为“天才”。

我一直坚持写作，希望能变成一个成功的作家。在我们那个地方几百年来没有出现过一个作家，我知道要实现自己的理想，一定要比别人更勤快。我从小学三年级时开始，规定自己每天写五百字，不管刮风下雨、心情好坏；到了中学，每天写一千字的文章；到了大学，每天写两千字的文章；大学毕业以后每天写三千字的文章；到现在已经四十年了，我每天还写三千字的文章。

在我生长的年代，要当作家很难，因为稿费很少。我还有个习惯，就是绝不废话，能三千字写完的，绝不会写成五千字，能五百字写完的绝不会变成一千字。

想当作家并不是那么容易的一件事。为了生存，我开始去报社上班。我对成功的欲望很强，和当时所有的年轻人一样，希望得到名利、金钱、影响力。我工作很卖力，因而很快就升迁，第 6 年就当了总编辑，同时还在报纸上写 18 个专栏，主持节目，当电视公司的经理，还做了广播节目《林清玄时间》，一时风头无两[2]，成为大众眼中成功的人。

到如今，我一共写了一百七十几本书，摆起来比我的身高还高。当时台湾有个杂志，评选“40 岁以下的成功人士”，我排行第一。

1 闽南：泛指福建省南部地区，包括泉州、厦门、漳州等地。闽：福建省的简称。林清玄的祖先就居住在闽南，300 多年前移居到台湾。

2 风头无两：“无两”表示没有第二个。意思是风头最盛，最有名。

阅读提示（一）

1. 作者的人生是从什么样的“最底层”出发的？
2. 作者 17 岁离开家乡时，妈妈送给他什么东西？有什么寓意？属于哪里的风俗习惯？
3. 作者离开家以后，做过哪些工作？他是怎样坚持写作的？
4. 作者说自己写文章有什么特点？他的作家生涯获得了怎样的成功？

词语表（一）

02-02

序号	词语	拼音	词性	搭配举例
1	底层○	dǐcéng	名	大楼 / 大气～；◇社会～；◎～人物
2	飞翔○	fēixiáng	动	自由 / 展翅～
3	短训	duǎnxùn	名	◎～班
4	上岗○	shàng//gǎng	动	～培训
5	妨碍○	fáng'ài	动	～工作
6	理所应当	lǐsuǒyīngdāng		
7	临○	lín	介 / 动	～行 / 毕业；～……的时候；～……前；～河
8	祖先○	zǔxiān	名	◎～崇拜
9	香炉	xiānglú	名	
10	香灰	xiānghuī	名	
11	别处	biéchù	名	
12	水土不服	shuǐtǔ-bùfú	成语	
13	一度○	yídù	副 / 数量	◎一年～
14	地摊	dìtān	名	摆～；◎～货
15	勤快○	qínkuai	形	手脚～
16	稿费	gǎofèi	名	
17	废话○	fèihuà	动 / 名	别～；少说～；◎～连篇

18	报社○	bàoshè	名	
19	欲望○	yùwàng	名	充满～；～强烈
20	名利○	mínglì	名	不求～；◎淡泊～；～双收；～心
21	影响力	yǐngxiǎnglì	名	有～
22	卖力	màilì	形	做事 / 工作～
23	升迁	shēngqiān	动	
24	专栏○	zhuānlán	名	开辟 / 设置～；文艺～；◎～作家
25	风头	fēngtou	名	抢～；◎出～
26	排行	páiháng	动	◎～榜

觉悟就是“学习看见我的心” 02-03

我以为，成功应该很快乐，应该每天带着“神秘的微笑”。但事实上很难，因为每天从早到晚要开七八个会，还要和很多你不喜欢的人约会、应酬，到最后，生命的时间和空间被挤压，发现自己已经很难静下心来写一篇文章，而且幽默和浪漫精神不见了，对年轻时候向往的东西都失去了兴趣。

有一天，我在报馆里等待看样刊，无聊的时候就翻开了一本书，开篇第一句话说：“到了 30 岁的时候，要把全部的时间用来觉悟。如果到了 30 岁还没有用来觉悟，就会一步步走向死亡。”我当时很震惊，因为那会儿我已经过了 30 岁了，却完全不知道觉悟是怎么回事。我开始思考，什么是觉悟。不久之后，我辞掉了所有的工作，到山上去闭关，去清修和思考，开始走进佛教的世界。清修持续了三年，这也是为什么后来我的作品中有了很多关于宗教的元素。

三年后，我觉得自己已经有了很多领悟，明白“觉”就是“学习看见”，“悟”是“我的心”，所谓“觉悟”就是“学习看见我的心”，因为心恋红尘，我决定下山。

在山下路过一个水果摊，我想买点水果，当时老板不在，我便在边上等，这时候一个路人过来，问我水果怎么卖，将我误认为老板。我当时的第一反应是：“我经过了三年修行，大家竟然看不出来我很有智慧？”随即我就意识到，觉悟修行并不会改变人的相貌，只是内心起了革命。

之所以讲觉悟，是因为现代社会，很多人看不到自己的心。我们把生活分成两部分，一部分是重要的生活，一部分是紧急的生活，会发现很多人都在过紧急的生活，随波逐流，而不是过重要的生活。

什么是重要的生活？陪着爱人散步，躺在草地上看星星，一个小孩有没有幽默感、懂不懂得爱和宽容，这些是重要的。而每天着急上班、学习、考试，是紧急的。当人整天在紧急的事情里面打转的时候，“琴棋书画诗酒花”就会变成“柴米油盐酱醋茶”，要学会腾出一些空间，进入“重要的生活”。

阅读提示（二）

1. 成功对作者来说是不是意味着快乐？为什么？
2. 什么事触发作者开始思考“觉悟”的问题？他是怎么做的？
3. 清修以后，作者领悟到什么是“觉悟”？他对生活有了哪些新的认识？

词语表（二） 02–04

序号	词语	拼音	词性	搭配举例
27	挤压○	jǐyā	动	◇（发展 / 生存空间）受～
28	向往○	xiàngwǎng	动	～未来 / 光明 /（某种）生活；对……充满～
29	样刊	yàngkān	名	
30	领悟○	lǐngwù	动	～道理
31	所谓○	suǒwèi	形	
32	红尘	hóngchén	名	看破～；～俗事
33	修行	xiūxíng	动	出家～
34	随即○	suíjí	副	
35	相貌	xiàngmào	名	～奇特 / 清秀 / 丑陋 / 平常；◎～堂堂
36	革命○	gémìng	动 / 形	技术 / 产业 / 思想～；～精神 / 实践；◎～家
37	随波逐流	suíbō-zhúliú	成语	

38	宽容○	kuānróng	动	对……～；◎～大度
39	打转	dǎzhuàn	动	
40	琴棋书画	qín-qí-shū-huà	成语	
41	柴米油盐	chái-mǐ-yóu-yán	成语	
42	腾○	téng	动	～出时间 / 房间；◇～出手（来）做（某事）

再艰难时，也不要失去对人生真实价值的认知 02–05

怎样才能觉悟？你必须做到以下四点：

一、要尽可能地把所有时间和空间都留给那些重要的事情。

历史上有一个很了不起的人，叫陆羽[1]。他是一个弃儿，长大后，他给自己取了陆羽的名字，意思是漂流在陆地上的一根羽毛。他立志要喝遍天下的茶、饮遍天下的水，于是从 9 岁开始就一直旅行。我后来曾追随他的饮茶之路去寻访，深刻地体会到了他的不容易，全国的茶区那么多，在只依靠步行的年代，他都一一走遍，还写下了《茶经》，成为一千三百年来无人超越的经典。支撑他的，就是一股叫作梦想的力量，他懂得，有限的人生里什么是重要的事情。

中国茶叶博物馆陆羽铜像（毛建军　摄）

1 陆羽：733—804 年。唐朝人。著有世界上第一部关于茶叶的专著《茶经》，被后世尊为“茶圣”。《茶经》对茶的介绍系统而完整，是关于茶叶生产的历史、源流、现状、生产技术以及茶道原理的百科全书式的论著，对中国茶文化的发展起到了积极的推动作用。

二、你必须要意识到，世俗的事务并非无价。

什么是无价的？是浪漫的精神。有一次我去上海演讲，和朋友站在黄浦江边吹风，觉得夜晚的黄浦江格外地美，十分浪漫。此时，我的同伴撞了我一下，“喂，你知道每年黄浦江有多少人自杀吗？”哈，真是煞风景。

什么是浪漫？“浪费时间慢慢吃饭，浪费时间慢慢走，浪费时间慢慢喝茶……这些都是浪漫”，浪漫其实就是创造一种时空、一种感受、一种向往、一种理想，在你的世俗土地上开出一朵玫瑰花。

即便是被世俗捆绑，即便是处于人生低谷，也要时刻保持浪漫精神。求婚也并不一定需要房子、车子、票子，以及很大的钻戒，我只是写了“纵使才名冠江东，生生世世与君同”[1]两句诗，妻子就感动异常，嫁给了我。

三、不要失去对真实价值的认知。

现代社会，很多人对价值的认知已经不那么清楚。

有一次，我在上海走过一家百货，看见橱窗里挂着一个包，售价100万元人民币，那是爱马仕[2]的鳄鱼皮包。我很吃惊，谁会花100万买这个包呢？但显然是因为有人买才会有销售。

很多人都被这些名牌捆绑和魅惑，在吃穿用度上，花很多钱来消费，但事实上，他们看中的并不是物品本身的价值，而是价格。我到商场里去买衣服，都会问服务员，有没有没牌子的东西？只有撕掉牌子，物件才会回归本身的价值。因为我希望寻找的是生命的价值。

我认识北京的一个有钱人，是个矿产大亨，每年赚100多亿人民币。他家地面用的是玻璃，下面水池里养着锦鲤[3]。这些锦鲤都经过标准的挑选，不合格的鱼会被拿去扔掉或给大鱼吃。

因为不符合某些标准，有些锦鲤一出生就被决定了凄惨的命运。后来，我把那些不合格的鱼买了回来，养出来也格外与众不同。人如果只认识统一的、固定的价值观，

---

1 这句话的意思是：即使我的才学名气在江东无人能比，我生生世世也愿和你在一起。江东：原指长江下游（从安徽省芜湖开始）的南岸地区，也指三国时期吴国全境。江东才子指有才华的人。

2 爱马仕：法国奢侈品品牌（Hermès）。

3 锦鲤：高档观赏鱼。锦鲤色彩鲜明，花纹艳丽似锦，被视为吉祥和幸福的象征。作为网络流行语的“锦鲤”，表示跟好运有关的人或物。

实际上是很可怜的。好在人不是锦鲤，就算出身微贱，也可以通过自己的努力，找到自己生命的价值。

四、要认识到这个世界是多元的而不是单一的。

这个世界的可怕之处在于，大部分人被训练成单一的人，按照上学、考试、工作、结婚等标准流程活着。这很值得检讨。

你看看这个世界，最辣的是辣椒，最酸的是柠檬，最苦的是苦瓜，最甜的是甘蔗。如果你把它们养在一块土地上，会出现两种结果：全部死掉，或只有一种活下来。它们本来活在不同的土地上，有不同的成长经历，如果硬将它们放在一起，也许辣椒最后会变成苦瓜。

人需要发展自己的特质，但是也要包容别人的不同，这个世界才会精彩。因此家长也不要总拿自己的孩子和别人家的做比较，因为辣椒不需要和茄子比较，辣椒只要自己够辣就好。

人们从小就要发现，自己最合适做什么、做什么才最快乐。我这辈子一直想当作家，从来没有改变。清华大学一百年的时候，有学生问我，你已经写了一百七十多本书，还会接着写吗？我的回答是，如果我下午会死，我会写到今天早上，如果明天会死，我会写到明天早上。我已经写了四十多年，我一直在想，我最好的作品还没有写出来，我要一直努力。

如果你现在问我什么是成功，我会说，今天比昨天更慈悲、更智慧、更懂爱与宽容，就是一种成功，如果每天都成功，连在一起就是一个成功的人生。不管你从哪里来、要去到哪里，人生不过就是这样，追求成为一个更好的、更具有精神和灵气的自己。

阅读提示（三）

1. 在觉悟的第一个条件中，作者想用陆羽的例子告诉我们，人生中重要的事情是什么？
2. 在觉悟的第二个条件中，作者认为什么是“煞风景”的事？什么是浪漫？为什么浪漫是无价的？
3. 在觉悟的第三个条件中，作者认为什么是事物的“真实价值”？
4. 在觉悟的第四个条件中，作者举了什么例子来说明“多元”和“单一”这两个概念？作者提到自己的写作经历，是为了说明什么观点？
5. 作者认为，什么样的人生可以称得上成功？

词语表（三）

02-06

序号	词语	拼音	词性	搭配举例
43	认知◎	rènzhī	动	～过程 / 目标 / 能力 / 方式 / 策略；◎～心理学
44	弃儿	qì'ér	名	
45	漂流	piāoliú	动	在水面上 / 在海上～
46	立志	lìzhì	动	～成才
47	追随◎	zhuīsuí	动	～（有影响的）人物 / 潮流 / 理论 / 方法
48	寻访	xúnfǎng	动	～朋友 / 名人；四处～
49	世俗	shìsú	名	～生活 / 偏见 / 眼光；◎～之见
50	事务◎	shìwù	名	公共 / 个人 / 学校～；～繁杂
51	并非◎	bìngfēi	动	◎～如此
52	无价	wújià	动	情义 / 自由 / 诚信～；◎～之宝
53	煞风景	shāfēngjǐng	成语	
54	时空◎	shíkōng	名	穿越 / 跨越～；◎～观
55	即便◎	jíbiàn	连	～……，也……
56	捆绑	kǔnbǎng	动	◇跟……～（在一起）
57	低谷◎	dīgǔ	名	人生 / 情绪～；陷入 / 跌入 / 走出～
58	求婚◎	qiú//hūn	动	向……～
59	钻戒	zuànjiè	名	
60	生生世世	shēngshēngshìshì	成语	
61	橱窗	chúchuāng	名	
62	售价◎	shòujià	名	抬高 / 降低～
63	魅惑	mèihuò	动	◎～力
64	用度	yòngdù	名	吃穿～
65	物件	wùjiàn	名	小～

66	回归○	huíguī	动	～自然 / 家庭 / 祖国
67	大亨	dàhēng	名	传媒 / 石油 / 金融～
68	凄惨	qīcǎn	形	生活 / 处境 / 画面 / 情景 / 场面 / 哭声～
69	与众不同○	yǔzhòng-bùtóng	成语	
70	价值观○	jiàzhíguān	名	树立～
71	好在○	hǎozài	副	
72	微贱	wēijiàn	形	出身～
73	多元○	duōyuán	形	文化 / 社会 / 经济～；◎～化
74	流程○	liúchéng	名	业务 / 工艺 / 教学 / 招聘～；～严格 / 科学；◇生命～
75	检讨○	jiǎntǎo	动 / 名	～错误 / 问题；写～；◎～书
76	特质○	tèzhì	名	性格 / 个人 / 遗传 / 文化～；～鲜明
77	包容○	bāoróng	动	～错误 / 差异；◎～性
78	慈悲	cíbēi	形	◎大发～；～心肠
79	灵气	língqì	名	很有 / 充满 / 缺少～

课文回顾与思考

1. 从课文来看，作者的成功有哪些原因？在迈向成功的道路上，作者克服了哪些困难？
2. 从课文来看，作者认为人生最重要的事情有哪些？
3. 从作者的亲身经历和文中所举的例子中，你得到了哪些启发？
4. 课文第三部分在结构上有什么特点？作者用了什么方法来说明或证明自己的观点？
5. 从课文来看，林清玄的散文有什么样的风格？

词语例释

1. 临

“临”有动词和介词两种用法。

其一，动词。可以和名词组成各种搭配，其中有些搭配已固定成词。动词“临”有两个基本意义。第一，靠近、对着。如“临街”表示靠近、面对街道；“临水”表示靠近河；“临危”表示面临危险；“居高临下”表示处于高处，俯视下方，这里的“临”同时包含从上向下看的意思，这个成语也可以表示傲慢的态度。其中“临街、临危”已成为动词。第二，来到。如“身临其境”表示亲身到了那样的境地；“双喜临门”表示两件喜事一起降临家门。“临门”是动词，表示来到家门。以上词语用法举例如下：

（1）在景区，有两家物业集团共同管理临街的这些商铺。

（2）登上泰山之巅，居高临下，同学们体会到了“一览众山小”的意境。

（3）今年九月真是双喜临门，孩子毕业找到了工作，全家又搬进了新房。

其二，介词。表示临近、快到某一事情将要发生的时间，含有某事将要、快要发生的意思。“临”跟动词组合成各种搭配，如“临行、临毕业、临考、临睡、临别、临战、临终”等。其中“临别、临战、临终”均为动词。如：

（4）临行前，妈妈送了我一样东西，是一个玻璃的瓶子，里面装着黑黑的东西。

（5）大学生临毕业时压力最大，又要写论文又要找工作，忙得焦头烂额。

（6）他有神经衰弱的毛病，临睡前一定要吃一颗安眠药，否则不能入睡。

（7）临别时，他把自己刚出版的一本小说送给我作为纪念。

2. 一度

“一度”有副词和数量词两种用法。

其一，副词。表示过去某段时间发生过某件事，某种情况出现过一次。多用于书面语。常与“曾、曾经”同时使用。“曾、曾经”出现在“一度”前、后均可。如：

（1）因为身上没钱，离家后的生活一度过得很苦。

（2）由于香港功夫片的巨大影响，功夫电影一度成了中国电影的代名词。

（3）海南省作为中国最大的经济特区，曾一度成为就业的“热区”。

（4）800米决赛中，小刘曾经一度落后，后来终于赶了上来，并赢得了比赛。

（5）上大学之前，我一度曾迷上了绘画，给自己定了一个崇高的目标——当画家。

（6）患病以后一度曾经失去信心的他，如今又找回了生活的希望。

其二，数量词。表示一次或一阵。常说“一年一度”，有时也说成“每年一度”。如：

（7）农历的七月初七，是一年一度的七巧节，它来源于牛郎织女的美丽爱情传说，也被称为中国的情人节。

（8）每年的四月中旬就到了云南傣族一年一度的传统节日——泼水节，这也是他们的新年。

（9）环青海湖国际公路自行车赛，简称“环湖赛”，从2002年开始，每年一度，在青海省的环青海湖地区和甘肃、宁夏的部分地区举行。

3. 所谓……就是……

书面语中的固定格式。“所谓……”后常用逗号，与“就是……”分开。有两个基本用法。

其一，用“所谓”提出所需解释的词语，“就是……”对此加以说明。该结构一般用于下定义，对某个词语、概念进行解释，常常说成“所谓……是指……”。如：

（1）我觉得自己已经有了很多领悟，明白“觉”就是“学习看见”，“悟”是“我的心”，所谓“觉悟”就是“学习看见我的心”。

（2）所谓躺平，就是不管外界如何，我都不去奋斗的生活态度。

（3）所谓河外星系，是指银河系以外的其他星系。目前人类所观测到的河外星系达十亿个。

（4）所谓“神似”，是指艺术创作与所表现的对象具有内在精神的相似性。

其二，用来表达说话人不赞同、不认可的态度。“所谓”的意思是“（他人）所说的”，常带讽刺意味，“所谓”后面所接词语常加引号，也可以说成“所谓……其实……”。如：

（5）这次大学考古系举办的草原文物展没有太多亮点，所谓的“珍贵展品”就是几件新出土的水壶和马鞍，而且时代都比较晚。

（6）有些人所谓的“爱”就是爱自己，跟孔子的“仁爱”、墨子的“兼爱”毫无关系。

（7）不少父母让孩子学的所谓“国学课程”，其实就是讲讲《三字经》《百家姓》和《弟子规》。这是对“国学”的极大误解。

（8）无神论者认为，所谓“鬼神”，其实并不存在。

4. 随即

副词。意思是“随后就”，表示某件事情发生后，某人立刻开始做另一件事情。多用于书面语。如：

（1）听完校长的介绍，记者随即到物理系进行采访。

（2）救护车到达后，医护人员随即把伤者送往医院进行抢救。

（3）听完我们的回答，老师点点头，随即又说：“能不能说得再具体点？”

（4）我当时的第一反应是：“我经过了三年修行，大家竟然看不出来我很有智慧？”随即我就意识到，觉悟修行并不会改变人的相貌，只是内心起了革命。

（5）不管挣多少钱，他随即就能花完。

副词“随后”也表示时间上紧接着某件事情，但“随后”比“随即”表示的时间间隔要长。另外，“随后”常用于口语，多与“就”配合使用。如：

（6）大学毕业后，她工作了一年，随后又申请了奖学金，回到母校读研究生。

（7）你们先走，我随后就来。

（8）她经常参观博物馆，但除了少量精品，大部分展品随后也就忘记了。

5. 而

连词，常用于书面语。连接动词、形容词、短语和分句等，这些成分之间呈现并列、承接、转折或修饰关系。这里介绍“而”的三个基本用法。

第一，表示并列关系或承接关系。

（一）连接形容词或短语。如：

（1）讲词语的用法，我们给出的例句应该少而精。例句不典型，多而杂，效果不会好。

（2）她的乒乓球是经过专业训练的，刁钻的发球，快而狠的回球，让人很难对付。

（3）他是一个快乐（而）自信的人，跟他交流，总能给人积极（而）健康的影响。

（4）这里的地理位置特殊而优越，这里的人民勤劳而善良。

（5）新家装修精美，房间宽敞、舒适而又漂亮，这令她非常满意。

（6）这首乐曲优美、深沉而又富于变化，深深地打动了我。

“而”连接形容词表示并列关系时，如果形容词是单音节词，“而”不可省略，如例（1）、例（2）；如果形容词是双音节词，“而”可以省略，如例（3）。但如果省略后意思表达不清晰，或造成前后句结构不对称，这种情况就不能省略，如例（4），“特殊优越”表意不清，应该用“特殊而优越”，“勤劳善良”可以不用“而”连接，但前句用了“而”，后一句用同样的结构，从修辞上说用“而”更协调。例（5）、例（6）中“而”连接了三个形容词或短语，“而”放在最后一个成分之前，并且跟“又”结合使用。成分的排列原则，总的来说，音节少的、成分简单的排在前面，音节多的、成分复杂的排在后面。

（二）“而”（或“而是”）连接分句。如：

（7）他是一位电脑专家，而我们的工作正好就需要这样一位专家。

（8）我们不应该只专注于世俗的成功，而应该多考虑人生的真实价值。

（9）这本书的成功，靠的不是作者的名气，而是书的内容。

（10）你会发现很多人都在过紧急的生活，随波逐流，而不是过重要的生活。

第二，表示转折关系。这是“而”最常见的用法之一，“而”一般不省略，连接词语或分句均可。如：

（11）他的一生是平凡而完美的一生。

（12）世间万物，水最柔弱，而力量却最强，没有什么能够战胜它。

（13）网络流行语“理想很丰满，现实很骨感”，意思是理想很美好，而现实却很残酷。

成语中也常见到“而”的这一用法，如“视而不见、听而不闻、不约而同、不言而喻、不劳而获、劳而无功”等。

第三，连接状语和中心语，表示方式，也可以跟“因、因为、由于”结合而组成紧缩因果复句。如：

（14）改革开放以来，城市总是随着政治经济的发展而不断发展着、改变着，深圳当然也不例外。

（15）人因抑制不住自己的情绪而做出某种犯罪行为，这就是“冲动犯罪”，也叫“激情犯罪”。

（16）夫妻由于性格不合而产生矛盾，这是家庭里很常见的现象。

不少成语或固定格式中也保留了这种用法，如“尽力而为、侃侃而谈、一扫而光、不辞而别、怒目而视、油然而生、因人而异”等。

6. 好在

副词。表示具有某种有利的条件或情况，有“幸好”之意。前面的句子表示某种不利的情况，“好在”有轻微的转折义，引导的句子补充说明有利的情况。如：

（1）有些锦鲤一出生就被决定了凄惨的命运。……好在人不是锦鲤，就算出身微贱，也可以通过自己的努力，找到自己生命的价值。

（2）我每周三次上夜校学习泰语，好在家离学校不远，十点前可以回家。

（3）今天我忘了带钥匙，好在同屋提前回来了，不然我就得在外面等半天。

（4）刚刚出国留学的时候，他遇到了很多困难，好在年轻，适应性强，总算坚持下来了。

（5）动物园里的动物在地震中无处可逃，不少都受伤了，好在伤势不重。

成语运用

1. 水土不服

水土：泛指环境、气候等自然条件。服：适应。指初到一个地方，由于不适应当地的自然环境和生活习惯，身体出现各种症状。也可以指新事物刚刚流传到某地，还没有被完全接受的情况。使用中相当于动词，常做谓语和定语。如：

（1）所谓水土不服，有各种症状，比如头晕、易疲劳、食欲减退、腹胀腹泻、失眠等。

（2）闽南的祖先们在离开家乡的时候都会带着这个，说是带着这个去到别处就不会水土不服。

（3）刚到南方工作的时候，他这个北方人很不适应高温潮湿的气候，水土不服，病了一段时间。

（4）到国外留学初期，需要经受水土不服、语言不通、环境陌生、没有交际圈等诸多考验，但从另一方面看，也能磨炼意志。

（5）有些外国品牌来到中国，可能是面对复杂的中国市场“水土不服”，时间不长又悄悄退出了。

（6）有些国外的畅销书，译成中文出版后，不知道是水土不服的缘故，还是读者趣味的差异，在中国的命运远没有那么好。

2. 随波逐流

逐：追赶。指随着波浪起伏，跟着流水飘荡。形容没有自己的主见和立场，只是跟着潮流走。使用中相当于动词，多做谓语，有时也做定语。含贬义。如：

（1）我们把生活分成两部分，一部分是重要的生活，一部分是紧急的生活，会发现很多人都在过紧急的生活，随波逐流，而不是过重要的生活。

（2）世俗的力量是很强大的，它希望你做一个单一的人，随波逐流，按照它设定的上学、考试、工作、结婚等标准程序走完一生。

（3）你问我为什么想做生意？因为很多人说只有做生意才能赚钱，我只是随波逐流罢了。

（4）在一切“向钱看”的年代，他没有随波逐流，而是安心做了一辈子乡村教师。

（5）跟随波逐流的很多艺术家相比，他始终坚持自己的美学理念，按照艺术自身的规律进行创作。

（6）不管是科学研究还是艺术创作，甚至是生活中处理问题的态度，如果不用自己的头脑去判断、去选择，盲目地跟着潮流走，那么，最终只能成为随波逐流的庸人。

3. 煞风景

煞：削弱，破坏。本指破坏美好的景致。现多形容在欢快或正式的场合败坏别人的兴致，或以一个小错误影响某事的圆满。也写作“杀风景”。与“大煞风景”意义、用法相同。使用中相当于动词，多做谓语，常说“真是（大）煞风景”。也可以做定语或补语。如：

（1）有一次我去上海演讲，和朋友站在黄浦江边吹风，觉得夜晚的黄浦江格外地美，十分浪漫。此时，我的同伴撞了我一下，“喂，你知道每年黄浦江有多少人自杀吗？”哈，真是煞风景。

（2）旅游区风景秀丽，古迹也吸引了很多游客的注意，但小商贩追着游客卖他们的商品，真是煞风景。

（3）城市中有各种各样的街心花园，但有些人却把这些公共的地方当作自己的晒衣场，真是大煞风景。

（4）今天我们是去祝贺小李的小说获奖。虽然作品还有不足，但煞风景的话到时候就不要说了。

（5）好端端的一场同学聚会，被他俩这么一吵一闹，弄得大煞风景，最后不欢而散。

4. 与众不同

跟大众不一样。多用于表示人或事很独特，有自己的风格和特点。褒义。使用中相当于形容词，多做谓语或定语。如：

（1）因为不符合某些标准，有些锦鲤一出生就被决定了凄惨的命运。后来，我把那些不合格的鱼买了回来，养出来也格外与众不同。

（2）舞蹈家杨丽萍的表演与众不同。她创作的“孔雀舞”造型生动，舞姿优美，看后令人陶醉不已。

（3）他从小就与众不同，远离同龄的儿童，喜欢看书，显得非常老成。

（4）在太阳系的八大行星中，只有金星是自东向西自转，这一点使得金星格外与众不同。

（5）你只有独立思考，才能提出与众不同的观点。

（6）企业有先进的经营创新理念，才能生产出与众不同的产品。

（7）一般金属都是热胀冷缩，而锑（tī）和铋（bì）有与众不同的“怪脾气”，即热缩冷胀。

复句讲解

让步复句

让步复句，偏句表示让步，先承认某种情况，正句表示不受这一情况的影响，仍会出现某种状态。让步复句前、后两个分句间的关系有两种情况，有些语法书将它们分别归入假设复句和转折复句[1]。这里就参考这种分法，按让步假设复句和让步转折复句两类来介绍。中级语法出现过的让步复句关联词有“即使／哪怕／就算……，也……”。高级阶段也有几组关联词需要掌握：

（一）让步假设复句

偏句提出假设，并让一步，先承认这个假设是正确的，正句再说明不受假设影响而出现的情况。高级阶段有两组关联词与“即使……，也……”用法相同。不过，在语气强弱、语体色彩方面稍有差异。

1 这里采用黄伯荣、廖序东《现代汉语》中的说法。

1. 即便……，也……

“即便”口语色彩较浓，语气也较强。如：

（1）即便是被世俗捆绑，即便是处于人生低谷，也要时刻保持浪漫精神。

（2）即便孩子做错了什么，你也不应该这么严厉地批评他。

（3）即便你成绩好，也不能骄傲。

（4）事情都过去那么多年了，即便记得，也不敢保证细节都是准确的了。

2. 纵然……，也……

“纵然”的语气最强，有强调意味。引导的分句常表示一种已达极限或可能性很小的情况，有时带有某种夸张的意味。一般用于书面语。如：

（5）一般修行的人都希望得一个清净的修行场所，但如果心不静，纵然有清净的场所，也无助于事。

（6）作为记者，纵然要冒生命危险，我也会把事情的真相揭露出来。

（7）纵然永远不能被美术学院录取，我也绝不放弃绘画。

（8）纵然你有一万个理由，动手打人也是不对的。

（二）让步转折复句

偏句表示已经存在的情况，先让一步，承认这是事实，正句再提出与之相反的情况。高级阶段有两组关联词与“虽然……，但是……”用法相同，但语气的轻重有别。

1. 虽说……，但 / 但是 / 可 / 可是 / 不过……

“虽说”引导的分句叙述的是一个客观事实。与“虽然”相比，“虽说”语气要轻，也更口语。如：

（9）虽说已到秋天，但天气还是十分炎热。

（10）他的性格虽说有点内向，但是待人真诚，朋友还是不少的。

（11）虽说他已退休多年，可我们遇到问题请教他，他还是会非常热心地指点我们。

（12）她虽说没有上过多少学，可是，要说能干，没有几个人比得上她。

（13）我们的公司虽说成立较晚，不过，因为国家整体经济情况较好，我们的发展也比较快。

2. 固然……，但 / 但是 / 可 / 可是 / 不过……

“固然”是连词，表示承认某个事实，所引导的偏句常常是某一客观事实，或说话人认为正确的一个结论，后面的分句表示转折。与“虽然”相比，“固然”更具有肯定和强调的意味。如：

（14）学习成绩固然与智力有关，但两者不是等同的概念。

（15）对于钢琴家来说，演奏技巧固然重要，但是文化修养的提高更不能忽视。

（16）强壮的身体固然是健康的基本条件，可心理健康也是不可忽视的因素。

（17）春天固然还会再来，可是必须战胜寒冬才有资格迎接她。

（18）商品质量固然是销售量的决定性因素，不过商品包装给人的第一印象也十分重要。

练　习

第一部分 词汇、语法

一、解释加点语素的意思，并根据拼音完成新词语，同时说明其词义。

1. 临行（　　　　　　）
   临 kǎo ______
   临 shuì ______
2. 别处（　　　　　　）
   míng ______处
   àn ______处
3. 离家（　　　　　　）
   离 tí ______
   离 zhí ______
4. 作品（　　　　　　）
   lǐ ______品
   jiǎng ______品
5. 稿费（　　　　　　）
   jūn ______费
   lǚ ______费
6. 影响力（　　　　　　）
   chuàngzào ______力
   xīyǐn ______力
7. 茶区（　　　　　　）
   jǐng ______区
   kāifā ______区
8. 求婚（　　　　　　）
   求 jiù ______
   求 zhù ______
9. 价值观（　　　　　　）
   rénshēng ______观
   shìjiè ______观
10. 灵气（　　　　　　）
    xiān ______气
    zhèng ______气

二、选择成语填空并模仿造句。

水土不服　随波逐流　（大）煞风景　与众不同

1. 她是一位优秀的新闻记者，每次采写的新闻主题都______，深深吸引着广大读者。

____

2. 青山绿水间，到处都是游客丢弃的垃圾，这真是一件＿＿＿＿＿＿＿＿的事情。

＿＿＿＿＿＿＿＿＿＿＿＿＿＿＿＿＿＿＿＿＿＿＿＿＿＿＿＿＿＿＿＿＿＿＿＿＿

3. 旅游性腹泻绝大多数并不是因为吃了什么脏东西，而是＿＿＿＿＿＿＿＿。

＿＿＿＿＿＿＿＿＿＿＿＿＿＿＿＿＿＿＿＿＿＿＿＿＿＿＿＿＿＿＿＿＿＿＿＿＿

4. 读这篇论文，不仅要注意观点，更要注意它＿＿＿＿＿＿＿＿的研究视角。

＿＿＿＿＿＿＿＿＿＿＿＿＿＿＿＿＿＿＿＿＿＿＿＿＿＿＿＿＿＿＿＿＿＿＿＿＿

5. 现在的年轻人，穿衣打扮都追求个性，不愿意＿＿＿＿＿＿＿＿。

＿＿＿＿＿＿＿＿＿＿＿＿＿＿＿＿＿＿＿＿＿＿＿＿＿＿＿＿＿＿＿＿＿＿＿＿＿

三、词语搭配与填空。

领悟	潮流
追随	道理
穿越	售价
抬高	错误
检讨	时空

（1）这是一部科幻小说，你可以在它奇异的幻想中＿＿＿＿到未来的＿＿＿＿。

（2）书本上学到的＿＿＿＿，需要在生活中慢慢＿＿＿＿。

（3）随着城市地价暴涨，商品房的＿＿＿也在逐年被＿＿＿。

（4）如果你想进步，就该认真＿＿＿＿自己的＿＿＿＿，并从中吸取教训。

（5）现在的年轻人讲究生活品质，尤其在＿＿＿时尚＿＿＿方面热情很高。

手脚	鲜明
事务	严格
文化	勤快
流程	繁杂
特质	多元

（6）学院教务办公室＿＿＿＿相当＿＿＿＿，要负责学生学籍、选课、考务等各项工作。

（7）开放与包容是改革年代最＿＿＿＿的＿＿＿＿。

（8）她＿＿＿＿ ＿＿＿＿，又善解人意，是个优秀的家政服务员。

（9）贵州是一个多民族共居的省份，＿＿＿＿ ＿＿＿＿，这为民族生态博物馆的建立提供了良好的条件。

（10）进出口商品需要经过＿＿＿＿的检验＿＿＿＿，才可以通关。

◎ 底层　崇拜
祖先　人物
废话　双收
名利　作家
专栏　连篇

（11）一位真正的学者，应该考虑学术上的进步，而不是追求______ ______。

（12）在原始社会中，人们认为死去的祖先的灵魂仍然存在于人间。为了祈求它的保护，人们举行了各种形式的祭祀，于是______ ______就产生了。

（13）作为一位关注现实问题的作家，他在作品中塑造了许多鲜活的______ ______形象。

（14）想成为一位______ ______，除了文笔要好，还要有扎实的专业基础。

（15）写文章要简洁、精练，不要______ ______。

四、用指定词语完成句子或对话。

1. A：你们新员工是不是一到公司就开始工作了？
   B：________________（上岗）
2. 如果你把私人物品放在公共的楼道里，________________（妨碍）
3. 考试前很多人都觉得自己没有准备好，________________（临）
4. 刚开始工作的时候，________________（一度）
5. 为什么她从来没有感到过快乐，________________（欲望）
6. 我们虽然是老牌的语言培训机构，________________（挤压）
7. 他从未离开过自己的家乡，________________（向往）
8. 古代的许多皇帝都追求长生不老，________________（所谓）
9. 他的新小说一出版就成了畅销书，________________（随即）
10. 如果希望邻居之间关系和谐，________________（宽容）
11. 虽然我现在很忙，________________（腾出）
12. A：听说你们这次实习非常顺利，很有收获，祝贺你们！
    B：________________（并非）
13. 从中学开始，他就离家独立生活，各方面都已经很成熟了，________________（即便）
14. 父母常常这样教育我，________________（低谷）
15. 他热爱大自然，________________（回归）

16. A：听说你租的房子离学校比较远？

B：________________________（好在）

17. 幸福的夫妻或者亲密的朋友，________________________（包容）

五、选择关联词填空并模仿造句。要求：①造句时使用本句所用关联词和括号中的词语；②括号中的词语分别用于两个分句中。

A. 即便……，也……	B. 纵然……，也……
C. 虽说……，可……	D. 固然……，但……

（1）玫瑰________娇艳，________也是多刺的。

________________________（刺激；危险）

（2）这种方法________将来被证明有效，________不可能从根本上解决我们的问题。

________________________（获奖；低水平）

（3）他一毕业就进了父亲的公司，________父亲很宠爱他，________他从不敢在上班时迟到。

________________________（经验丰富；小心）

（4）电子书________有说不完的优点，________绝不可能完全取代纸质书。

________________________（天才；勤奋）

六、排序，并画出各句所用关联词及其他可提示句子顺序的词语。

1. A. 而是你内心的向往

B. 因为决定你未来的不是你身处的环境

C. 就应该无所畏惧地去实现

D. 也不是你的过去

E. 当你确定了内心的向往

正确语序：________________

2. A. 那就是人类有欲望

B. 而且可以说是无穷无尽、永远无法充分满足的欲望

C. 人类与其他动物有一个很重要的差异

D. 内心也无法安宁

E. 这些欲望使得他们即便到了天国

正确语序：________________

3. A. 摇摇尾巴主人也会给好吃的
B. 并非所有的人生来都适合做同样的事情
C. 而驴学狗又蹦又跳却因踢伤了主人而挨打
D. 狗即使什么都不做
E.《伊索寓言》[1] 中的这个故事说明
正确语序：________________

4. A. 那什么是人生境界呢
B. 我们经常说“人生境界”
C. 所谓人生境界就是人的精神所达到的高度、所具有的广度
D. 而中国的传统要求我们要不断提高自己的精神品质
E. 人的精神境界有高有低
正确语序：________________

5. A. 也可以算是一个有信仰的人
B. 对待信仰要有真诚的态度
C. 它可以照亮我们的人生之路
D. 这样即使我们没有找到一种明确的思想形态作为信仰
E. 信仰是内心的光
正确语序：________________

第二部分 拓展阅读

七、请概括下面这段文字的主要意思。

要确定宗教的本质是什么，最好是溯源到原始思想。生的意志大概是人类一切思想的根苗。人类生活愈接近原始时代，求生意志的强烈与求生能力的薄弱，愈有形成反比例之势。但是能力愈薄弱，不但不能减少意志的强烈性，反而增加了它。在这能力与意志不能配合的难关中，人类乃以主观的“生的意识”来补偿客观的“生的事实”之不足，换言之，因一心欲生，而生偏偏是不完整、不绝对的，于是人类便以“死的否认”来保证“生的真实”。这是人类思想史的第一页，也实在是一个了不得的发明。

1《伊索寓言》：古希腊寓言故事集，相传由伊索创作，再由后人加工成书。《伊索寓言》的主角多为动物。

我们今天都认为死是一个千真万确的事实，原始人并不这样想。对于他们，死不过是生命过程中的另一阶段，这只看他们对祭祀态度的认真，便可知道。我们也可以说，他们根本没有死的观念。他们求生之心如此迫切，以致忽略了死的事实，而不自觉地做到了庄子[1]所谓“以死生为一体”的至高境界。

上面这段文字主要说明了（请选择）：

☐ A. 什么是宗教的本质

☐ B. 原始思想与宗教的关系

☐ C. 原始人“以死生为一体”的思想及其由来

☐ D. 原始人求生的意志与求生能力的关系

八、阅读下面的文章，并完成后面的练习。

追求创造的人生，追求诗意的人生[2]

叶 朗

人生有三个层面。第一个层面是俗务①，即柴米油盐，或者是各种应酬，每个人都免不了②的。就像我，也有很多俗务。比如有人来找时我若不见他，人家就会说我摆架子。但我有时的确是太忙了，常被这些俗务搞得乱糟糟的。过去有人说某人不食人间烟火，这种情况是很少的，不可能有人不食人间烟火。

第二个层面是事业。我们的同学进了北大，都有要做一番大事的雄心③。事业是不同的，做学问是一种事业，做军事家、外交家等等都是事业。人生总是要成一番事业的，对我们来说则是要为我们的国家与民族做一番贡献。

第三个层面是审美观，也可以说是诗意的层面。这个层面是超越俗务和功利的。不同的人审美也不同。朱光潜[3]先生讲过三种态度：对一棵树，科学家研究其植物学上有何特征；木材商考虑这棵树怎样砍下来卖钱或盖房子；画家则是欣赏这棵树的形象。

---

1 庄子：约前369—前286年。战国时期哲学家、文学家，道家学派创始人之一。

2 文章选自《在北大听讲座：思想的力量》，新世界出版社，2000年版。有删减。叶朗，1938年生，北京大学哲学系教授。

3 朱光潜：1897—1986年。中国当代著名美学家、翻译家。

三者一个是科学的，一个是功利的，一个则是欣赏性的。但是，审美是要超越功利的，我们不能总被功利的东西占据头脑，不能让功利把审美赶跑了。

我个人觉得，这三个层面对于人生都是必需的，三者之间相互贯通，相互转化。关键是怎样对它们进行适当的安排，如何处理好三者之间的关系。事业的层面可以升华到审美的层面。在事业中有时会感受到一种创造的意念，这种创造有时可上升到审美。凡是审美的东西都是创造的，都是新的。当事业上升到创造时，可与审美相当④。反过来，审美的东西也有助于⑤事业，我国古代很多学者如柳宗元[1]、王夫之[2]等都强调这一点。有人说审美只是在游山玩水，这是不对的。游山玩水之中可以广阔人的心胸、陶冶人的情操，这对于成就大事是很重要的。若一个人心胸狭隘、急躁，没有一颗平和的心，是做不成大事业的。审美对于鉴别力、对人生是重要的，它超越功利但不超越人生。相反，它依赖于对人生的体验，若对人生无体验，则对艺术的体验也就不能达到一个高度。就像一个儿童欣赏梵高[3]的画，看到画面上的星空、向日葵觉得很不像，其中的意义他是体会不到的。

我们系里有一位教授，他是一位书法家，今年重阳节[4]邀我去登泰山。他说今年的重阳节很不一般，是 1999 年 9 月 9 日嘛！这位教授已经 77 岁了，今年是他第 36 次登泰山。开始我还想是不是坐缆车坐到一半再往上爬，后来一想这位教授 77 岁了都能爬上去，我也应该能。这样我们就一级级爬到山顶，一共是 6811 个台阶。最后，教授对我们讲，泰山不仅是自然风景山，还是文化山，它是联合国教科文组织[5]的自然遗产，同时也是文化遗产。一个地方同时是两个遗产是很难的。为什么是文化遗产呢？因为泰山的文化精神是与人联系在一起的，它的精神概括起来就是一个字：登！教授说泰山是高而可登。这个登不仅是指登山，而且也是指人在不断地提升自己。教授指给我说："你看这些挑夫，我采访过他们，他们其中有些人已挑了二十年，每年要出勤⑥ 300 天，每天要登 6811 个台阶，二十年算起来要登多少个台阶！"这些挑夫很沉默，挑起

---

1 柳宗元：773—819 年。唐代著名文学家，其游记散文影响很大。

2 王夫之：1619—1692 年。明清之际杰出的思想家、哲学家。

3 梵高：Vincent Willem van Gogh（1853—1890）。全球知名的荷兰画家。也译为"凡·高"。

4 重阳节：中国传统节日，农历九月初九。重阳节有登高的习俗，也是敬老节。

5 联合国教科文组织：全称"联合国教育、科学及文化组织"，英文缩写为 UNESCO。"世界遗产"分为自然遗产、文化遗产、自然与文化双重遗产。泰山 1987 年被联合国教科文组织批准列入世界自然与文化双重遗产。

来很平稳，很有节奏。他说这就是泰山的精神，是中华民族的一种文化精神。这就是审美，这种审美若是没有人生体验是难以达到的。人不能老是忙于俗务，这会使人生体验过于局限。所以审美与人生体验是相互关联的。

人生的这三个层面：俗务、事业与审美要贯穿起来，我们要有意识地在这三个层面上追求一种有意义有价值的人生，追求一种更高的境界。

1. 请给文章拟一个新的题目（写在下面的横线上）。

____

2. 解释文中画线词语。

①俗务　　②免不了

③雄心　　④相当

⑤有助于　　⑥出勤

3. 判断下列说法是否符合文章原意（符合画"√"，不符合画"×"）。

（1）"不食人间烟火"的意思是不管人世间的俗务。（　　）

（2）"做学问"指从事学术研究。（　　）

（3）朱光潜先生举树的例子，是为了说明同一个对象不同的人都可以利用它。（　　）

（4）作者认为人生的三个层次各自独立，不会互相影响。（　　）

（5）作者举儿童的例子，是为了说明艺术水平不高的人无法欣赏梵高的画。（　　）

（6）对泰山的审美就是从自然风光想到泰山的精神。（　　）

4. 回答问题。

（1）为什么审美对于人生是重要的？

____

____

____

____

____

（2）邀请“我”登山的老教授认为什么是泰山精神？

第三部分 写作

九、写出课文第三部分的内容提要。（300字左右）

十、写一篇600字左右的短文。主题：对于你而言，人生中最重要的事情。题目自拟。要求：有观点，有例证。

语言实践

一、围绕“名人名家谈人生”这个主题收集资料。

选择 3—5 位社会名流或成功人士，国别不限，收集他们的人生故事，了解他们对于人生的梦想、感悟、困惑与思考。注意记录资料的出处，规范标记资料来源，信息要完整。

二、做一个小采访，了解同学们对于人生目标和人生价值的看法。自己设计采访问题，并做好采访记录。

第三课　合院住宅谈

贾　珺

课文导览

【作者简介】

贾珺（1970— ），江苏人。清华大学建筑学院教授。长期从事建筑历史、风景园林与文化遗产领域的教学、研究和设计工作。著作有《圆明园造园艺术探微》《北京私家园林志》《故园惊梦》等十余部，另有学术论文一百余篇，完成的建筑、景观规划与遗产保护工程设计二十余项。先后获中华优秀出版物奖、中国建筑图书奖、北京市优秀规划设计奖等多个奖项。

【作品出处】

课文选自《北京四合院》，清华大学出版社，2009 年版。课名为编者所加。

【话题归属】

课文的中心话题为建筑文化。课文本身重在介绍中国合院建筑的历史，同时也涉及国外典型的合院建筑形式。课文将建筑形式与历史文化融于一体进行介绍，从而使建筑形象更为立体，其内涵也更加丰富。建筑与民族、地理环境、历史、宗教等因素的关系，包括城市建造史、城市设计等方面的内容，都可以作为本课学习和讨论时的扩展话题。

课前准备——课堂报告选题

1. 中国古建筑的形式、特点和文化内涵；
2. 北京四合院的特点、明清北京城布局特点、江南民居特点等（任选一项）；
3. 中国古典建筑形式及建筑文化的对外传播和影响；
4. 西方建筑对中国建筑的影响；
5. 现代中国城市或民居的特色；
6. 学生本国的城市或建筑的特点。

课 文

03–01

老北京人把四合院叫作“四合房”，顾名思义，就是“四面都用房子围合起来”的住宅。其实中国传统住宅有很多都是围合的院落形式，统称为“合院住宅”，北京四合院是其中最典型的一种。

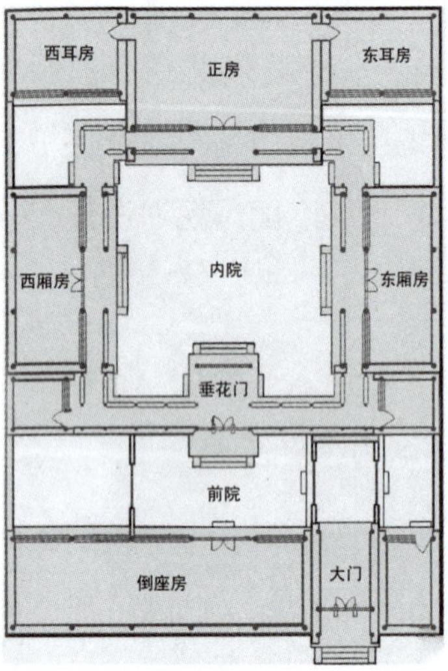

两进四合院平面图

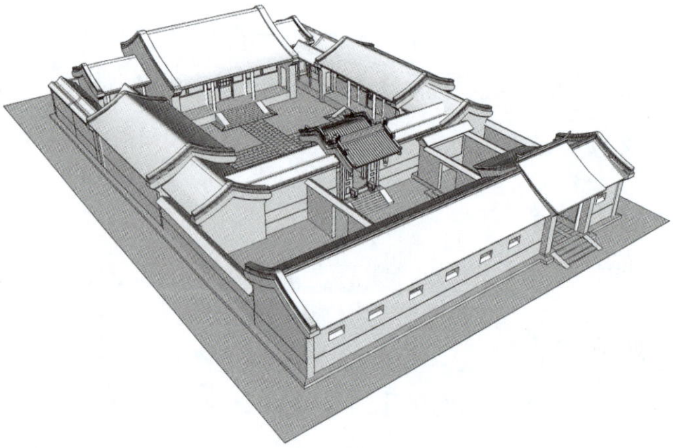

两进四合院三维模型图

（贾珺　绘制）

中国的合院住宅有很早的历史渊源。陕西岐山凤雏村有一片西周[1]时期留下的住宅遗址，分为前后两个院子，四面都有房子围合。现代学者根据先秦[2]的文献推断，这所合院住宅的大门前有影壁，前一个院子的正房是前堂，主要用于举行宴会以及礼仪活动；后一个院子的正房是后室，用于主人的日常起居，东西两侧的房子分别给家中其他成员居住。整个住宅的形式已经很清楚地把内外区分开，并且显示出家庭内部的等级秩序。

---

1 西周：周朝分为西周（前 1046—前 771）和东周（前 770—前 256）。

2 先秦：秦统一之前的历史时期。一般就指春秋（前 770—前 476）、战国（前 475—前 221）时期。

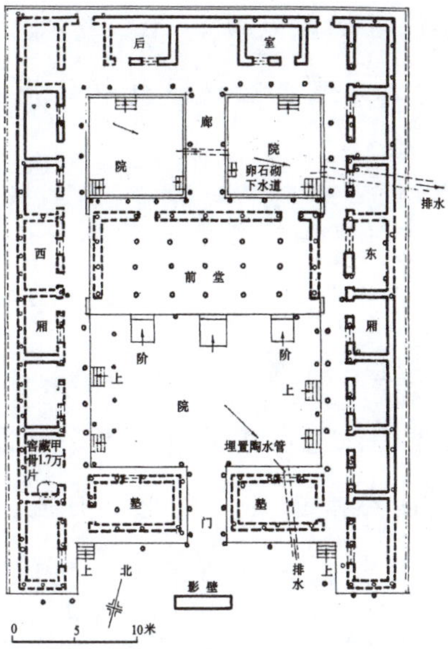

陕西岐山凤雏村西周住宅遗址平面图（引自潘谷西《中国建筑史》）

汉代[1]的画像砖揭示了当时合院住宅内的生活图景。有一块四川出土的东汉画像砖上描绘了一户人家拥有多个院子，四周全部用房子或者廊子来围合，大门偏西，正堂很宽敞，前面的庭院中有两只鹤在翩翩起舞，东侧的院子里还建了一座高高的望楼，整组建筑形式十分丰富。

东汉画像砖中的合院住宅（引自刘敦桢《中国古代建筑史》）

1 汉代：分为西汉（前 206—公元 25）和东汉（25—220）。

魏晋南北朝[1]以后，合院住宅继续发展，并已经成为中国主流的住宅形式。隋唐五代[2]时期，合院住宅的形式更加丰富，敦煌壁画中有很多图案表现深宅大院中的绚丽生活。

宋代[3]的《清明上河图》[4]《千里江山图》[5]等巨幅画卷中都绘有城市和乡村中的合院住宅形象，其中的前堂和后室之间常常用一道廊子串联起来，形成一个"工"字形的平面。这种形式也被元代[6]的合院住宅所继承。

明清[7]以来，中国传统的合院住宅趋于高度成熟，并且在不同的地区形成特色鲜明的地域风格。除了北京典型的四合院之外，东北、山西、宁夏等北方地区都有大同小异的四合院出现，南方的合院住宅形式更为丰富，包括江浙地区的"四水归堂"、徽州地区的马头墙民居、广东地区的"广厦连屋"、云南地区的"一颗印"等等，蔚为大观。

"四水归堂"（安徽西递村）

马头墙

1 魏晋南北朝：220—589年。东汉结束到隋朝建立之间长达300多年的历史时期，朝代更迭频繁。又称三国两晋南北朝。三国包括魏（220—265）、蜀汉（221—263）、吴（222—280）。两晋指西晋（265—317）和东晋（317—420）。南北朝（420—589）是南朝（420—589）和北朝（386—581）的统称。南北对立，南朝包括宋、齐、梁、陈四朝，北朝包括北魏、东魏、北齐、西魏、北周五朝。

2 隋唐五代：隋朝（581—618），唐朝（618—907），五代（907—960）。"五代"是唐朝灭亡后依次出现在中原地区的五个朝代，分别是：后梁、后唐、后晋、后汉、后周。

3 宋代：分为北宋（960—1127）和南宋（1127—1279）。

4《清明上河图》：北宋画家张择端作。画作生动地记录了十二世纪北宋都城东京（又称汴京，今河南开封）的繁荣景象以及汴河两岸的自然风光。现藏于北京故宫博物院。

5《千里江山图》：北宋画家王希孟作。此图描绘了江南的秀丽风光，是宋代青绿山水画中具有突出艺术成就的代表作。现藏于北京故宫博物院。

6 元代：1206—1368年。

7 明清：明朝（1368—1644）和清朝（1616—1911）。清于1616年建国，始称后金，1636年改国号为清。

“广厦连屋”（广东可园）

“一颗印”（云南诺邓村）

如果我们把视野放得更开阔一些，就会发现不但中国古代住宅以合院的形式为主，外国古代也有很多住宅同样采用院落的形式。古西亚地区早在五六千年之前就善于利用厚厚的土坯墙围成独立的宅院；古罗马人的住宅不但围合成院落，而且还进一步在院子中开辟水池和喷泉，再加上绿化，构成令人向往的美好家居环境；古代伊斯兰住宅同样在庭院的四周用柱廊围合，院子里常常挖出十字形的水渠，以象征《古兰经》[1]中的“天园”；文艺复兴[2]之后的欧洲兴建了大量的府邸，几乎都采用合院形式，把2—4层的大楼与内部隐秘的庭院结合在一起。

西班牙格拉纳达伊斯兰风格建筑——阿尔罕布拉宫狮子庭院

1《古兰经》：伊斯兰教最重要的经典。

2 文艺复兴：The Renaissance。14—16 世纪欧洲的一场思想文化运动，这是人类历史上巨人辈出的一个时代。无论是艺术还是科学，都取得了杰出的成就。意大利为文艺复兴运动的发源地。这一时期的“艺术三杰”为达·芬奇（Leonardo da Vinci，1452—1519）、米开朗琪罗（Michelangelo，1475—1564）和拉斐尔（Raffaello Sanzio，1483—1520）。

阅读提示（一）

1. “四合院”和“四合房”，从字面上理解是什么意思？
2. 从考古遗址出发，结合先秦文献，学者们认为西周时期的住宅形式是怎样的？能反映出家庭内部怎样的状况？
3. 从汉代至宋代，课文分别依据什么材料介绍了合院住宅建筑形式的发展？
4. 对于明清以来的合院建筑，作者介绍了哪些形式？是按照什么顺序介绍的？
5. 除了中国的合院建筑，课文还介绍了哪些国外的合院建筑形式？它们分别有什么特点？

词语表（一）

03–02

序号	词语	拼音	词性	搭配举例
1	四合院○	sìhéyuàn	名	
2	顾名思义	gùmíng-sīyì	成语	
3	围合	wéihé	动	
4	院落	yuànluò	名	
5	统称	tǒngchēng	动 / 名	～为……
6	渊源○	yuānyuán	名	历史 / 文化 / 理论～；～深
7	遗址○	yízhǐ	名	◎考古 / 建筑 / 史前 / 古文化～；～公园
8	文献○	wénxiàn	名	历史 / 科技 / 参考～；～资料
9	推断○	tuīduàn	动	
10	影壁	yǐngbì	名	
11	正房	zhèngfáng	名	
12	前堂	qiántáng	名	
13	礼仪○	lǐyí	名	外交 / 社交 / 宗教～；合乎 / 讲究～；◎～之邦
14	起居	qǐjū	名	饮食 / 日常～；◎～室
15	秩序○	zhìxù	名	会场 / 社会 / 金融～；保持 / 维持～；～良好；◎～井然

16	画像砖	huàxiàngzhuān	名	
17	图景	tújǐng	名	
18	宽敞○	kuānchang	形	房间 / 客厅 / 马路 / 庭院～
19	庭院	tíngyuàn	名	◎～经济 / 农业
20	翩翩起舞	piānpiān qǐwǔ		
21	望楼	wànglóu	名	
22	深宅大院	shēnzhái-dàyuàn	成语	
23	绚丽	xuànlì	形	色彩 / 花朵～
24	巨幅	jùfú	形	～画像 / 标语
25	画卷	huàjuàn	名	◇历史 / 时代 / 人生～
26	串联	chuànlián	动	
27	平面○	píngmiàn	名	◎水 / 海～；～图
28	趋于○	qūyú	动	～缓和 / 稳定 / 紧张
29	地域○	dìyù	名	～特点 / 观念 / 风情；～辽阔
30	大同小异○	dàtóng-xiǎoyì	成语	
31	民居	mínjū	名	江南～
32	蔚为大观	wèiwéidàguān	成语	
33	视野○	shìyě	名	～开阔 / 宽广；开阔～
34	土坯	tǔpī	名	◎～墙 / 房
35	开辟○	kāipì	动	～航线 / 市场
36	水池	shuǐchí	名	
37	喷泉○	pēnquán	名	◎音乐 / 激光～
38	家居	jiājū	名	～生活 / 环境 / 设计 / 用品
39	柱廊	zhùláng	名	
40	府邸	fǔdǐ	名	贵族～
41	隐秘	yǐnmì	形	

03–03

为什么中外都把合院作为住宅的主要形式呢？侯幼彬[1]先生曾经做过一个细致的分析，认为合院住宅中的庭院四周闭合而露天，可以营造出内部良好的小气候，减少不良外在气候的影响。一方面在夏天可以有效地遮阴、纳凉，冬天又可以很好地采光、保暖、抵御风沙。露天通透的庭院既是入风口，也是出风口，通过自然的风压得到流畅的通风，保证健康清新的空气质量。此外，庭院还有利于排水和收集雨水，更可以引入各种植物，形成湿润而充满绿意的小环境，最适合人类居住生活。[2]

还有学者专门分析过合院式布局与独立式布局的差异。我们把一块方形的用地划分成100（10×10）格，来探讨一下划分建筑和空地的几种可能性。A模式是建筑分布于庭院四周的合院式布局，B模式和C模式都是建筑位于庭院正中的独立式布局。按照B模式来布置，建筑面积占36%，可以在周边得到64%的空地面积，建筑面积偏小；按照C模式来布置，建筑面积占64%，空地面积占36%，但都是围绕周边的窄长条，不好使用。而如果采用A模式，可以得到64%的建筑面积和36%的空地面积，更重要的是空地集中于中央位置，不但比空地面积同样占36%的C模式要好用得多，也比空地面积达64%的B模式要优越。因此从空间的角度完全可以证明合院式住宅的用地效率是最高的，既可以得到充足的建筑面积，同时又可以获取宽敞的庭院，一举两得。

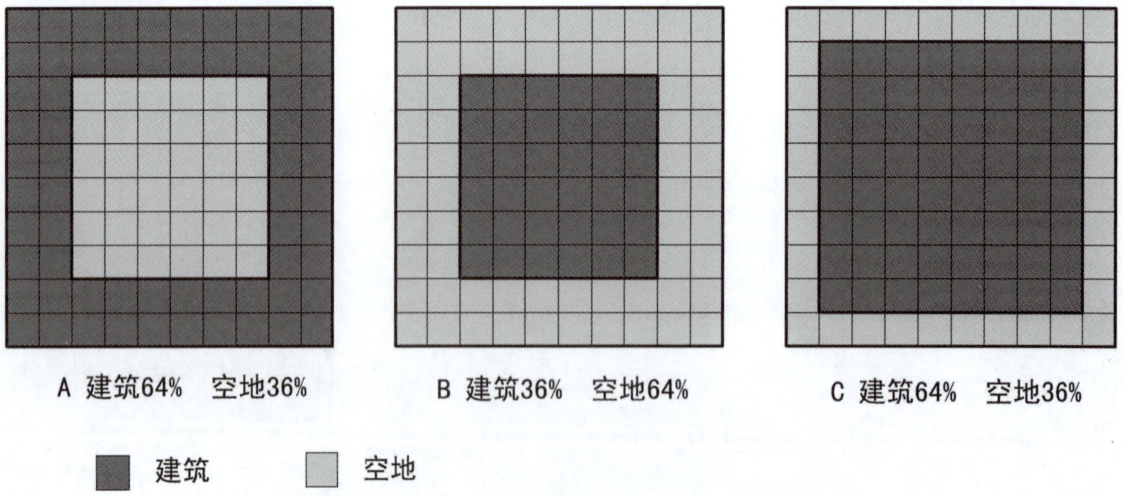

合院住宅建筑与空地比例关系示意图（贾珺 绘制）

1 侯幼彬：1932年生。哈尔滨工业大学建筑学院教授。

2 这段内容见侯幼彬《中国建筑美学》，黑龙江科学技术出版社，1997年版，78页。

相比而言，中国人对合院式住宅显然更偏爱一些，其形制也更为成熟。中国在漫长的历史中，形成了一整套严密的社会行为规范，而合院住宅所具有的防卫严密、内向稳定、秩序井然的特点正与这套规范高度吻合，因此也在岁月的长河中不断得到强化，从而形成了独特的中国式合院住宅系统。北京四合院正是这个系统中最完备的一种类型。

阅读提示（二）

1. 侯幼彬先生从哪些方面介绍了合院住宅形式的优点？
2. 从建筑布局的角度来看，合院住宅形式跟独立式布局相比，有什么优势？
3. 中国人为什么对合院建筑更为偏爱？

词语表（二）

03-04

序号	词语	拼音	词性	搭配举例
42	闭合	bìhé	动	
43	露天○	lùtiān	形 / 名	◎～剧场 / 咖啡馆 / 酒吧 / 煤矿
44	营造○	yíngzào	动	～住宅 / 宫殿；◇～环境 / 气氛 / 氛围
45	外在	wàizài	形	～因素
46	遮○	zhē	动	～阴 / 阳 / 光 / 雨
47	纳凉	nàliáng	动	
48	采光	cǎiguāng	动	
49	保暖○	bǎo//nuǎn	动	～性能 / 功能
50	抵御○	dǐyù	动	～严寒 / 外敌 / 侵略
51	风沙○	fēngshā	名	～漫天
52	通透	tōngtòu	动 / 形	南北～；◇分析 / 说理～
53	通风○	tōng//fēng	动	
54	排水	páishuǐ	动	◎～量

55	湿润◎	shīrùn	形	空气 / 气候～
56	布局◎	bùjú	名 / 动	经济 / 工业 / 商业～；～合理 / 巧妙；◎（文章）谋篇～
57	空地◎	kòngdì	名	
58	优越◎	yōuyuè	形	位置 / 条件 / 性能 / 制度～；◎～性 / 感
59	一举两得	yìjǔ-liǎngdé	成语	
60	偏爱	piān'ài	动	对……～
61	形制	xíngzhì	名	建筑 / 墓葬 / 器物～
62	防卫◎	fángwèi	动	◎正当～
63	严密◎	yánmì	形	防守 / 安保 / 控制 / 组织 / 推理～
64	内向◎	nèixiàng	形	性格～；◎～型（经济）
65	井然	jǐngrán	形	◎秩序～；～有序
66	吻合◎	wěnhé	形	（想法 / 条件等）跟……～
67	完备◎	wánbèi	形	体制 / 系统 / 制度 / 条件 / 手续～

03–05

四合院是北京最典型的住宅形式，撒满了城内的每条胡同。

四合院由大门、倒座房、垂花门、正房、厢房、后照房等不同房屋组成围合的院落空间，并且根据主人的身份和住宅的规模可以演变出各种繁简不同的组合形式。方正对称的格局，尊卑有序的空间，浑厚敦实的风格，浓荫遮蔽的院落，隔绝尘嚣，自成一方天地，也成为北京人最理想的生活场所。自元代以来，无论是王公大臣、富商巨贾，还是文人学士、普通百姓，都住在大大小小的四合院中。从广厦连屋的大宅门，到布局紧凑的小户人家，北京四合院演绎出辉煌与平淡交织的无数篇章。敞亮的院子、宽阔的正屋、秀丽的垂花门、灵巧的厢房，承载着北京人几百年来的日常生活，散发着经久不息的永恒魅力。

阅读提示（三）

1. 北京的四合院一般由哪些部分组成？什么特点使它成为北京人最理想的生活场所？其中哪些特点跟中国人传统的伦理道德观有关？
2. 北京四合院的魅力体现在哪些方面？

词语表（三）

03–06

序号	词语	拼音	词性	搭配举例
68	撒	sǎ	动	
69	演变 ○	yǎnbiàn	动	制度/政策/历史/语音/文字～
70	方正	fāngzhèng	形	字形～；◇为人～
71	对称 ○	duìchèn	形	左右/南北～；◎～轴
72	格局 ○	géjú	名	世界/经济～
73	尊卑	zūnbēi		◎上下/长幼～；～有序/有别
74	有序 ○	yǒuxù	形	～发展/竞争/进行；◎尊卑/长幼～
75	浑厚	húnhòu	形	声音/风格～
76	敦实	dūnshi	形	身材/个头～
77	遮蔽	zhēbì	动	～阳光/视线/风雨
78	隔绝	géjué	动	～空气/阳光；◎与世～
79	尘嚣	chénxiāo	名	远离～
80	天地 ○	tiāndì	名	◎一方～
81	紧凑 ○	jǐncòu	形	结构/内容/布局～
82	小户人家	xiǎohù rénjiā		
83	演绎 ○	yǎnyì	动	
84	辉煌 ○	huīhuáng	形	灯火/成果/历史～
85	平淡 ○	píngdàn	形	内容/语言/生活/反应～；◎～无奇

86	交织	jiāozhī	动	
87	篇章	piānzhāng	名	～结构
88	敞亮	chǎngliàng	形	办公室 / 客厅～
89	秀丽○	xiùlì	形	风景 / 容貌～
90	灵巧○	língqiǎo	形	双手 / 心思～
91	承载○	chéngzài	动	～压力 / 历史
92	散发○	sànfā	动	～香气 / 热量 / 魅力 / 活力
93	经久不息○	jīngjiǔ-bùxī	成语	

课文回顾与思考

1. 作者是如何从时间、空间角度来介绍合院住宅的形式和历史发展的？
2. 课文中的哪些例子能说明作者是将建筑形式与历史文化结合起来进行介绍的？
3. 从北京四合院的例子可以看出，中国人具有怎样的传统居住观念？（可以从建筑与哲学、伦理、美学的关系角度进行思考）
4. 合院住宅能成为古今中外人们喜爱的建筑形式，有哪些原因？
5. 你们国家有没有合院式建筑？如果有，跟课文中提到的合院建筑相比，有哪些特点？

词语例释

1. 偏

这里介绍“偏”作为动词和副词的两种用法。

其一，动词。表示与某个标准相比有差距。后接形容词。如：

（1）按照B模式来布置，建筑面积占36%，可以在周边得到64%的空地面积，建筑面积偏小。

（2）新老师语速偏快，刚开始上课的时候，有的学生表示有些地方听不清楚，有点跟不上。

（3）他的血压偏高，我建议他去医院检查一下。

其二，副词。表示跟客观情况不符或故意跟某一要求相反。常与“要、不”结合成“偏要、偏不”，表示强调。这个用法也可以用“偏偏”，但用“偏”较多。如：

（4）明知很可能失败，她却偏要试一试。

（5）他想到外地读大学，妈妈偏不同意，说太远，不放心。

“偏偏”一词还常用来表示事实跟主观的愿望恰好相反。位置比较灵活，常用在小句句首，主语之前。这时只能用“偏偏”，不能用“偏”。有时也用在主语之后，动词之前。这时也可以用“偏”，不过用“偏偏”较多。如：

（6）我想约他周末一起去国图查资料，偏偏他没有时间 / 他偏偏没有时间。

（7）去年春节，她约了几位朋友去福建参观土楼，偏偏这时候她病了 / 这时候偏偏她病了 / 这时候她偏偏病了。

2. 所

助词。常跟及物动词构成“所 + 动词”的结构。在现代汉语中，“所”字结构前面常常有主语，后面常常有“的”，构成“主语 + 所 + 动词 + 的”的名词性结构。如：

A.“我所了解的”意思是：我了解的（事情、情况……）。

B.“她所痴迷的”意思是：她痴迷的（事物、人……）。

C.“会议所讨论的”意思是：会议讨论的（议题、问题……）。

上述“所”字结构可以作为一个整体来使用，做主语或宾语等句子成分。如：

（1）我所了解的就是这些情况，其他的信息我就不知道了。

（2）她所痴迷的正是中国的古建筑。

（3）以上问题就是会议所讨论的。

上述“所”字结构也可以做定语，修饰的名词就是“所”字后面动词的宾语。例（1）—（3）也可以改成：

（4）我所了解的情况就是这些，其他的信息我就不知道了。

（5）她所痴迷的对象正是中国的古建筑。

（6）以上就是会议所讨论的问题。

课文中出现的例子就是这种用法：

（7）合院住宅所具有的防卫严密、内向稳定、秩序井然的特点正与这套规范高度吻合。

上述“所”字结构还常常跟“是”结合，表示判断。如：

（8）久经战火的摧残，和平是大家所期盼的。

（9）太空的秘密是人类所渴望探索和发现的。

（10）父母的爱是儿女所永远不能忘记的。

例（8）—（10）中“所”字可以省略，不影响意思的表达，如例（10）也可以说成“父母的爱是儿女永远不能忘记的"，不过，用"所"字结构书面色彩更浓。

"所＋动词"常常出现在固定结构和成语中，形成"有＋所＋动词"或"无＋所＋动词"的结构。动词可以是单音节词，如"有所图、有所得、无所得、无所有"等，但大多数情况下，动词为双音节词。"有＋所＋动词"形成的短语如"有所不同、有所启发、有所发展、有所贡献"等，"无＋所＋动词"形成的短语如"无所依靠、无所追求、无所表示"等。很多成语使用"无＋所＋动词"的结构，如"无所不包、无所不能、无所不谈、无所不通、无所不知、无所不在、无所事事、无所畏惧、无所用心、无所作为"等。用法举例如下：

（11）课本是一样的，但每位老师上起课来，方法还是有所不同。

（12）希望大家踊跃发言，你的旅行经验对别人一定有所启发。

（13）一个好的社会，一定不会让孤寡老人无所依靠。

（14）一个人在生活中如果无所追求，那很多乐趣也就体会不到了。

（15）《十万个为什么》是中国少儿的科普启蒙读物，在孩子眼中，这套书就是一个无所不包的奇妙世界。

3. 然

作为书面语用词，"然"的用法主要有三个。

其一，代词。意思是"这样，那样"。指代上文所说的情况。"不然"表示"不是这样"，"亦然"表示"也是这样"。如：

（1）一些学者认为中国文化重视家庭，而西方文化则不然。——这显然是一种误解。实际上中国人和西方人都重视家庭。

（2）纯水在0 ℃时结冰，海水则不然，因为海水的冰点（即结冰的温度）跟盐度有关。随着盐度的增加，冰点会逐渐下降。

（3）世上没有笔直的路，人生的路亦然。

（4）文学艺术创作贵在以情感人。古即如此，今天亦然。

其二，连词。表示转折，相当于"然而"。如：

（5）对生命起源的研究困难重重，然意义深远。

（6）球队虽组建不久，然内部团结，实力不容轻视。

（7）新书虽有多处修订，然恐尚多不足，还望读者指正。

其三，助词。做形容词或副词的词尾。以"然"为词尾的形容词有"赫然、茫然、惘然、安然、哗然、漠然、坦然、显然、井然、悠然、恍然"。"然"可以理解为"……的样子"。课文中出现的"井然"一词，"井"形容整齐，"井然"表示整齐的样子。以"然"为词尾的副词有"公然、截然、当然、猛然、骤然"等。

成语运用

1. 顾名思义

顾：看。看到名称，就会想到意义。常作为独立成分，用于对名词进行解释或对事物进行说明的句子中。常位于主语之后，有时也用于句首。如：

（1）老北京人把四合院叫作“四合房”，顾名思义，就是“四面都用房子围合起来”的住宅。

（2）语言是人类最重要的交际工具。语言学，顾名思义，就是研究语言的科学。

（3）象声词，顾名思义，指那些模仿自然声音的词。比如汉语中表示时钟声音的“滴嗒滴嗒”，表示雨声的“淅淅沥沥”等。

（4）日记，顾名思义，就是每天生活的记录。

（5）顾名思义，步行区和步行街只准行人步行，不许车辆穿过。

（6）顾名思义，中篇小说比短篇小说长，比长篇小说短。

2. 大同小异

异：不同。两个事物相比，大部分相同，小部分不同，表示两个事物区别不大，也可以表示没有新的内容，没有新意，没有特色。使用中相当于动词。一般做谓语，偶尔也做定语。如：

（1）人性相同，正如每个人的身体形状基本相同，大同小异。

（2）甜玉米的栽培技术和普通玉米大同小异，但甜玉米不能和普通玉米一起种。

（3）中国的端午节还有许多别称，如：端阳节、重五节、五月节、诗人节、龙舟节等等。虽然名称不同，但各地人们过节的习俗却大同小异，有赛龙舟、吃粽子、吃咸蛋等。

（4）电视频道上百个，但节目大同小异，遥控器按了一圈还是很难找到自己喜欢的节目。

（5）城市发展日新月异，城市建筑却大同小异。很多城市正在慢慢失去自己独特的韵味。

（6）除了北京典型的四合院之外，东北、山西、宁夏等北方地区都有大同小异的四合院出现，南方的合院住宅形式更为丰富。

3. 一举两得

举：举动。得：收获。做一件事，有两种收获。强调做一件事好处不止一个。使用中相当于动词，多做谓语，有时也做定语。褒义。如：

（1）植树种草既能美化环境，又能减少空气污染，一举两得，应该受到重视。

（2）茶叶中含有比较丰富的钾，热天多饮茶，既消暑降温，又可以补充因大量流汗而流失的钾，一举两得。

（3）从空间的角度完全可以证明合院式住宅的用地效率是最高的，既可以得到充足的建筑面积，同时又可以获取宽敞的庭院，一举两得。

（4）有些人早晨上班，不喜欢乘车，而是选择跑步或骑自行车。这样做既不用挤车，又锻炼了身体，可谓一举两得。

（5）利用优越的自然条件举办体育大赛，对我们的城市是一举两得的好事。提高知名度的同时，又可以拉动经济增长。

如果强调做一件事好处很多，超过两个，可以说“一举多得”。如：

（6）漫画是一种轻松活泼的艺术形式，既可以供人消遣，也可以使人了解社会，并提高艺术欣赏力，一举多得。

（7）垃圾的合理分类和回收利用，既可以提高处理废弃物的有效性，又保护了环境，同时也实现了对资源的循环利用，是一举多得的好办法。

4. 经久不息

经过很长时间仍不停息。一般指掌声或欢呼声。使用中相当于动词。多做谓语和定语。如：

（1）看到自己的球队获胜，球迷们都站了起来，欢呼声经久不息。

（2）闵惠芬是中国民族音乐领域的传奇人物，被称为“二胡皇后”。她演奏的《江河水》一曲终了，观众的掌声总是经久不息。

（3）2022 年 4 月 16 日 9 时 56 分，神舟十三号载人飞船返回舱成功着陆的一瞬间，北京航天飞行控制中心的指挥大厅响起了经久不息的掌声。

（4）敞亮的院子、宽阔的正屋、秀丽的垂花门、灵巧的厢房，承载着北京人几百年来的日常生活，散发着经久不息的永恒魅力。

特殊句式

1. 被动句

被……所……　为……所……

本课“这种形式也被元代的合院住宅所继承”和第一课“怎么读大师的书？我的方法是：不求甚解，为我所用”两句中，“被……所……”“为……所……”都是被动句的书面句式。二者用法相同。“为”即“被”，“所”置于动词前，跟“被 / 为”一起构成被动标志。“为……所……”的书面色彩更浓。如：

（1）儿童文学只有满足儿童的阅读需求，并符合儿童的心理需求，才能被儿童所接受。

（2）处于“青春叛逆期”的少年，常常感觉被成人所误解。这更加深了他们与成人之间的矛盾。

（3）如果设计理念太超前，你的方案很可能不为大多数人所接受。

（4）作为发展中国家，我们要积极吸收世界先进的科技成果，使之为我所用，以促进我们自身的科技进步。

（5）这位阅历丰富、淡泊名利的老人，深知人绝不能为钱财和声名所累（lěi，牵累）。

2. 比较句[1]

相比而言

“相比而言”也可以说成“相比较而言”。用法有两种：

一是“与A相比而言，B……”。比较的两个对象都能看出来。如：

（1）与后代汉字相比而言，甲骨文的形象性较强。（甲骨文与后代汉字比）

（2）与其他城市相比而言，上海有其特殊的历史地位。（上海与其他城市比）

（3）与平原地区相比而言，山区的天气变化要大得多。（山区与平原地区的天气比）

也可以说成“B与A相比而言，……”。如：

（4）您的新作与您以前的小说相比而言，有什么不同的特点？

（5）泰山与黄山相比而言，更具历史感。

二是“相比而言”放在句首，独立使用。比较对象根据上下文可以知道。如：

（6）现代汉语普通话有22个声母（包括零声母）。相比而言，唐朝时汉语的声母要多很多，有36个。（唐朝时汉语声母与现代汉语普通话声母比）

（7）相比而言，中国人对合院式住宅显然更偏爱一些，其形制也更为成熟。（中国人与外国人比）

比起……（来）

表示比较，有“比起B（来），A……”和“A比起B（来），……”两种格式。多用于口语。如：

（8）比起夏天来，秋天更让我喜欢。

（9）比起离家后的孤独来，打工的劳累还比较容易承受。

（10）《庄子》中有一个寓言故事，说河神看到大海时，第一次意识到，黄河虽然水量很大，可是比起海来，实在太小了。

（11）人类在地球上已经生活了几百万年，但比起恐龙的生存历史，只是短暂的一瞬间。

复句讲解

目的复句

偏句表示行为，主句表示目的。这样的复句就是目的复句。

课文中有这样一句话：

（1）古代伊斯兰住宅同样在庭院的四周用柱廊围合，院子里常常挖出十字形的水渠，以象征《古兰经》中的“天园”。

句中的“以”引导目的复句的主句。“以”后直接跟动词，目的由此动词体现。一般用于书面语。如：

（2）中国愿意进一步加强与世界旅游界知名人士的友好合作，以发展中国的旅游事业。

（3）我们应该坚持百花齐放、百家争鸣的原则，以促进学术的自由发展。

（4）她经常会读一点心理学的书，以求在自己处于心理亚健康状态时，能用某些方法使自己获得心理的平衡。

（5）开车时最好不要打电话，以防注意力分散，发生意外。

有些单音节动词因为经常跟“以”结合表示目的，慢慢就凝固成了表示目的关系的双音节连词。这些词可以分成“希望”和“避免”两类。

“以便、以期”等表示希望达到某种目的。“便”是“便于、方便”的意思，“以便”表示准备好某种条件，目的则便于实现。“期”是“期望”的意思，“以期”表示希望达到某种目的。两词后均可以直接跟动词，也可以跟有主语的分句。如：

（6）老师平时应该注意收集学生对课程的意见，以便改进教学方法。

（7）语素是词的构成单位，教师应该引导学生熟悉常用语素的构词特点，以便学生提高词汇学习的效率。

（8）科学工作者对珠穆朗玛峰的高度进行过多次测量，以期得到更精确的数值。

（9）双方谈判代表正在紧急磋商，以期和平协议能够尽早签订。

“以免 / 免得”等表示希望避免发生某事。“免”是“避免”的意思。“以免”就是“以避免”。跟“以免”相比，“免得”的口语色彩较浓。“以免 / 免得”后可以直接跟动词，也可以跟有主语的分句。如：

（10）在自然保护区内行走，我们从不高声讲话，以免惊动森林里的动物“居民”。

（11）眼睛高度近视的人，应该少做或不做剧烈运动，以免视网膜脱落。

（12）离开教室时请不要忘记关灯，免得浪费电。

（13）不管多忙，都应该抽空给家人打电话，免得他们担心。

练 习

第一部分 词汇、语法

一、解释加点语素的意思，并根据拼音完成新词语，同时说明其词义。

1. 统称（ ）
hé______称
jiǎn______称

2. 遗址（ ）
遗 wù______
遗 zhǔ______

3. 工字形（ ）
shízì______形
sìbiān______形

4. 平面（ ）
cè______面
zhèng______面

5. 视野（ ）
视 lì______
视 xiàn______

6. 绿化（ ）
měi______化
yōu______化

7. 遮阴（ ）
遮 guāng______
遮 yǔ______

8. 保暖（ ）
保 wēn______
保 xiān______

9. 风压（ ）
qì______压
shuǐ______压

10. 井然（ ）
máng______然
tǎn______然

二、选择成语填空并模仿造句。

顾名思义　人同小异　一举两得　经久不息

1. 如果我们利用生长过于茂盛的海藻来生产“海藻纸”，那么，既可以清洁水环境，又可以节省木材，可谓______。

______

2. 在______的掌声中，老艺术家们走上舞台，接受孩子们的献花。

______

3. 不同人种的头发，其化学成分________，只在形状、颜色等一般性质上有所不同。

____

4. 遗传物质，________，是可以在生物中一代一代传下去的东西。

____

5. 一个新闻事件出来，各网站都是________的报道，看一两篇就可以了。

____

三、词语搭配与填空。

庭院	合理
地域	内向
气候	辽阔
布局	湿润
性格	宽敞

（1）被誉为“塞外江南”的新疆伊犁河谷，________ ________，是新疆年降雨量最多的地方。

（2）人的________差异是很大的。有的乐观，有的悲观；有的诚实，有的虚伪；有的活泼，有的________。

（3）她从没学过园艺，但________的________经过她的设计和打理，显得异常精致而优雅。

（4）全市商业网点的________要根据城市发展的需要进行调整，使之更加________。

（5）众所周知，云南是一块________ ________、资源丰富的宝地，有着“动物王国”“植物王国”“有色金属王国”等众多美称。

开辟	紧凑
营造	香气
抵御	航线
结构	严寒
散发	氛围

（6）公司内部应该努力________一种宽松友好的________，以使大家能轻松愉快地开展工作。

（7）春天的夜晚，行走在胡同里，盛开的槐花________着清爽而甘甜的________。

（8）身材矮小粗壮、鼻子宽大、皮下脂肪很厚的因纽特人（Inuit）生活在北极，有着令人惊叹的________ ________的本领。

（9）________新加坡至广州、海口及深圳的新________以后，前往新加坡旅游、经商的中国旅客将有更多选择。

（10）一般来说，短篇小说的特点是篇幅短，人物不多，________ ________。

◎

考古	有序
秩序	剧场
露天	防卫
正当	井然
长幼	遗址

（11）今天是博览会的第一天，观众众多，但______ ______。

（12）________ ________的传统道德观念在现代家庭中更多地体现在对老人的尊重上。

（13）在四川广汉三星堆________ ______发现的青铜器闻名中外，通高2.62米的青铜大立人被誉为“世界铜像之王”。

（14）在生命受到威胁的情况下，店主将劫匪打成重伤，这属于________ ________。

（15）在南欧的地中海沿岸旅行，会在很多地方看到古希腊时期________ ________的遗址，那些半圆形的观众席让两千年后的我们仍能领略到古希腊建筑的伟大。

四、用指定词语完成句子或对话。

1. 如果你想把论文写得有深度，________________________________（文献）
2. “字如其人”是我们经常听到的一句话，意思是，________________（推断）
3. A：在你们国家，吃饭的时候有什么讲究吗？
   B：____（礼仪）
4. 他是一个头脑清醒的人，对问题有自己的判断，________________
   ________________________________（被/为……所……）
5. 随着两国关系的正常化，________________________________（趋于）
6. 留学有很多好处，________________________________（视野）
7. 山上的天气变化快，所以你去爬山时，________________________（保暖）
8. 中国人都比较喜欢南北通透的住房，________________________（通风）
9. 虽然他从来不提他的家庭，________________________________（优越）
10. 我很喜欢读他的文章，________________________________（严密）
11. 电子书便于携带，________________________________（相比而言）
12. ________________________，跟团旅游当然价格要便宜很多。（比起……来）
13. 开始的时候我还担心他不同意我的意见，________________________（吻合）
14. 没有一个制度一开始就是成熟的，________________________（完备）
15. 语言也和这个世界上的所有事物一样，________________________（演变）
16. 在大自然中你会发现很多例子，________________________________（对称）

17. 郑和下西洋指的是发生在明代早期的七次大规模远洋航海事件，______________ ____（辉煌）

18. A：你觉得昨晚的电影怎么样？

B：____（平淡）

19. 在我认识的人中，______________________________________（灵巧）

五、选择关联词填空并模仿造句。要求：①造句时使用本句所用关联词和括号中的词语；②括号中的词语分别用于两个分句中。

A. ……，以……	B. ……，以免 / 免得……
C. ……，以便……	D. ……，以期……

（1）夏季高温，要密切关注野外的火源，________发生森林火灾。

____（熬夜；“熊猫眼”）

（2）邻居家的小院子里，总会放一个小水盆，________小鸟口渴的时候，能喝到一口干净的水。

____（指示牌；会场）

（3）大会结束后，主办方给每位志愿者都赠送了一份精美的礼物，________感谢他们为大会做出的贡献。

____（沟通；信任）

（4）最近他每天复习汉语，还报了一个强化班，________能通过 HSK 六级考试。

____（努力；好成绩）

六、排序，并画出各句所用关联词及其他可提示句子顺序的词语。

1. A. 又要使园林体现出自然、淡泊、恬静、含蓄的艺术特色

B. 其中，建筑是极其重要的组成部分

C. 中国古典园林主要由五大要素构成：山、水、植物、建筑和书画

D. 其形与神既要与天空大地等自然环境吻合

正确语序：______________________

2. A. 是世界现存最长的城市中轴线

B. 创建于元代、整体形成于明清两代的北京城中轴线全长约 7.8 公里

C. 仍在展示着北京城独有的壮美秩序

D. 如今这条中轴线上的古建筑群保存基本完整

正确语序：______________________

3. A. 东渡日本的扬州高僧鉴真大师[1]就是在奈良传法

B. 奈良则是在公元 8 世纪仿效唐代都城长安而建的古代都城

C. 扬州的建城史有 2500 多年

D. 2010 年 5 月 23 日，两城正式结为友好城市以延续文化交流的传统

E. 扬州和奈良都是历史悠久的文化名城

正确语序：________________________

4. A. 风水理论的支持者认为风水理论是对自然科学知识的综合利用

B. 因而是迷信，是伪科学

C. 因为风水所依据的阴阳、五行学说不符合现代的科学理论

D. 风水是研究住宅或坟墓建造吉凶的一门学问

E. 而反对风水学观点的人士则认为

正确语序：________________________

5. A. 同时也影响到建筑和园林设计

B. 近代欧洲的"中国风"[2]始于 17 世纪

C. 这段时期这一风格通常出现在室内陈设与装饰艺术中

D. 并在 18 世纪中叶达到流行的顶峰

E. 欧洲各国至今仍可看到当时所建、含有中国元素的园林和建筑

正确语序：________________________

第二部分 拓展阅读

七、请概括下面这段文字的主要意思。

"音乐是流动的建筑"与"建筑是凝固的音乐"是两个内涵深刻且互有关联的命题。最早将建筑比作音乐的是 19 世纪初德国的哲学家与文学家。哲学家谢林（Friedrich von Schelling，1775—1854）早在 1802—1803 年就提出："一般说来，建筑

---

1 鉴真大师：688—763 年，唐朝僧人。受日本僧人和遣唐使邀请，曾六次东渡，最后一次成功抵达日本，并开始在奈良传教。被日本尊为律宗始祖。鉴真圆寂后葬于奈良唐招提寺，墓地至今仍存寺中。扬州亦建有鉴真纪念堂。

2 "中国风"：来源于法语词 Chinoiserie，指中国风格，以中华传统文化或广义的东方文化为依据、突显中国元素的艺术风尚或生活方式。准确地说，"中国风"是一种受中国设计手法影响的欧洲艺术风格。

是凝固的音乐（erstarrte Musik）。”作家施莱格尔（Friedrichron Schlegel，1772—1829）也说过“建筑是音乐般的造型艺术”，他还把哥特式[1]教堂称为“石化的音乐”。黑格尔（Georg Wilhelm Friedrich Hegel，1770—1831）在《美学》（1835）中对施莱格尔的比喻做了推论：这两种艺术都要靠各种比例关系的和谐，而这些比例关系都可以归结到数。与此相反，歌德（Johann Wolfgang von Goethe，1749—1832）则将两者的关系归纳为情感方面的原因，“我将建筑艺术称为凝固的音乐。看来，不无道理；来自建筑艺术的情感，接近于音乐效果”。最早称音乐为“流动的建筑”的人则是德国作曲家、音乐理论家霍普特曼（Moritz Hauptmann，1792—1868）。他在1853年发表的《论和声与节奏的本质》中将音乐称为“流动的建筑（flüssige Architektur）”。

人们常常将这个双向比喻归功于歌德，很可能是因为他显赫的声誉。事实上，从歌德的多次表述中也都可以发现，他并非首创者，真正的首创者应该是谢林和霍普特曼。

上面这段文字主要说明了（请选择）：

☐ A. 施莱格尔和黑格尔对提出“建筑是凝固的音乐”这一命题的贡献

☐ B. 歌德是大文豪，但这两个命题不是他首创

☐ C. 黑格尔和歌德对于“建筑是凝固的音乐”的不同看法

☐ D. 两个命题的最早提出者是谢林和霍普特曼

八、阅读下面的文章，并完成后面的练习。

聚族而居的封闭堡垒——福建土楼[2]

郭智东

【简介】

土楼是分布在中国东南部的福建、江西、广东三省的客家地区的一种以土、木、石、竹为主要建筑材料建成的民居建筑，是一种集居住和防御于一体的建筑形式。其

---

1 哥特式：这里指12—16世纪盛行于欧洲的一种建筑风格，该风格的建筑高耸瘦削，外部装饰华丽非凡。德国的科隆大教堂、法国的巴黎圣母院等是其杰出代表，卓越的建筑技巧表现了神秘而崇高的宗教情感。

2 文章发表于《今日中国》，2020年11月19日。

中分布最广、数量最多、品类最丰富、保存最完好的是福建土楼，又称“客家土楼”。福建土楼历史悠久，人文内涵丰富，造型功能独特，被誉为“福建民居中的瑰宝”。

在中国东南部的福建省，有一种造型独特的民居建筑。这种建筑多以土、木、石、竹为主要建筑材料，用未经焙烧的生土混合沙土夯筑而成，形制高大而坚固，称为“土楼”。因为大多数土楼为福建客家人所建，所以又称为“客家土楼”。

土楼历史悠久，它的产生与中原居民大规模南迁密切相关。受战乱、社会动荡以及自然灾害等因素影响，北方中原地区的民众多次举族大规模南迁，其中一大部分迁到了今天的福建省境内。

这些南迁的中原民众，躲避战乱的同时，也将中原的先进文化带到了这里，与当地的原住民[①]相互融合，为这里的进一步繁荣发展提供了契机。表现在居住形式上，就逐渐形成了这种既反映儒家大家族向心而居的思想，同时又兼顾[②]一定防御性的生土建筑形式。如果有敌来犯，只需紧闭大门，青壮年守护住大门，土楼即可变成坚固的堡垒。封闭的堡垒式外观和超大的体量表现出强烈的防卫性，同族宗亲们在一幢土楼里就形成了一个独立的社会，共存共亡，荣辱与共。

据相关专家学者研究结论和考古发现证实，至少在北宋以前，福建省永定县境内就已产生了较为成熟的民居建筑土楼。明中叶以后，福建西南山区和沿海一带贼寇、海盗猖獗，这种集居住和防御于一体的建筑形式被广泛采用。到了清代和民国时期，随着加工业的发展，这一地区的经济贸易进一步繁荣，当地居民需要维护家族的共同利益，加强防御力量，往往同族几十人甚至几百人聚族而居[③]。人口的增长，促进了土楼的进一步发展，形制变得丰富而考究，装饰上甚至还出现了中西结合的形式，同时功能也越来越多样化。这一时期，福建土楼的发展达到了鼎盛阶段。

土楼结构千姿百态，常见的有圆形、半圆形、方形、四角形、五角形、交椅形、畚箕形等。土楼内部空间由纤细的木构件组成，并且对内院开敞，标准的开间格局充分考虑宜居[④]因素，将各个独立空间设置成便于生活的理想环境，也体现出人与自然的和谐。

早期的土楼多是方形，由于方形土楼四角较阴暗，不利于通风和采光，客家人又设计出更加优良的圆土楼。这种圆形土楼在现存的土楼中最引人注目，当地人称之为“圆楼”或“圆寨”。圆楼的形制是围绕一个圆心，依照不同的半径，一层层向外展开，环环相套，蔚为壮观。最中心处为家族祠院，向外依次为祖堂、围廊，最外一环供族人居住。

福建土楼属于聚居建筑，体量巨大是它的一个显著特色，无论远观还是近看，土楼都以其庞大的单体式建筑令人震撼，堪称民居之最。一般规模的圆楼直径大约为五十余米，三四层楼的高度，可容纳二三百人；大型圆楼直径可达七八十米，高五六层，可住七八百人，充分体现了客家人聚族而居的民俗风情。

客家人恪守南迁前的文化传统，特别遵行儒礼[5]，崇拜祖先，珍视家族团结。这种聚族而居的习俗充分反映了客家人强烈的家族伦理观念，这也是源于对中原传统文化的认同。同宗聚居的土楼里的数十、数百人中，有父母、兄弟、叔侄、妯娌、婆媳等宗亲关系，多代同堂，拥有共同的祖辈，最高长辈拥有绝对权威，同楼人聚居共财。因此，一部土楼史，便是一部乡村家族史。土楼的子孙往往无须族谱[6]便能侃侃道出家族的源流。

“土楼之王”——福建华安县的二宜楼（王东明　摄）

目前已被严格确认的福建土楼建筑有3000余座，主要分布在福建省龙岩永定县、福建省漳州南靖县和华安县境内。如位于华安县仙都镇大地村的二宜楼，便是中国圆土楼古民居的杰出代表，素有“土楼之王”“国之瑰宝”等美誉[7]。它以规模宏大、保存完好[8]闻名遐迩，是全国重点文物保护单位。2008年7月6日，“福建土楼”被联合国教科文组织世界遗产委员会列入《世界遗产名录》。

福建客家土楼是东方文明的一颗明珠，是世界上独一无二的神话般的山村民居建筑，是中国古建筑的一朵奇葩，它以历史悠久、风格独特、规模宏大、结构精巧等特点独立于世界民居建筑艺术之林。

1. **请给文章拟一个新的题目（写在下面的横线上）。**

____

2. **解释文中画线词语。**

①原住民　　②兼顾

③聚族而居　　④宜居

⑤儒礼　　⑥族谱

⑦美誉　　⑧完好

3. **判断下列说法是否符合文章原意（符合画"√"，不符合画"×"）。**

（1）福建土楼因全部为客家人所建，所以称为"客家土楼"。（　）

（2）土楼是中原民众南迁到福建以后所创造的建筑形式。（　）

（3）土楼除了有居住功能，也是军事堡垒。（　）

（4）土楼在千余年的发展过程中，从形制到装饰，完全是中国式的。（　）

（5）圆形土楼比方形土楼更优良，是因为它更利于防御敌人入侵。（　）

（6）一座土楼里居住的通常是同一家族的人。（　）

4. **回答问题。**

土楼的设计思想是什么？与客家人的文化传统和生存环境有什么关系？

____

____

____

____

第三部分 写作

九、写出本课的内容提要。（300字左右）

十、写一篇600字左右的短文，谈谈你对一座熟悉的城市的看法，可以从城市布局、公园设计、建筑特点等方面进行评价。要求：有具体的例证。

语言实践

一、从历史发展、形式特点、文化内涵等方面收集资料，对你们国家最典型的民居形式进行一次书面报告。要求：有图片配合说明，所有引用资料均须注明来源。

二、参观你所在城市的一个历史建筑，了解它的历史和建筑艺术特点，写一份调查报告。注意收集文字和图片两方面的资料，也可以自己拍照作为补充。

第四课　运河申遗，梦圆多哈

周家华

课文导览

【作者简介】

周家华（1951— ），湖北人。曾任记者、编辑等。中国文化艺术发展促进会会员、湖北省摄影家协会会员。著有新闻文学作品集《沧海撷浪》、摄影作品集《镜头视野》，其编著的《古河今貌——长江流域的人工运河》和《京杭运河》展现了中国大运河的漫长历史画卷，也为我们打开了一扇考察中国经济、社会与文化的独特窗口。

【作品出处】

课文选自《京杭运河》，上海科学技术文献出版社、长江出版社，2019 年版。有删减。

【话题归属】

课文围绕运河申遗话题展开。所谓“申遗”，是指一个国家或地区向联合国教科文组织申请将某一具有特殊价值的遗产列入《世界遗产名录》的行为。世界遗产分为文化遗产、自然遗产、自然与文化双重遗产。保护这些无可替代、见证人类文明发展的珍贵遗产，使之永远与我们相伴，是全人类的共同使命。与申遗相关的话题，如文化传承、遗产价值、遗产保护意识、保护与发展的矛盾、旅游对遗产保护的影响等，也都在讨论的范围之内。

课前准备——课堂报告选题

1. 中国大运河在历史上所发挥的作用；
2. 中国世界遗产的种类、数量、分布、保护现状等基本情况；
3. 非物质文化遗产的定义和种类；
4. 学生本国的世界遗产概况；
5. 世界遗产的意义与保护措施 / 文物保护法；
6. 世界遗产所遭遇的危机。

课 文

04-01

中国西高东低的地势条件，形成了多数江河东西走向的地理特点。当天然的黄河、长江一泻千里，从西向东滚滚流淌时，一条开天辟地的人工运河却独辟蹊径，纵贯中国南北，沟通海河、黄河、淮河、长江、钱塘江五大水系。这条始凿于春秋，完成于隋代，畅通于唐宋，取直于元代，繁荣于明清，衰败于晚清[1]，复兴于当代的水道，就是世界上通航里程最长的京杭运河。

在陆路交通极不发达的时代，一个地方文明与文化的形成与传播，多半与江河有关。水是文明的孕育地，也是文化的传播者。当水流贯通，河网沟通，航运畅通时，文明传播、文化融通也就在情理之中了。

贯通五大水系的京杭运河，见证了中华文明的演进历程，凝聚了中国政治、经济、军事、文化、社会诸多领域的庞大信息，记录了2000多年来它为中国经济发展、国家统一、民族融合、社会进步和文化繁荣做出的重大贡献。

京杭大运河杭州拱宸桥（周家华　摄）

2014年6月22日，在卡塔尔首都多哈召开的第38届世界遗产大会上，中国大运河成功入选世界文化遗产名录，成为中国第46个世界遗产项目。“运河九年申遗，今天梦圆多哈”——这是国内外多家主流媒体的标题。专家称，不同于古建筑、古遗址

1 晚清：清朝晚期。

的申遗，京杭运河是仍在使用的“活态线性文化遗产[1]”，对这类项目申请世界文化遗产，在中国尚属首次。

阅读提示（一）

1. 京杭运河与中国多数江河有什么不同？它的历史发展有着怎样的轨迹？
2. 为什么在陆路交通极不发达的时代，一个地区文明与文化的形成与传播，多半与江河有关？
3. 京杭运河与中华文明的发展历程有着怎样的关系？
4. 京杭运河与同为世界遗产的古建筑、古遗址有什么不同？

词语表（一）

04–02

序号	词语	拼音	词性	搭配举例
1	地势	dìshì	名	～险要 / 平坦
2	走向	zǒuxiàng	名	河流 / 山脉～；◇事件～
3	一泻千里	yíxiè-qiānlǐ	成语	
4	流淌○	liútǎng	动	河水 / 血液 / 眼泪～
5	开天辟地○	kāitiān-pìdì	成语	
6	运河○	yùnhé	名	开凿～；◎大～
7	独辟蹊径	dúpì-xījìng	成语	
8	水系	shuǐxì	名	◎长江 / 黄河～
9	凿○	záo	动	～井 / 洞
10	衰败	shuāibài	动	文化 / 经济 / 国家～
11	复兴○	fùxīng	动	国家 / 民族～；◎（欧洲）文艺～（运动）
12	通航	tōngháng	动	全线 / 直接～
13	里程	lǐchéng	名	通航 / 通车～；◎～碑

1 活态线性文化遗产：“活态”指遗产的原初功能或在历史过程中的使用功能目前仍在发挥作用；“线性文化遗产”指呈线状或带状排列的文化遗产所组成的遗产群，主要表现为运河、道路和铁路线，特点是跨地区，甚至跨国。

14	孕育◯	yùnyù	动	～生命 / 思想 / 文明
15	贯通◯	guàntōng	动	～中西文化；上下 / 南北～；◎融会～
16	情理	qínglǐ	名	◎～之中；合乎 / 不近～
17	见证◯	jiànzhèng	动 / 名	～历史/友谊/事件/过程；历史～；◎～人 / 者
18	演进	yǎnjìn	动	历史 / 观念～；～过程
19	历程◯	lìchéng	名	发展 / 奋斗～；心路～
20	诸多◯	zhūduō	形	～方面 / 原因 / 困难 / 不便
21	领域◯	lǐngyù	名	思想 / 文化 / 科学～；诸多～
22	庞大◯	pángdà	形	体积 / 数目 / 组织 / 规模～
23	入选◯	rùxuǎn	动	～论文集 / 教材 / 国家队
24	名录	mínglù	名	文物 / 文化遗产 / 作家 / 野生动物～
25	尚◯	shàng	副 / 连	～存 / 在 / 有 / 能

三老拉开申遗序幕 04–03

2005年底，大运河两岸的北京、天津、河北、山东、江苏、浙江等6个省（直辖市）18个城市的市长都收到了一封信。

这封信是关于加快京杭运河遗产保护和申遗工作的。信中写道：

各位尊敬的市长：

在纪念我国加入《保护世界文化和自然遗产公约》[1] 20周年及2006年新年到来之际，我们三位年老的城市规划与建筑、文物古建筑保护和工艺美术工作者，怀着急迫的心情，联名致信给您，呼吁用创新的思路，加快大运河在申报物质文化和非物质文化两大遗产领域的工作进程。

文化是一个国家综合国力的象征。以我们多年的经验来看，京杭大运河可是

1《保护世界文化和自然遗产公约》：Convention Concerning the Protection of the World Cultural and Natural Heritage。联合国教科文组织于1972年11月16日在巴黎通过，1975年12月17日生效。简称《世界遗产公约》。这是国际社会缔结的旨在保护世界文化遗产和自然遗产的全球性国际公约。中国于1985年12月12日加入。

个无价之宝呀！沿岸的文化与自然遗产内容令人目不暇接。如果再加上还未被发掘的非物质文化遗产[1]，那就更令人兴奋。如果将京杭大运河的历史价值、文化内涵和对中国历史发展的贡献相加，可以毫不夸张地说，足以与长城媲美。

……

……中国已有三十一个项目名列世界文化和自然遗产名录，并有三项口述和非物质遗产[2]列入了名录。这是国家的大好事，是民族的盛事，我们的后代将会感谢和铭记所有为此做出贡献的人。

……

这三位老人就是被国人称为“运河三老”的古建筑专家郑孝燮[3]、古文物专家罗哲文[4]、中国工艺美术大师朱炳仁[5]。这一年，他们的年龄分别是 90 岁、81 岁和 61 岁。

郑孝燮先生曾参与过平遥古城、卢沟桥的保护。长城的发掘和修复则跟罗哲文老人密切相关。朱炳仁是杭州人，曾不遗余力多次考察运河沿线的情况，并翻阅史册、档案等文献材料，提出了很多保护运河的独特方案，其中“零保护[6]”和“品质保护[7]”受到专家们的极大认同。

这封对京杭运河满怀深情、言辞恳切的信，引起了全国媒体及社会的轰动，也由此拉开了京杭运河保护与申遗的序幕。

---

1 非物质文化遗产：Intangible Cultural Heritage。指对某一地区或民族来说，世代相传的、非物质形式的文化遗产，如生活习惯、民俗、技能、信仰和语言等，也包括与之相关的工具、物品、文物和场所。简称“非遗”。2003 年 10 月 17 日，联合国教科文组织在巴黎通过了《保护非物质文化遗产公约》。

2 口述和非物质遗产：全称为“人类口头和非物质遗产代表作”。2001—2005 年共评选了三次，中国进入名单的有昆曲、古琴艺术和新疆维吾尔木卡姆艺术。2008 年，“人类口头和非物质遗产代表作”项目成为第一批自然列入《人类非物质文化遗产代表作名录》的遗产。

3 郑孝燮：1916—2017 年。辽宁人。城市规划与建筑学家，古建与文物保护专家。为中国历史文化名城的保护做出了历史性的贡献。

4 罗哲文：1924—2012 年。四川人。中国古建筑学家。著作有《中国古塔》《中国古代建筑简史》《长城史话》《中国帝王陵》等。

5 朱炳仁：1944 年生，浙江人。铜建筑专家，铜雕艺术大师。

6 零保护：包括零干预保护、零使用保护、零发展保护。这是全方位保护大运河遗产价值、保证大运河文化传承的有效手段。“零干预保护”指让运河沿岸某一块区域完全以自然的状态存在，不进行任何人工干扰。“零使用保护”指保留运河边建筑和内部设施的原始风貌，不进行改动，不居住，不使用。“零发展保护”指运河上的航运设施、运河边的老房子及近现代的老厂房等，按照它们原有的功能使用，不进行开发性保护。

7 品质保护：即“运河品质保护”，指保护大运河的文化品质、经济品质和环境品质。具体来说就是要保护大运河的宏大规模、运输功能、运河水质及流域生态环境。

阅读提示（二）

1.“运河三老”指的是谁？他们联名写信，希望18个城市的市长们做什么？为什么？

2.“运河三老”在文物保护方面各有哪些贡献？

3.联名信引起了怎样的反响？

词语表（二）

04–04

序号	词语	拼音	词性	搭配举例
26	序幕○	xùmù	名	拉开～
27	直辖市	zhíxiáshì	名	
28	公约○	gōngyuē	名	国际/环保～；制定/签订～
29	及○	jí	连	
30	急迫○	jípò	形	情况/形势/任务/心情～
31	联名	liánmíng	动	～写信/发起；◎～信
32	呼吁○	hūyù	动	公开/积极～；向……～；◎～书
33	思路○	sīlù	名	～清晰/开阔；打开/拓宽～
34	申报○	shēnbào	动	～课题/项目；～财产
35	进程○	jìnchéng	名	历史/改革～；推动/加快/阻碍～
36	国力	guólì	名	综合～；增强～；～强大
37	无价之宝	wújiàzhībǎo	成语	
38	沿岸○	yán'àn	名	海洋/江河/湖泊～
39	目不暇接	mùbùxiájiē	成语	
40	未○	wèi	副	还/尚～；～能
41	发掘○	fājué	动	～古墓；◇～人才/潜力；◎考古～
42	内涵○	nèihán	名	～丰富/深刻；有～；思想/文化～
43	夸张○	kuāzhāng	形	语言/动作/表情～；◎艺术～

44	媲美◯	pìměi	动	与……（相）～
45	口述	kǒushù	动	◎～史
46	盛事	shèngshì	名	◎艺术 / 文化 / 体坛 / 商界～
47	铭记◯	míngjì	动	～历史；～在心
48	不遗余力	bùyí-yúlì	成语	
49	沿线◯	yánxiàn	名	铁路 / 公路 / 运河～
50	翻阅	fānyuè	动	～资料
51	言辞◯	yáncí	名	～激烈 / 恳切；不善～
52	恳切	kěnqiè	形	言辞 / 态度～
53	轰动◯	hōngdòng	动	引起 / 造成～；◎～效应 / 事件

35 城追求一个目标 04–05

中国大运河的申遗，从民间呼吁变成政府的行为后，由文化部、国家文物局牵头，成立了由 13 个部委和大运河沿线 8 个省（直辖市）（加入了河南和安徽）共同组成的大运河保护和申遗会商小组，并由运河沿线 8 省（直辖市）35 个城市联合申报，这是中国首个由国家层面组织的联合申遗项目，也是中国迄今为止涉及部门和牵涉地区最多的、最复杂的申遗工程。

2006 年 5 月 22 日，大运河保护与申遗研讨会在杭州召开。这次研讨会的一个重大成果是通过并发布了《杭州宣言》。

《杭州宣言》呼吁：从国家战略高度，建立统一协调机构，制定大运河保护的法律法规，统筹保护与发展规划。按照《保护世界文化和自然遗产公约》的要求，动员全社会力量，以创新的思路，正确处理自然遗产、文化遗产与非物质文化遗产的关系，正确处理保护、利用与发展的关系，在大运河沿线经济社会发展规划与实施过程中，更加注重大运河的整体风貌，确保沿线文物得到有效保护，合理利用资源，维护生态环境，实现可持续发展，使古老的运河重新焕发青春与活力。

2008 年，京杭运河申遗事项经过有关专家建议和论证后，将通往河南洛阳的隋唐大运河通济渠北段和永济渠南段整合在内，“京杭大运河申遗”因此更名为“中国大运河申遗”。

2011年4月，“大运河保护和申遗工作会议”在扬州召开。首批大运河132个遗产点和43段河道列入申遗预备名单，并对外公布。其中65个遗产点和31段河道，能够代表运河文物价值，符合世界遗产标准。其保护管理状况也符合申遗条件，被列入“立即申遗项目”，这是大运河首批申遗的基础名单。扬州会议标志着，始于2009年的大运河申遗的启动与准备阶段基本结束，正式进入“提速”的第二阶段，并为第三阶段的最终申报打下了扎实基础。

2012年9月26日，2012中国扬州世界运河名城博览会暨第25届世界运河大会开幕。来自大运河沿线的35个城市在扬州共同签署了《大运河遗产联合保护协定》，承诺共同协作，联合保护运河遗产。协定共18条，从签署之日起生效。

至此，由“运河三老”拉开的大运河申遗序幕已经完全打开。

阅读提示（三）

1. 中国大运河的申遗为什么是中国最复杂的申遗工程？
2.《杭州宣言》的发布距联名信的发表隔了多长时间？其主要内容是什么？
3. “京杭大运河申遗”为何更名为“中国大运河申遗”？
4. 2011年的扬州会议取得了什么样的成果？具有什么意义？
5. 扬州会议之后还有什么重要的申遗准备工作？

词语表（三）

04–06

序号	词语	拼音	词性	搭配举例
54	牵头○	qiāntóu	动	由……～；◎～人
55	迄今为止○	qìjīn wéizhǐ		
56	牵涉○	qiānshè	动	～到……
57	研讨会	yántǎohuì	名	教学 / 语言学～
58	宣言○	xuānyán	名	发表～
59	统筹○	tǒngchóu	动	～安排 / 规划；～全局
60	风貌○	fēngmào	名	◎历史 / 时代 / 社会～

61	生态○	shēngtài	名	◎～环境 / 平衡 / 文明 / 污染
62	可持续发展	kěchíxù fāzhǎn		
63	焕发○	huànfā	动	～活力 / 生机 / 青春；精神 / 容光～；～出……
64	论证○	lùnzhèng	动	～合理性 / 合法性；反复 / 充分 / 系统～；◎～会
65	整合○	zhěnghé	动	～资源
66	更名	gēngmíng	动	～为……
67	首批○	shǒupī		
68	提速○	tí//sù	动	火车 / 发展 / 工作～
69	暨	jì	连	
70	签署○	qiānshǔ	动	～文件 / 协议 / 协定 / 公约 / 条约
71	协定○	xiédìng	名	签署～；◎贸易 / 关税 / 停战～
72	协作○	xiézuò	动	相互 / 共同 / 团结～
73	生效○	shēng//xiào	动	法律 / 合同 / 公约 / 条约～

九年申遗　一锤定音 04–07

江苏省淮安市京杭大运河水上立交

早在20世纪80年代，当中国申报长城等第一批世界遗产时，就有专家提出了“大运河申遗”的建议。但当时普遍的观点认为“文物是固定的，运河是流动的”。而且大运河一些河段已经干涸，部分河段污染较重，一些河道已经改变，因此大运河不适合申报世界遗产。运河申遗之事就此搁置。1987年，八达岭作为中国万里长城的代表，被联合国列入世界文化遗产名录并接受“世界文化遗产证书”，可同为中华文化名片的京杭运河却受到冷落，毫无影响。

从1994年法国米迪运河[1]被列入《世界遗产名录》，世界遗产项目中第一次出现运河遗产，到2005年底，“运河三老”写信呼吁运河申遗，时间已过去了11年。由于申遗起步太晚，大运河遗产的保护和管理长期缺失，这使得中国大运河在2014年进入世界遗产名录的目标充满未知数，申遗难度前所未有。

虽然中国大运河拥有丰富多样的遗产形式，但对大运河主干河道和沿线文物古迹的家底调查并不是十分清楚，这成为申遗存在的首要问题。中国生态学会城市生态学专业委员会秘书长李迪华呼吁，“基础研究中，系统整理大运河的遗产是核心工作，迫切需要完成的是各种清单，包括涉及大运河方方面面的遗产清单，不仅要列出名称，还要搞清楚它们的存在状态”。

以建设和发展的名义造成的破坏性开发，使得大运河的真实性在城市化和现代化的进程中不断丧失，这也成为大运河保护和申遗的一个难题。随着黄河以北运河的断流、停航和废弃，昔日沿岸的会馆、码头、街市，有的荡然无存，有的人去楼空。在城市化的进程中，运河两岸有的地方建起了水泥墙，有的搞起了房地产，有的造了一些假古董，原始的运河风光已成为记忆。

大运河现状客观上存在的南北差异，造成了大运河申遗和保护的“南热北冷”。由于各方视角、职责的差异，大运河的保护管理面临着复杂的情况。这使得全线申遗工作进展不一，整体发展不平衡。大运河涉及沿线35个城市，各地各市的经济实力不一样，管理、保护水平优劣不一，观念、思路也不会一样。所以，中国国家文物局副局长童明康强调，要想申遗成功，沿线各城市需进一步紧密配合。

在上述困难的情况下，“运河三老”之一的朱炳仁提出，“必须有一个不同寻常的保护思路，也就是在保护的同时，把发展放在非常重要的地位。不但要保护好老祖宗留下的珍贵遗产，而且更要为后代留下我们这一代创造的传世瑰宝。实际上，大运河

---

1 米迪运河：Canal du Midi，也叫南运河。建于1667至1694年之间，沟通地中海和大西洋，总长360公里，是17世纪法国最杰出的水利工程。

的保护与发展规划，本身就可称得上是一次‘新文物运动[1]’”。

在这一共识的指导下，中国大运河遗产保护基础工作日益扎实，运河申遗的本体及环境质量明显改观，保护运河的社会氛围日益浓厚。特别是沿线城市把城区运河的保护、申遗与改造沿河环境、提供市民休闲与文化氛围结合起来，快速有效地推进了各项工作，成效明显。

2014年6月22日，在卡塔尔首都多哈召开的第38届世界遗产大会一锤定音：中国大运河项目入选世界文化遗产名录。经过9年的努力，运河申遗终于水到渠成，瓜熟蒂落。[2]

阅读提示（四）

1. 大运河申遗的建议为什么在20世纪80年代提出时被认为是不合适的？
2. 大运河申遗遇到的难题有哪些？什么是“南热北冷”？
3. 关于大运河保护，朱炳仁提出了什么新思路？
4. 大运河申遗工作给沿线的城市带来了怎样的变化？

词语表（四）

04–08

序号	词语	拼音	词性	搭配举例
74	一锤定音	yìchuí dìngyīn		
75	干涸	gānhé	形	河流 / 湖泊～
76	搁置○	gēzhì	动	～争议 / 计划 / 事情
77	冷落○	lěngluò	动 / 形	受到～；门庭～
78	起步○	qǐbù	动	（工作等）刚～；～早 / 晚；～阶段；◎～价
79	缺失○	quēshī	动	资料 / 数据 / 道德 / 信心～

1 新文物运动：这是朱炳仁提出的新理念，即在现代社会特别是城市建设中，要能留下记录现代社会发展足迹的高水平实物——新文物。按照这种理念，在城市建设或艺术创作中，就应该多一些经典作品、经典创造，以为后人留下反映当代人智慧的文化遗产。

2 申遗成功后的第8年，2022年4月28日，京杭大运河终于实现百年来首次全线水流贯通；6月24日，大运河京冀段旅游航道实现互联互通。

80	未知数◎	wèizhīshù	名	
81	前所未有◎	qiánsuǒwèiyǒu	成语	
82	主干	zhǔgàn	名	以……为～；◎～课 / 产品
83	家底	jiādǐ	名	～丰厚 / 薄
84	首要◎	shǒuyào	形	～任务 / 工作 / 目标 / 问题
85	清单◎	qīngdān	名	列～
86	废弃	fèiqì	动	～工厂 / 矿井 / 建筑物 / 城市 / 文字；◎～物
87	昔日◎	xīrì	名	
88	荡然无存	dàngrán-wúcún	成语	
89	人去楼空	rénqù-lóukōng	成语	
90	房地产◎	fángdìchǎn	名	～开发；～公司
91	古董◎	gǔdǒng	名	假～；～市场；◎老～
92	视角◎	shìjiǎo	名	～独特；变换～；从……～（看）
93	优劣	yōuliè	名	评定～
94	上述◎	shàngshù	形	～内容 / 问题 / 做法 / 意见
95	祖宗◎	zǔzong	名	◎老～
96	传世	chuánshì	动	～珍品；◎～之作
97	瑰宝◎	guībǎo	名	艺术 / 文化 / 民族～
98	文物◎	wénwù	名	～保护 / 鉴定 / 考古；◎出土～
99	共识◎	gòngshí	名	达成 / 形成 / 取得～
100	日益◎	rìyì	副	～改善 / 增多
101	本体	běntǐ	名	语言～；～研究
102	改观	gǎiguān	动	面貌 / 状况 / 形势 / 环境～；大有～
103	浓厚◎	nónghòu	形	兴趣 / 色彩 / 氛围～
104	水到渠成	shuǐdào-qúchéng	成语	
105	瓜熟蒂落	guāshú-dìluò	成语	

课文回顾与思考

1. 课文的三个部分，分别是从什么方面来介绍大运河的申遗过程的？
2. “运河三老”为大运河申遗做了哪些重要的工作？你认为应该如何评价他们的行为及其提出的保护新理念？
3. 请结合课文谈一谈，在现代社会要保护历史文化遗产可能会遇到哪些障碍。
4. 你认为对文化遗产的保护与开发、利用是否矛盾？应该怎么处理它们的关系？
5. 学完课文以后，再看到“京杭大运河”几个字，你有哪些联想？

词语例释

1. 尚

“尚”有副词和连词两个用法。用于书面语。

副词。意为“还”。表示状态继续存在，常跟单音节动词结合使用。如“尚属”，还属于；“尚需”，还需要；“尚待”，还有待。否定式常用“尚未”，表示还没有，后接双音节动词。固定短语“为时尚早”，表示时间还早，做某事的时机还未成熟。如：

（1）对这类项目申请世界文化遗产，在中国尚属首次。

（2）除了正式的工作人员以外，我们尚需十名志愿者。

（3）这一带是夏季暴雨中心之一，但水利设施多年未修，防洪系统尚待完善。

（4）这个方案已讨论过若干次，但仍有两个关键问题尚未解决。

（5）不仅新生儿具有明显的听觉能力，就是尚未出生的胎儿，也已经有了明显的听觉反应。

（6）经济学家认为，现在就判断经济能否复苏，为时尚早。

用于表积极意义的单音节形容词前时，先肯定某种较好的状况，语气委婉，后面一句表示转折，指出问题所在。如：

（7）病人状态尚好，就是还不能下地走路。

（8）他成绩尚可，但学习态度不够积极。

连词。同“尚且”。用于递进复句，构成“尚 / 尚且……，何况 / 更不要说……”的关联词组合。“尚且”和“如此”构成固定搭配“尚且如此”，表示“尚且这样”，可以作为独立的分句。如：

（9）地球上尚 / 尚且找不出两个完全一样的事物，何况是外星人呢？他们怎么会跟我们的身体具有一样的成分呢？

（10）动物对它们所生活的土地尚／尚且有依恋之情，更不要说人了。

（11）想在图书馆找一个看书的座位真不容易，学生太多。平时尚且如此，何况是考试期间呢？

（12）语言学习不是一件容易的事，母语学习尚且如此，更不要说学外语了。

2. 及

连词。连接并列的名词性成分，相当于“和”，多用于书面语。连接的词语，如果有意义上的主次之分或逻辑上的先后关系，一般来说，按主次顺序或逻辑顺序排列。同时，从音节角度来看，一般是音节短的在前，音节长的排在后面。如：

（1）在纪念我国加入《保护世界文化和自然遗产公约》20周年及2006年新年到来之际，我们三位……

（2）这封对京杭运河满怀深情、言辞恳切的信，引起了全国媒体及社会的轰动，也由此拉开了京杭运河保护与申遗的序幕。

（3）在这一共识的指导下，中国大运河遗产保护基础工作日益扎实，运河申遗的本体及环境质量明显改观，保护运河的社会氛围日益浓厚。

（4）中国的母亲河黄河曾经污染严重，上游、中游及下游，都曾受到一定程度的污染。

（5）美国心理学家马斯洛（Abraham Harold Maslow）在《人类动机的理论》一书中，提出了人类基本需要的五个层次，即生理需要、安全需要、社交需要、尊重需要及自我实现需要。

（6）对于新学生，老师们需要尽快了解他们的个性、爱好及遇到突发情况时的反应。

连接的词语如果没有意义上的主次之分及某种逻辑关系，音节长短区别也不大，则词语的位置可以互换。如：

（7）中国传统的四大菜系是指鲁菜、川菜、粤菜及淮扬菜。

（8）《红楼梦》除了从文学角度进行研究，还有不少学者从历史、宗教、民俗及语言等角度进行考察。

“及”可以构成固定短语“及其”，表示“和他（他们）的”。如：

（9）地理学是研究地球表面地理环境中各种自然现象和人文现象及其相互关系的学科。

（10）《论语》是儒家学派的经典著作，记录了孔子及其弟子的思想和言行。

3. 未

副词。意为“没、没有”，用来否定动作、行为的发生。使用中常以“还未、尚未、从未、并未”等短语形式出现，后接动词，偶尔也跟形容词。如：

（1）2022年夏天，长江中下游地区经历了多年未见的高温天气。

（2）（京杭大运河）沿岸的文化与自然遗产内容令人目不暇接。如果再加上还未被发掘的非物质文化遗产，那就更令人兴奋。

（3）虽然飞机失事的原因尚未查明，但专家推测与飞机降落时机场附近的天气状况有一定的关系。

（4）谈判形势尚未明朗，结果如何还要等待一段时间。

（5）从古至今，人类对宇宙的探索从未停止。

（6）尽管医生已经尽力抢救了，但病人的状况并未好转。

“未”作为语素构成的词有“未必、未曾、未免、未知数”等。含“未”字的成语也很常见，如“前所未有、闻所未闻、惊魂未定、羽毛未丰、乳臭未干”等。

4. 迄今为止

迄今：动词，表示到现在。为止：动词，意为“终止”，多用于时间、进度等。“迄今为止”表示到目前为止。做状语，常放在句首，也可位于句中。有时与“最、唯一”等词配合使用。如果用于否定句，则句中常用“尚无、尚未”做否定词。如：

（1）迄今为止，地球是人类所发现的唯一有生命存在的星体。

（2）迄今为止，尚无被官方机构公开正式认可的UFO证据。

（3）中国是一个统一的多民族国家。迄今为止，通过识别并由中央政府确认的民族有56个。

（4）你现在所看到的，是迄今为止拍到的画面最清晰的银河系照片。

（5）这是中国首个由国家层面组织的联合申遗项目，也是中国迄今为止涉及部门和牵涉地区最多的、最复杂的申遗工程。

5. 以[1]

连词“以”的用法在第三课“复句讲解”中已介绍过。本课主要介绍“以”作为介词的几个用法。

其一，表示动作、行为所依据的方式。词义相当于“按照、根据、凭借”。可以构成“以……来看、以……来说、以……而论”等结构。如：

（1）我们应以创新的思路，正确处理自然遗产、文化遗产与非物质文化遗产的关系。

（2）以建设和发展的名义造成的破坏性开发，使得大运河的真实性在城市化和现代化的进程中不断丧失，这也成为大运河保护和申遗的一个难题。

（3）无论在工作中还是在学习上，他一直都以严格的标准来要求自己。

（4）我们不应该以个人的好恶来判断一件事情的对错。

（5）以我们多年的经验来看，京杭大运河可是个无价之宝啊。

（6）以他目前的健康状况来说，实在不宜出远门。

（7）以她的学习能力而论，她应该学得比现在好上几倍。

其二，引出动作、行为所依据的具体对象。词义相当于“用、拿”。如：

（8）以你自己讲过的话来反驳你，指出你话中的矛盾，这就是成语“以子之矛，攻子之盾”的含义。

（9）每一次登台演出，她都希望能以最美的歌声回馈一直喜爱自己的观众。

“以”的这种用法在成语和固定结构中也很常见，如“以泪洗面、以卵击石、以毒攻毒、以理服人”等。

“以”还可以放在含“给予”义的动词后，表示补充和说明。这种用法书面色彩较浓。如：

（10）观众对演员们的精彩表演报以热烈的掌声。

（11）演讲还没有结束，大家已向他投以敬佩的目光。

（12）请代我向所有帮助过我们的朋友致以最衷心的感谢。

例（10）、例（11）中的动词“报”和“投”都有“把……给予别人”的意思。“以”后面所带宾语就是“报”和“投”的对象。“报以、投以”都是固定搭配。例（12）中的“致以”现已成为一个动词，意思是向对方表示（感谢、问候、敬意等）。

6. 之[1]

助词。多用于书面语。有以下两个基本用法。

其一，连接定语和中心语。作用相当于“的”。“之”后面多为单音节词，常构成四字的“之”字结构。在这种情况下，“之”一般不能换成“的”。“之”后面如果跟双音节词或复杂的结构，这时“之”也可以换成“的”。如：

（1）《大运河遗产联合保护协定》共18条，从签署之日起生效。

（2）该地区发现的新石器文化与其他地区相比，既有共同之处，也有地方特点。

（3）失败乃成功之母，这是一条被无数事实证明的道理。

（4）他俩研究完剧本后，又为具体排练之事讨论到后半夜。

（5）我看他们的关系很紧张，绝无和好之可能。

（6）小说所展现的社会底层民众之种种绝望和不甘心态，让人深有感触。

例（1）—（3），“之”不能换成“的”，因为“日、处、母”在口语中一般不独立使用，而“签署之日、共同之处、成功之母”在结构上是稳定的四字“之”字结构，可以当成一个整体来使用。如果要把“之”改成“的”，需要符合口语习惯，例（1）可以说成“签署的那天”，例（2）可以说成“共同的地方”。例（3）不可改，因为“失败乃成功之母”是一句俗语。例（4）中的“事”在口语中可以独立使用，所以既可以说成“排练的事情”，也可以说成“排练的事”。例（5）、例（6）中，“之”可以换成“的”。

四字成语中有大量的“之”字结构，“之”位于第三个字的位置。如“言外之意、而立之年、不毛之地、漏网之鱼、笼中之鸟、害群之马、井底之蛙、井蛙之见”等。

其二，用在主谓结构中间，使之成为一个名词性短语，用来做句子的成分。这是古汉语“之”字用法的遗存。有较强的书面色彩。如：

（7）20世纪中叶以来，科学技术发展之快、影响之深远，是历史上前所未有的。

（8）古神庙布局之庄严、建筑之雄伟、雕刻之精美，令游人赞叹不已。

以例（7）为例，“发展快、影响深远”是主谓结构，独立使用时相当于一个句子，加上“之”以后，变成一个短语，在句中做主语。

其三，构成一些固定结构。如“……之一、……分之……、……之间/之中/之内/之外/之前/之后、（在）……之际”等。举例如下：

（9）“运河三老”之一的朱炳仁提出了“零保护”和“品质保护”的理念。

（10）参加本次会议的代表至少有三分之一来自高校和科研院所。

（11）父母与子女之间有着特殊的情感关系，家庭是孩子人生情感习得的重要场所。

（12）刚才提到的这些问题都在我们的考虑之内。

（13）三年前他们在此相遇，结婚一周年之际又故地重游。

7. 日益

副词。意思是“一天比一天更加”，表示事物逐渐发展变化或程度逐渐加深。用在双音节动词或形容词前，不加“地”。如：

（1）我们的时代，世界正日益成为密不可分的整体。

（2）随着物质生活水平的不断提高，人们对精神生活的需求也在日益增长。

（3）“安乐死”因其特殊的道德伦理观念而日益受到人们的关注。

（4）在这一共识的指导下，中国大运河遗产保护基础工作日益扎实，运河申遗的本体及环境质量明显改观，保护运河的社会氛围日益浓厚。

（5）在当前世界能源紧缺的情况下，新能源汽车市场的竞争日益激烈。

（6）随着信息技术的高速发展，人工智能被日益广泛地应用于社会的各个方面。

成语运用

1. 开天辟地

这个成语源自中国古代神话。这个世界在天地未分的时候，一个叫盘古的巨人诞生了，他把天和地分开了，这就是开天辟地。这个成语多用来比喻创立从来没有过的伟大事业，暗含这是有史以来第一次的意思。使用中相当于动词，常做定语。如：

（1）在世界很多民族的创世神话中，都有一个开天辟地的神或英雄，如中国神话中的盘古。

（2）根据宇宙大爆炸理论，在一次开天辟地的大爆炸中，早期宇宙诞生了。

（3）人类在20世纪50年代发现了DNA分子结构，这是生物学研究领域开天辟地的成就。

（4）当天然的黄河、长江一泻千里，从西向东滚滚流淌时，一条开天辟地的人工运河却独辟蹊径，纵贯中国南北，沟通海河、黄河、淮河、长江、钱塘江五大水系。

2. 独辟蹊径

蹊径：小路。独自开辟一条新路。比喻创造或采用一种新的方法。多用于商贸经营、学术研究或艺术创作方面。使用中相当于动词。褒义。多做谓语，也可以做定语。如：

（1）海南省的三亚市绝大部分景点分布在农村。三亚人独辟蹊径，使农业与旅游巧妙结合，走出了一条独具特色的“旅游农业”之路。

（2）我国科学家在棉花的防虫方面独辟蹊径，成功合成了两种抗虫基因，并把它们导入棉花体内，从而解决了虫害问题。

（3）林海音的散文《秋的气味》对秋天的描写独辟蹊径，让读者从气味中感受秋意。

（4）当天然的黄河、长江一泻千里，从西向东滚滚流淌时，一条开天辟地的人工运河却独辟蹊径，纵贯中国南北，沟通海河、黄河、淮河、长江、钱塘江五大水系。

（5）这部话剧的成功之处不仅在于剧本和演员，还在于独辟蹊径的舞台设计。

（6）他希望通过自己独辟蹊径的探索给儿童教育领域带来一些新变化。

3. 目不暇接

暇：空闲。接：接触。眼睛来不及看。形容吸引人的事物太多或变化太快，使人看不过来。使用中相当于动词，多做谓语。常说“令/使/让人目不暇接”。如：

（1）（京杭大运河）沿岸的文化与自然遗产内容令人目不暇接。

（2）春天的植物园繁花似锦，百鸟齐鸣，使人目不暇接。

（3）社会生活在短时间内的巨大变化，让她目不暇接。

（4）一进商场，各种商品琳琅满目，我们眼花缭乱，目不暇接。

（5）打开电视，扑面而来的是令人目不暇接的各种政治、文艺和体育新闻。

4. 前所未有

从来没有过。在使用中相当于动词。常做定语，有时直接做谓语。如：

（1）1978年开始的改革开放持续至今，中国在政治、经济、文化等各个领域发生了前所未有的深刻变化。

（2）清朝咸丰年间（19世纪中期），中国人口激增到4亿，国家面临前所未有的巨大压力。

（3）“内卷”是一个网络流行语，指同行之间为争夺有限的社会资源而产生的竞争。这个词的出现说明社会竞争已达到前所未有的程度。

（4）在今日的中国，人们对身体健康的重视是前所未有的。电视上的各类养生节目总是很受欢迎。

（5）由于申遗起步太晚，大运河遗产的保护和管理长期缺失，这使得中国大运河在2014年进入世界遗产名录的目标充满未知数，申遗难度前所未有。

5. 水到渠成

渠：水道。水流到的地方便会自然形成一条水道。比喻条件成熟了，事情自然就能成功。使用中相当于动词，多做谓语、定语，偶尔也做状语。褒义。如：

（1）经过9年的努力，运河申遗终于水到渠成，瓜熟蒂落。

（2）对于爱情，他的观点是缘分到了，自然会水到渠成；缘分未到，强扭的瓜不甜。

（3）真正提高自身实力之后，取得好成绩就是水到渠成的事。

（4）两家公司一旦意识到双方优势互补，可以达到共赢的局面，合作也就是水到渠成的事了。

（5）该论文的论证过程极其严密，论证结束，结论也就水到渠成地出来了。

特殊句式

比较句[2]

A＋形容词＋于＋B

课文中有这样一个比较句：

（1）专家称，不同于古建筑、古遗址的申遗，京杭运河是仍在使用的“活态线性文化遗产”，对这类项目申请世界文化遗产，在中国尚属首次。

句中用“不同于……”的形式将京杭运河的申遗与古建筑、古遗址的申遗进行比较。“于”，介词，相当于“跟”。“不同于”可以说成“跟……不同”。同样的结构还有“等于、相当于”，分别表示“跟……一样、跟……相当/差不多”。如：

（2）一篇文章没有思想，就等于一个人没有灵魂。

（3）苏州话的“蛮”相当于普通话的“很”，但“蛮”可以重叠，“很”不可以。

还有一种表示比较的句式是“A＋形容词＋于＋B”。“于”用在形容词后，词义相当于“比”，后接比较的对象。书面色彩较浓。如果是否定句，否定词放在形容词前。以“A高于B”为例，表示“A比B高”，否定式为“A不高于B”。如：

（4）他之所以跳槽，是因为新公司的工资福利远远高于之前任职的公司。

（5）一般来说，动物的嗅觉要优于人类，比如狗的嗅觉就极其灵敏。

（6）因为交通不便，这个地区的经济水平远远落后于其他地区。

（7）人体体温高于37.3℃，就可以认为处于发热状态。

（8）中国对于航天员的选拔有严格的标准，其中身高一项是不低于1.6米且不高于1.72米。

复句讲解

假设复句

分句之间表示假设和结果关系的复句，称之为假设复句。偏句提出假设，正句表示结果。课文中出现的“如果……，就……”是假设复句最常见的关联词。高级阶段还有一些假设复句关联词，本课介绍“假使/假设/倘若/若……，就/那/那么……”“幸亏……，要不然/不然/要不/否则……”这两组。

1. 假使/假设/倘若/若……，就/那/那么……

这组关联词的用法与“如果……，就/那么……”基本相同，可以互换。跟“如果”相比，“假使、假设、倘若、若”更为书面、正式，其中又以“倘若”书面色彩更浓，一般只用于书面语。从使用情况来看，正句关联词“就/那么”有时也可以省略。如：

（1）假使人生是一部大书，那么现在所发生的，只是书中短短的几页。

（2）假使没有眼睛，就无所谓颜色；没有耳朵，就谈不上声音。

（3）生病的时候，假使还有一点食欲，你最想吃些什么？

（4）倘若没有发达的农业，就无法解决全球80多亿人口的吃饭问题。

（5）一部美学普及读物，倘若文字不能做到“美”，那么“通”应该是起码的要求。“通”指文字通畅。

（6）倘若从城市景观的角度看，有些高楼大厦到底是财富，还是包袱呢？

（7）一个人若要改变自己的行为，就必须改变自己的观念。

（8）在沙漠中，若夏天午间地面温度超过60℃，那么沙土就可以用来煮鸡蛋了！

（9）历史性事件，若没有经过一定的时间，要正确地认清本质是很困难的。

上述例句中的关联词“假使/倘若/若”也可以用“假设”代替。不过，“假设”一词是动词，连接分句发挥连词作用时，本身的动词性还是很强，有“假定一个前提条件”的意思。一般用在科学推理或进行计算时。如：

（10）DNA的化学结构是两条平行的链，平常绞成麻花状，假设把它拉直，就好像一阶一阶搭起来的梯子一样。

（11）有声电影的正常拍摄速度是每秒钟24个画格。假设一朵花的盛开过程需要五小时，那么就得拍43.2万个画格，相当于三部故事片的长度，这显然是做不到的。

（12）我们可以这样算一笔账，假设每个家庭每天用三个塑料袋，以一个有着二十万户居民的城市为例，那么每天消耗的塑料袋是六十万个，一年下来，就是两亿多个。

（13）假设你来到宇宙边缘，把头伸出帘幕，那会发生什么？你的头会在什么地方？你会看到什么？回答是令人失望的：你永远也到不了宇宙的边缘。

为了突出结果，有时也会把主句放到前面，偏句放到后面作为补充。这时，主句关联词“就、那么”就会省略，偏句关联词则用“假使、倘若”。如：

（14）你在遇到挫折时不会一味抱怨、失望，假使你懂得生活的哲学。

（15）身体的美是某种动物性的东西，倘若不与聪明才智相结合。这是古希腊哲学家德谟克利特（Democritus）的观点。

2. 幸亏……，要不然 / 不然 / 要不 / 否则……

“幸亏”是副词，表示偶然出现的有利条件使事情避免了不好的结果。“要不然、不然、要不、否则”四个连词中，“否则”较为书面，其他三个均为口语词。如：

（16）幸亏地震发生在晚上 8 点，还没到睡觉时间，要不然伤亡会更大。

（17）有些蛇毒发作很快，两三个小时就可以置人于死地。医生说，幸亏患者只是被蛇毒喷到而不是被毒蛇咬到，不然真的来不及抢救了。

（18）昨晚居民楼突然失火，幸亏消防人员快速赶到，及时扑救，要不损失惨重。

（19）幸亏当时修建厂房的施工队在发现不同的土层后没有继续用炸药，否则 20 世纪中国境内最伟大的考古发现之一——曾侯乙墓[1]就不存在了。

练　习

第一部分 词汇、语法

一、解释加点语素的意思，并根据拼音完成新词语，同时说明其词义。

1. 通航（　　　　　）
   通 chē ＿＿＿＿＿
   通 shāng ＿＿＿＿＿

2. 联名（　　　　　）
   联 shǒu ＿＿＿＿＿
   联 wǎng ＿＿＿＿＿

---

1 曾侯乙墓：1978 年发现于湖北随州的战国时期曾国国君曾侯乙的墓。出土文物 15,000 余件，其中曾侯乙编钟的出土是震惊世界的重大发现，它是迄今为止发现的数量最多、保存最好、音律最全的一套青铜编钟。

3. 致信（　　　　　　）
致 cí ________
致 diàn ________

4. 国力（　　　　　　）
国 bǎo ________
国 qíng ________

5. 沿岸（　　　　　　）
沿 tú ________
沿 xiàn ________

6. 盛事（　　　　　　）
盛 huì ________
盛 kuàng ________

7. 列入（　　　　　　）
liú ________ 入
yǐn ________ 入

8. 河道（　　　　　　）
chē ________ 道
rénxíng ________ 道

9. 古迹（　　　　　　）
古 rén ________
古 shī ________

10. 家底（　　　　　　）
家 jiào ________
家 jìng ________

二、选择成语填空并模仿造句。

开天辟地　独辟蹊径　目不暇接　前所未有　水到渠成

1. 最近几年年轻人所遇到的就业压力________。

____

2. 这家公司的文创产品之所以卖得火，是由于设计者________，将传统文化与时尚元素巧妙地融合在一起。

____

3. 凭她的高超球技和刻苦精神，在比赛中取得好成绩是________的事。

____

4. 在这次国际文化节中，来自海外的三十多个表演团队带来了丰富多彩的文艺节目，令现场观众________。

____

5. 十九世纪末二十世纪初，女性开始在一些国家获得选举权，这是人类历史上________的大事。

____

三、词语搭配与填空。

拉开	争议
铭记	活力
焕发	文物
搁置	序幕
保护	历史

（1）老字号，历史悠久的民族品牌，要想在市场中持续______生机与______，需要具备更强的市场意识。

（2）本书希望通过一个个生动的故事，让读者______那段可歌可泣的______。

（3）我们旅游的时候，不要在古建筑上刻什么“到此一游”的话，______ ______从我做起。

（4）希望两国能够______ ______，扩大交流，加强合作。

（5）十八世纪六十年代，一系列新机器的发明和应用，______了工业革命的______。

数字	急迫
任务	恳切
内涵	浓厚
言辞	庞大
兴趣	丰富

（6）她给我写了一封长信，______非常______，希望我能帮助她的公司渡过难关。

（7）2005 年 4 月 26 日到 6 月 15 日，“中华的文明——世纪国宝展”在北京中华世纪坛展出。观众们都怀着最______的______前来参观。

（8）2020 年，我国快递业务已超过 700 亿件，如此______的______令人惊叹。

（9）《推手》是李安导演的影片中文化______比较______的一部，对中西文化差异的揭示较为深刻。

（10）有谁喜欢加班呢？但______十分______，熬夜也必须完成。

◎ 文艺　风貌
艺术　协定
历史　复兴
生态　夸张
停战　平衡

（11）野生动植物是自然生态系统的重要组成部分，在维持自然界的________ ________方面扮演着重要角色。

（12）近代西方的新科学体系是在________ ________和宗教改革两大思想文化解放运动以后出现的。

（13）对于交战双方来说，________ ________的签订是两国迈向和平的第一步。

（14）所有艺术作品都可能运用到________ ________的手法，漫画尤其如此。

（15）1986年，上海成为国家历史文化名城。覆盖全市的"点、线、面"相结合的文化遗产保护体系使我们至今仍可领略到这座现代化都市的________ ________。

四、用指定词语完成句子或对话。

1. 黄河之所以被称为中华民族的母亲河，____（孕育）

2. 我们学校的教学楼已有近百年的历史了，____（见证）

3. 经过一年的努力，________________________，我终于拿到了翻译证书。（诸多）

4. 他是一位博学多才的学者，________________________________（领域）

5. 他是当代最受欢迎的散文家，________________________________（入选）

6. 他虽然来中国留学好几年了，________________________________（尚未）

7. 近几年患抑郁症的青少年越来越多，________________________________（呼吁）

8. A：你觉得今天大家提的建议对你有没有启发？

   B：________________________________（思路）

9. 在人类历史的长河中有许多伟大的发明，____（进程）

10. 虽然他是业余棋手，________________________________（媲美）

11. 这名新锐导演的影片刚上映，________________________________（轰动）

12. A：________________________________（牵头）

    B：没问题，我保证在最短时间内组建一个团队，尽快开始工作。

13. 精神病属于世界医学难题之一，____
____（迄今为止）
14. 经过多方努力，____（签署）
15. ____________________，在这么短的时间内顺利完成任务是不可想象的。（协作）
16. 我跟房东今天签了租房合同，____（生效）
17. ____，但现在已经很有经验了。（起步）
18. A：听说你开的咖啡馆生意非常不错。
B：____（未知数）
19. A：马上就要毕业了，你对未来有什么规划？
B：____（首要）
20. A：您能给我们介绍一下这本书的主要特色吗？
B：____（视角）
21. 由于大家的个人经历和知识背景都不同，____________________（共识）
22. 随着两国经济关系的发展，____（日益）

五、选择关联词填空并模仿造句。要求：①造句时使用本句所用关联词和括号中的词语；②括号中的词语分别用于两个分句中。

A. 假使……，就……	B. 假设……，那么……
C. ……，假使……	D. 幸亏……，要不然……
E. ……，要不然……	

（1）________朋友提醒有这样一个招聘广告，________我不可能得到这个工作机会。
____（手机；迷路）
（2）________人的平均寿命为 100 岁，________我们的人类社会会是怎样的一个状态？
____（平均气温升高 1℃；地球）
（3）你出差时也可以请邻居帮忙照看一下猫，________他们愿意。
____（接受邀请；有时间）
（4）手机要定期清理垃圾，________内存不足，很多功能无法使用。
____（运动；身体）
（5）________我有足够的时间和钱，我________每年旅行两个月。
____（参赛资格；努力准备）

六、排序，并画出各句所用关联词及其他可提示句子顺序的词语。

1. A. 在人类历史的长河中
   B. 包括各种古建筑和历史文献
   C. 而是文化和精神财富
   D. 我们的祖先给我们留下了很多宝藏
   E. 这些宝藏不是金银财宝
   正确语序：________________

2. A. 将有力促进沿线地区的文化繁荣
   B. 并大力提升旅游业的影响力与竞争力
   C. 大运河拥有丰厚的文化资源
   D. 如果能使文化和旅游相融合
   E. 是沿线城市的旅游资源宝库
   正确语序：________________

3. A. 它见证了中西文化交流互补、多元共存的历史
   B. 其中不少还保持着原有的功能
   C. 澳门历史城区是以澳门老城区为核心的历史街区
   D. 这里的大部分建筑至今保存完好
   正确语序：________________

4. A. 为了保存其古代文化遗产的本来面貌
   B. 对它进行的保养修缮工作有一定的原则
   C. 故宫是中国现存最完整的古代宫殿建筑群
   D. 在建筑材料上也尽量使用相同的材料
   E. 除了在形式上不变更原来的形状外
   正确语序：________________

5. A. 法国于1913年颁布了具有划时代意义的《保护历史古迹法》
   B. 与这部法律的颁布有着直接的关系
   C. 这是世界上第一部保护文化遗产的现代法律
   D. 法国无数古迹、遗址、建筑园林及文物古画能够保存原貌
   E. 鉴于历史上大量文化遗产遭到毁灭的深刻教训
   正确语序：________________

第二部分 拓展阅读

七、请概括下面这段文字的主要意思。

站在卢浮宫（Palais de Louvre）的玻璃金字塔前，人们会强烈地意识到两点：第一，这是一个权力的视觉符号；第二，它是一个现代主义的艺术品。玻璃金字塔对卢浮宫产生了什么样的影响？从数字上来说，1989 年金字塔建成之前，卢浮宫的年参观人数在 200 万左右，2018 年的数据是 1000 万，是世界上参观人数最多的博物馆。从结构上来说，它将卢浮宫两侧的楼连接成一个高密度的整体，之前属于法国财政部的黎塞留翼[1]也被归入博物馆。从玻璃金字塔下来，由接待大厅出发，可以兵分三路，从德农馆、黎塞留馆、叙利亚馆，通往全世界的艺术品——6 至 19 世纪的欧洲、古埃及、古罗马、古希腊、伊斯兰艺术等等。从精神上讲，用法国前文化部部长雅克·朗格（Jack Lang）的话说，“它把卢浮宫点亮了”。他说：“金字塔是光明的象征。它的设计既严谨，又现代，它的光亮给卢浮宫带来很多活力，越来越多的人愿意来。这种活力本身是有生命的、不断发展的正能量。”

上面这段文字主要说明了（请选择）：

- □ A. 玻璃金字塔是一个权力的视觉符号和现代主义的艺术品
- □ B. 玻璃金字塔对卢浮宫产生的影响
- □ C. 卢浮宫的年参观人数增长了很多
- □ D. 玻璃金字塔把卢浮宫两侧的楼连接成了一个整体

八、阅读下面的文章，并完成后面的练习。

“二十四节气”十年申遗历程综述[2]

钟　欣　毛晓雅

2016 年 11 月 30 日，埃塞俄比亚当地时间 12 点 40 分，联合国教科文组织人类非

1 黎塞留翼：卢浮宫建筑群的一部分，属北翼部分。也译成黎塞留侧翼。1871—1989 年一直是法国财政部所在地。1993 年黎塞留侧翼正式成为博物馆展厅。

2 文章发表于《农民日报》，2016 年 12 月 19 日。有删减。

物质文化遗产项目评审现场，随着主持人说完“评委无异议[①]”后的一锤定音，我国申报的“二十四节气——中国人通过观察太阳周年运动而形成的时间知识体系及其实践”正式列入联合国教科文组织人类非物质文化遗产代表作名录。

远隔万水千山，消息第一时间传回北京。此次申遗的牵头单位——中国农业博物馆的办公室里，人们兴奋得一片欢腾。从2006年“二十四节气”被列入国务院公布的我国第一批国家级非物质文化遗产名录到申遗成功，整整十年！

十年征程：如何赋予传统文化瑰宝一种“世界语言”

“二十四节气”是中国人通过地球围绕太阳公转的空间位置来认知一年中的天文、物候、时令以及大自然变化规律所形成的知识体系和社会实践。如何让更多的国家和人民了解这一农耕时代的“时间智慧”？这是“二十四节气”踏上申遗路必须面对的问题。

按照《保护非物质文化遗产公约》的规定，联合国教科文组织人类非物质文化遗产项目申请可分为五类：一是口头传统和表现形式，二是表演艺术，三是社会实践、仪式、节庆活动，四是有关自然界和宇宙的知识和实践，五为传统手工艺。“二十四节气”应当列入哪一项？还是应该进行多项申请？这个看似[②]简单的问题，我国的相关专家们却为此连续召开了三次讨论会，通过激烈的辩论和认真推敲，最终确定列入第四类别。

像这样的细节讨论贯穿整个申报材料的准备过程。从2014年到2015年，来自文化部非物质文化遗产中心、农业部中国农业博物馆、中国民俗学会等单位的专家共组织了14次研讨会，对申报材料逐字逐句[③]进行中、英文的斟酌。“每个细节都要充分论证，因为任何一个细节的疏忽都有可能成为评委会质疑的理由，甚至可能导致申遗失败，有些细节处理不当[④]还会导致一个项目失去申遗的机会。”中国农业博物馆陈列部副主任周晓庆对记者说。参与了数次研讨会的他举例说明，“比如‘鞭春牛’这项传统民俗活动，翻译成英文就不能按照表面意思翻译，因为可能会被评委们质疑虐待动物，他们不了解我们的民俗文化，容易产生误解。所以申遗材料上每个细节的文字表述都要谨慎再谨慎”。

申遗最大的难点在于如何跨越文化差异，把“二十四节气”丰富的文化内涵给外国人说清楚、讲明白，花费那么多时间和精力，集合那么多专家、学者的智慧和心血，完成的并不只是简单十几页纸的申报材料，而是一个向国际社会传播中华文化并让世界人民理解、认知“二十四节气”的过程。从此，“二十四节气”这一传统的文化瑰宝有了“世界语言”。

保护传承：要让“二十四节气”在当代更加“活”起来

“二十四节气”是农耕文明的产物⑤，它的出现与中国古代以种植业为主、养殖业为辅的生产方式有密切关系。这种生产方式需要高度依赖自然界，因此，了解自然界特别是太阳的运行规律，才能更好地接受大自然的馈赠。找到与自然和谐相处之道，才能获得好收成。于是，古代人们通过长期实践，找到作物生长规律，总结出何时耕耘、播种、收获与贮藏的规律，才有了“二十四节气”的概念。渐渐地，各地还衍生出一系列的节气民俗活动，如祭祀春神、赶秋节、霜降节等等。

“清明前后，种瓜种豆。”“春分麦起身，肥水要跟紧。”相比农业社会，今天的气象预报高度发达，但传统的节气谣谚依然是农民安排农事的重要参考。不仅如此，成千上万⑥条节气谚语还指导着国人衣食住行的方方面面。“冬至饺子夏至面。”“白露身不露，寒露脚不露。”……在国际气象界，“二十四节气”这一时间认知体系被誉为“中国的第五大发明”。

不过，“二十四节气”的传承保护却面临一些问题，如少数地方的节气传统正在消减，年轻人对节气的认知逐渐淡薄等。

作为全国唯一的国家级农业博物馆，作为“二十四节气”的牵头保护单位，农博馆组织专业人员通过广泛搜集，编纂出版了《二十四节气农谚大全》，建立了“二十四节气”专题网站和微信公众号，并且深入到河南、贵州等地进行“二十四节气”专题调研。随着申遗成功，为确保这一遗产项目的代际传承和可持续发展，农博馆协同相关社区、群体等联合制定了未来五年的保护行动计划，包括举办“二十四节气”全国性展览和巡展，让“二十四节气”走进社区，走进校园。

愿所有中国人都成为“二十四节气”的传承者、保护者和实践者，愿“二十四节气”在当代焕发出新的活力！

1. 请给文章拟一个新的题目（写在下面的横线上）。

____

2. 解释文中画线词语。

①异议　　②看似
③逐字逐句　　④不当
⑤产物　　⑥成千上万

3. 判断下列说法是否符合文章原意（符合画"√"，不符合画"×"）。

（1）"二十四节气"最后以"有关自然界和宇宙的知识和实践"这一项目类型进行申报，决定的过程非常复杂。（　）
（2）申报材料主要是由中国农业博物馆完成的。（　）
（3）申报材料的每一个细节都可能影响到申遗的最后结果。（　）
（4）"鞭春牛"，顾名思义，就是打春牛。评委们对民俗有兴趣，所以申报材料应该多介绍。（　）
（5）"冬至饺子夏至面"，意思是冬至吃的饺子和夏至吃的面都是美食。（　）
（6）"二十四节气"在国际气象界声誉很好，这也使年轻人对节气的认识有所提高。（　）

4. 回答问题。

为"二十四节气"申遗，中国农业博物馆等机构做了哪些细致而艰苦的工作？申遗成功后，为保护和传承这一文化遗产，还有哪些措施要实施？

____
____
____
____
____

第三部分 写作

九、简要概括中国大运河的申遗步骤、申遗中遇到的困难和申遗结果。（300 字左右）

十、写一篇 600 字左右的短文。主题：历史文化遗产的价值与保护之我见。题目自拟。要求：有观点，有例证。

语言实践

一、查找最新世界遗产名录资料，收集世界遗产（文化、自然、自然与文化双重）的最新数据。设计一张表，展示你们国家所拥有的世界遗产的类别、数量、项目名称和列入时间。

二、选择你感兴趣的一项世界文化遗产，查找相关资料（包括图片）并准备一篇解说词。可以用 PPT（图片加录音）的形式完成。

第五课　小小说两篇

罗伟章　乔　叶

课文导览

【作者简介】

罗伟章（1967— ），四川人。作家。著有《谁在敲门》《饥饿百年》《声音史》《寂静史》《隐秘史》等10部长篇小说，中篇、短篇小说集有《我们的成长》《奸细》《白云青草间的痛》，散文随笔集有《把时光揭开》《路边书》等。作品曾获人民文学奖、全国读者最喜爱小说奖、华文最佳散文奖等多个奖项。罗伟章的小说扎根于现实，对底层生活尤有温情的关注。罗伟章曾说，“真正惊心的，都很普通和日常”，这是其作品能引起广泛共鸣的原因。

乔叶（1972— ），河南人。作家。代表作有散文集《孤独的纸灯笼》《坐在我的左边》《自己的观音》《我们的翅膀店》等和长篇小说《守口如瓶》《我是真的热爱你》，此外还发表了一批高质量的中短篇小说，如《我承认我最怕天黑》《紫蔷薇影楼》等。曾获鲁迅文学奖（中篇小说奖）、百花文学奖等多个奖项。其作品题材多样，对人生意义和人性复杂性的探索使作品具有一种独特的魅力。

【作品出处】

课文选自《1978—2018中国优秀小小说》，现代出版社，2019年版。

【话题归属】

课文体裁为小说，内容学习以现实生活特别是当代年轻人的生活状况为中心。从年轻人的求职标准、事业追求、生存条件，到爱情观、婚姻观及爱情婚姻状况，都可以作为本课学习和讨论的内容。

课前准备——课堂报告选题

1.当代年轻人生存压力的来源（可以谈中国，也可以谈其他国家。下同）；

2. 当代年轻人职业选择的标准；

3. 当代年轻人的爱情观；

4. 当代年轻人的婚姻观；

5. 不同国家年轻人的比较（可以从各个角度来谈）。

课　文

一 05-01

蒙 面 人

罗伟章

那年我在北京写剧本，住在右安门一个老旧的居民区里。我租的那套房，大约四十平方米，除客厅、厨房和卫生间外，还分出了两间卧室，空间之狭小可以想象。加之久不住人，墙上挂着空空的蛛网，地板泛着陈年的油光，岁月被关在里面，关得发霉。就是这样一套房，我问月租多少，主人说，一间五百。说得斩钉截铁。意思是租下整套，每月要一千。我咬咬牙，认了。我知道北京的行情。

作为没有任何经济来源的“北漂族[1]”，月付千元房租，无异于泰山压顶。我写出告示邀合租者。告示上我特别写明了自己从事的“编剧”职业，倒不是别的意思，只是想表明我走的是正道，多多少少还有些教养，让人放心。

仅仅过了一天，就有人打电话来。听声音是一个小伙子，口气异常谦恭。

我把地址告诉了他，让他过来看看。

1 北漂族：指从其他地方来到北京工作和生活却没有北京户口、正在艰辛打拼的一群人。

没多久他就来了。果真是个小伙子，中等身材，高眉骨，小眼睛。他来之前，我怕他看不上，还特意打扫了屋子。谁知他根本就不关心房子的事，而是进到我的卧室，很有兴趣地盯住电脑。电脑的显示屏上，是我正创作的剧本《重拳出击》。

他说，江哥，你真是编剧呀？我点了点头，问他愿不愿意跟我合租。

愿意啊，不愿意我就不来了。

言毕，他风风火火地就要出门，说是去搬东西。可我的心无法放进肚子里，我觉得他是在敷衍我。为留住他，我说，小李（他叫李强），租这套房是一千块，我可以把我跟房主签的合同拿给你看，你来后，我们平摊，一人五百，卧室任你挑，我住的那间比较透风，要是你想住，我就搬到另一间去。

他的小眼睛不停地眨：江哥看你说的！你烟抽得那么厉害，本来就该住在透风的屋子里。你忙你的剧本去，我回去收拾，一会儿就过来。

他果然如期而至。带来的东西非常简单，一个书包就装下了。

我一个人的时候，从不做饭，居民区外的小巷里，有不少小吃，早饭我出去吃碗馄饨，顺便带回两个大饼，中饭和晚饭就解决了。李强来的当天晚上，就跟我商量：江哥，以后我们自己做饭吧。这建议当然好，自己做饭不仅省钱，还吃得舒坦，可我是最怕麻烦的人，何况这里不通天然气，都是烧液化气，那导弹似的家伙我看着就头大。而且烧不了多久，一罐气就完了，又得去换，我觉得自己根本就扛不动；打电话让别人送上门吧，送一罐得多付五块钱。

李强说，你别担心，换煤气的事由我来，我有的是力气；只要我不外出，饭也由我烧，江哥你是写剧本的，你就安安心心写——你那剧本还要多久写完？

把初稿拉出来，再修改，需要两个月左右吧。

两个月呀……他说，好的，就按我说的来，行不？

行当然是行的，就是把你亏待了。

自此，我们各出一点钱，都交到他手上，他去买米买菜。每次买了东西回来，他都利用吃饭时间一五一十地给我报账。只是让他一个人干活儿到底不像话，烧饭时，哪怕我正写得起劲，也起身去帮忙择择菜什么的。每当这时候，他都把我拦开说，江哥你别过意不去，我们能合租一套房，就是几百年才修来的缘分。

我从来也没想过，在异地他乡，竟然碰上这样一位好兄弟。

他外出的时候不太多，但一出去就是整天不归。每次回来，他虽然带着笑脸，但眉眼里的疲惫和沮丧显而易见。有天深夜，我听到他开门进屋，一边热我留给他的饭菜，一边轻轻地哼歌：

为了超越平凡的生活

注定暂时漂泊[1]

这两句歌词，唱到我骨子里去了，唱得我差点掉泪。我走出卧室，想好好跟他说说话。以前认他是兄弟，只是生活上的感觉，现在他走入了我的内心。

那两句歌词，他不是随便唱的，而是从灵魂深处发出的声音。

饭菜热好，他正狼吞虎咽。见我出来，他说，你还吃点不？我说不了，你是不是一整天没吃饭？他停止咀嚼，不回我的话，只说，我出去找活儿做，又没找到。他身上很脏，布满灰土。

你……找什么工作？

演员，我从小的理想就是当演员！他露出羞涩的微笑，眼神却很坚定。

原来是这样。

我来北京已经五年了。他接着说，当了几回群众演员，播放的时候连我的影子也瞧不见，有一次终于有了我的镜头，还是个特写，可是……那回我演的是个蒙面人。

说到这里，他很愧疚地望着我：江哥，我来跟你住，就是希望能在你的剧里演个角色，你不会……

我知道他想说什么，我说不会的，怎么可能呢？

我心里很酸。

有件事我一直想问你。他犹疑地说，你剧本里有水戏吗？我在黄河边长大，扳舵使桡搏浪击水，都是一把好手。如果我演水戏，肯定演得像模像样！

我说，有啊，有，只不过是长江不是黄河，可那不都一样嘛！我本来只准备写三场水戏，干脆再多加几场。到时候，我一定把你推荐给导演。

他眼睛一红：江哥，我真想喝酒。

别喝了，你也累了，该休息了。看你这样子，是从建筑工地上下来的吧？

他老老实实地承认了，说平时无以为生，就去工地上挣点儿饭钱。

---

1 这两句歌词来自歌曲《执着》，许巍作词作曲，著名歌手田震首唱。原词和后面两句为："我想超越这平凡的生活，注定现在暂时漂泊。无法停止我内心的狂热，对未来的执着。"

他洗碗的时候，我回到了卧室。坐在电脑前，我心里格外沉重。为让他高兴，我说了大话。他哪里知道，此前我写过六个剧本，都无一被人看中。我跟他一样，都是芸芸众生里的“蒙面人”。

然而，我却把本子拉到开头，认认真真地加入此前根本就没有的水戏。

阅读提示（一）

1. 作为北漂族，“我”的居住条件怎么样？为什么求合租者？
2. “我”是怎么竭力劝说小李跟“我”合租的？
3. 小李搬进来以后，为“我”做了哪些事情？
4. 小李究竟是做什么工作的？他的理想是什么？他为什么那么爽快地同意跟“我”合租？
5. “我”听了小李唱的歌为什么差点掉下泪来？
6. “我”为什么说自己也是“蒙面人”？这里的“蒙面人”跟小李演的“蒙面人”含义有什么不同？

词语表（一） 05–02

序号	词语	拼音	词性	搭配举例
1	狭小○	xiáxiǎo	形	房间 / 空间～；◇气量～
2	加之	jiāzhī	连	
3	蛛网	zhūwǎng	名	
4	泛	fàn	动	（脸色）～红 / 白 / 黄
5	陈年	chénnián	形	～老酒 / 往事；◇～老账
6	发霉	fā//méi	动	衣服 / 食物～
7	斩钉截铁	zhǎndīng-jiétiě	成语	
8	咬牙	yǎo//yá	动	◇恨得～；～坚持
9	行情○	hángqíng	名	股票 / 市场～；～看涨 / 看跌
10	无异	wúyì	动	～于
11	泰山压顶	tàishān-yādǐng	成语	

12	告示◎	gàoshi	名	贴 / 出～
13	合租	hézū	动	跟……～；◎～房 / 人
14	编剧◎	biānjù	名	影视～
15	正道	zhèngdào	名	走～
16	教养◎	jiàoyǎng	名	（没）有～；～很好 / 差
17	谦恭	qiāngōng	形	态度～；待人～
18	盯◎	dīng	动	～着（某人 / 某物）
19	显示屏	xiǎnshìpíng	名	电脑 / 液晶 / 彩色～
20	风风火火	fēngfēnghuǒhuǒ		
21	敷衍	fūyǎn	动	（做事）～；◎～了事
22	房主	fángzhǔ	名	
23	平摊	píngtān	动	费用～
24	透风	tòu//fēng	动	窗户 / 门窗～
25	眨	zhǎ	动	～眼
26	如期	rúqī	副	～举行 / 完成 / 抵达
27	顺便◎	shùnbiàn	副	～看望 / 拜访
28	舒坦	shūtan	形	心里 / 浑身 / 日子～
29	何况◎	hékuàng	连	
30	液化气	yèhuàqì	名	◎～罐 / 灶 / 站 / 管道
31	导弹◎	dǎodàn	名	发射～；◎近程 / 中程 / 远程 / 洲际～；～之父
32	扛◎	káng	动	～（东西）；～得动；～不动；◇～压力；～得住压力；～不住压力
33	安心◎	ānxīn	形	～工作 / 做事
34	初稿	chūgǎo	名	论文～；交～
35	亏待	kuīdài	动	～（某人）
36	一五一十	yīwǔ-yīshí	成语	
37	报账	bào//zhàng	动	报（一笔）账

38	起劲○	qǐjìn	形	说得 / 玩得～
39	择菜	zhái//cài	动	
40	过意不去○	guòyìbúqù		
41	缘分○	yuánfèn	名	有 / 没有～；～不浅
42	异地	yìdì	名	◎～恋
43	他乡	tāxiāng	名	远走～；◎异国～
44	碰上○	pèngshang		～机会 / 运气
45	眉眼	méiyǎn	名	～清秀
46	疲惫○	píbèi	形	感到～；精神 / 身心～；◎～不堪
47	沮丧○	jǔsàng	形	感到～；神情 / 心情～
48	显而易见○	xiǎn'éryìjiàn	成语	
49	注定○	zhùdìng	动	早已～；～失败/灭亡；◎命中～
50	漂泊	piāobó	动	在水面～；◇四处～；～异乡
51	狼吞虎咽	lángtūn-hǔyàn	成语	
52	咀嚼	jǔjué	动	～（食物）；◇反复 / 再三～（含义 / 滋味）；◎～功能
53	羞涩	xiūsè	形	表情～
54	眼神○	yǎnshén	名	～坚定 / 冷漠 / 忧郁
55	群众演员	qúnzhòng yǎnyuán		
56	特写	tèxiě	名	～镜头；人物～
57	愧疚	kuìjiù	形	深感～；（怀着）～之情
58	犹疑	yóuyí	形	
59	好手	hǎoshǒu	名	游泳 / 围棋 / 理财～；◎一把～
60	像模像样	xiàngmú xiàngyàng		
61	工地○	gōngdì	名	建筑～
62	无以为生	wúyǐwéishēng		
63	大话	dàhuà	名	说～

64	看中○	kàn//zhòng	动	～（人/物）
65	芸芸众生	yúnyún-zhòngshēng	成语	

二 05-03

两个字的婚恋

乔 叶

在方块字的世界里，有两个字相爱了，可是他们总到不了一起。每当被人们写出的时候，他们总是相隔很远。终于有一天，他们成长到了被允许结婚的年龄。他们一起来到了造字者那里。

"请让我们结婚吧。"他们请求说。

"你们真的相爱吗？"造字者问。

"是的。"

"相爱不一定都要结婚，你们一定要结婚吗？"

"是的。"

"那好吧。"造字者说。

"你们结婚后有三种生活方式可以选择。一、谁也不会限制对方的意义，在相爱的同时仍然可以保留着自己的完整。这种方式是让你们作为两个独立的字去相爱，在相爱的同时依然拥有自己的个性。二、你们只为彼此而活，谁离开了另一方都无法存在，你们只有在一起时才会具有意义。这种方式是让你们作为一个词去相爱。三、这种方式是最普通的方式，也是绝大多数字婚后的方式。在这种方式里，你们和对方在一起时是有意义的，但是和别的字在一起时也有别的意义。也就是说，对方可以是你们很好的伴侣，但对方并不是唯一的选择……"

他们选择了第一种，作为两个独立的字生活在了一起。他们在一起时是有意义的，但是这种意义果真并没有影响他们各自的独立和完整。他们常常被人用在一起，但是一个小小的标点符号就可以把他们毫无牵扯地隔开。有时候甚至不需要标点符号，一个微妙的语气停顿都会让他们之间的界限泾渭分明。

日子久了，他们对自己的这种状态也疑惑起来。他们觉得，在一起是那么貌合神离，像是在各自的内心旅行。

“我怎么总觉得我们不像结过婚的样子呢？”一个字说。

“更像是同居。”另一个字也说。

他们找到了造字者，请求他允许他们换成第二种方式，造字者同意了。于是他们变成了紧紧偎依的两个字，走到哪里都形影不离，而一旦离开就都失去了意义。就像琵和琶，尴和尬，蜻和蜓，咖和啡，乒和乓。只要一个字出现，另一个字必定也在一边。若是单独的一个字，这个字就失去了内涵和灵魂。他们只有彼此，再无其他。

两个字这样生活了一段时间，开始时他们是很满足的，觉得这真是神仙眷侣的日子，无可挑剔。可是，渐渐地，他们就对彼此的面容淡漠了，直到厌倦。

他们第三次找到了造字者。

“这是你们最后一次机会了，你们可要慎重考虑。”造字者说。

“我们考虑好了，反正其他两种方式我们已经知道了，这种就是不尽如人意，我们也没什么可抱怨的了。”两个字说。

于是，他们来到了第三种状态里。这一次，他们真是快乐极了。他们发现他们既有相当的自由，又可以随时保持着联系；既可以在有兴致时待在一起，又可以在腻烦时去和别的字进行新的搭配。这使得他们既品尝了家庭的温暖，也拥有了去邂逅其他美妙际遇的可能——这真是一种最理想的方式！他们不止一次地庆幸着自己的选择。

遗憾的是，一段时间之后，他们对这种状态也产生了异样的感觉，觉得这种方式既不如第一种洒脱，也不如第二种纯情。既不能拥有第一种的奔放肆意，也没有第二种的深刻专一。爱，是有的，但是这爱并不神圣。情，也是有的，但是这情并不高洁。他们的爱情和他们本身一样，既和原来的那个字适用，也有着与其他字组合的多种可能。他们看似左右逢源十分完美，其实只是一种世故的妥协和庸常的投机，可他们必须得在这不高不低不青不红的状态中走完自己平凡的情感命运。因为，他们已经没有别的选择了。

阅读提示（二）

1. 两个字“结婚”的第一种方式是什么？时间一长，他们觉得这种方式的婚姻有什么缺陷？
2. 两个字“结婚”的第二种方式是什么？生活一段时间以后，他们的婚姻出现了什么危机？
3. 两个字“结婚”的第三种方式是什么？在这种方式里，什么状态让他们感到十分幸运？
4. 两个字觉得第三种婚姻方式有缺憾吗？为什么？他们还有机会弥补吗？
5. 两个字“结婚”，实际意味着汉字之间的什么关系？

词语表（二）

05–04

序号	词语	拼音	词性	搭配举例
66	婚恋	hūnliàn	名	～习俗；◎～观
67	方块字	fāngkuàizì	名	
68	相爱	xiāng'ài	动	真心～
69	也就是说○	yě jiùshì shuō		
70	伴侣○	bànlǚ	名	◎终身／灵魂～
71	标点符号	biāodiǎn fúhào		
72	牵扯○	qiānchě	动	～到……
73	微妙○	wēimiào	形	关系／形势／问题～
74	停顿○	tíngdùn	动	语气～；生产／工作～；处于～状态
75	泾渭分明	jīngwèi-fēnmíng	成语	
76	疑惑○	yíhuò	动／名	～不解；感到／产生／解开～
77	貌合神离	màohé-shénlí	成语	
78	同居	tóngjū	动	跟……～；◎～关系
79	偎依	wēiyī	动	相互～
80	形影不离○	xíngyǐng-bùlí	成语	
81	神仙○	shénxiān	名	◎～信仰／谱系
82	挑剔○	tiāoti	动	对……～

83	淡漠	dànmò	形	关系 / 表情～
84	厌倦◯	yànjuàn	动	对……感到～
85	慎重◯	shènzhòng	形	～处理 / 考虑 / 选择；态度～
86	尽如人意	jìnrú-rényì	成语	
87	兴致◯	xìngzhì	名	～很高；很有～；◎～勃勃
88	腻烦	nìfan	形 / 动	觉得～；使人～
89	邂逅	xièhòu	动	与（人）～
90	美妙◯	měimiào	形	音乐 / 旋律 / 歌声～；～动听
91	际遇	jìyù	名	人生～
92	庆幸◯	qìngxìng	动	感到 / 值得～
93	异样	yìyàng	形	目光 / 感觉 / 神情～
94	洒脱	sǎtuō	形	性情 / 举止 / 为人～
95	纯情	chúnqíng	形	～少女
96	奔放	bēnfàng	形	感情～；热情 / 自由～
97	肆意	sìyì	副	～攻击 / 破坏
98	专一	zhuānyī	形	感情 / 爱情 / 兴趣～
99	神圣◯	shénshèng	形	使命 / 职责 / 领土～
100	高洁	gāojié	形	人品 / 灵魂～
101	看似◯	kànsì	动	～容易 / 简单 / 聪明，其实 / 实则 / 却……
102	左右逢源	zuǒyòu-féngyuán	成语	
103	世故◯	shìgu	形	
104	妥协◯	tuǒxié	动	～退让；向……～
105	投机◯	tóujī	动	～生意 / 活动 / 行为；◎～取巧

课文回顾与思考

1. 两个“北漂族”，两个“蒙面人”。小说《蒙面人》借这两个人物反映了当时部分年轻人怎样的一种生存现实和精神状态？
2. 你对《蒙面人》中两个年轻人的人生追求有怎样的评价？
3.《两个字的婚恋》借汉字“结婚”，表达了作者对人类婚姻的哪些看法？
4.《两个字的婚恋》作为寓言类小说，在写法上有什么特色？
5.《蒙面人》中的人物对话都没有用冒号和引号，而《两个字的婚恋》中都用了。你认为这里存在哪些原因？你读《蒙面人》时，有没有因此而产生阅读困难？如果有，请具体说明。

词语例释

1. 顺便

副词。趁着做某事的机会，同时做另外一件事。如：

（1）早饭我出去吃碗馄饨，顺便带回两个大饼，中饭和晚饭就解决了。

（2）我们在河边散步后，顺便到桥下的咖啡馆喝了一杯咖啡。

（3）如果你认识蘑菇，秋天的时候在树林中散步，顺便也可以采些蘑菇回来。

（4）每次有机会来中国开会或参加其他活动，他都非常开心，因为可以顺便拜访几位老友。

（5）在景区游览的时候顺便逛逛商店，买点纪念品或土特产，也是一件轻松愉快的事。

由“顺便”构成的固定表达有“顺便说一句”“顺便提一句”，用来引出另一个话题。这是一种委婉的表达，从表面上看，似乎弱化了话题的重要性，只是顺便说起，实则含有某种强调的意味。如：

（6）请大家仔细阅读这篇调查报告，如果发现问题，请记录并做分析。顺便说一句，下周我们会对这些发现的问题进行集中讨论。

（7）出土文物的色彩保护是文物保护的重要内容之一。顺便提一句，没有现代的仪器和材料就无法完成这样艰巨的任务。

2. 何况

连词。有两个用法。第一，用反问的语气表示更进一层的意思。用于递进复句后一个分句的句首。前一分句与之搭配的关联词常为“尚且 / 都 / 也……”或“连……都 / 也……”。如：

（1）坐普通火车出行已经很舒服了，何况（坐）高铁呢？

（2）平时看见熟人都要打招呼，何况（是）春节的时候呢？

（3）健康的人也承受不了这种工作强度，何况（是）病人呢？

（4）专业人士尚且不能解释这些条例，何况（是）我们这些非专业人士呢？

（5）梅里雪山连最有经验的登山家都畏惧，何况（是）普通的登山爱好者呢？

"何况"表示反问，例（1）中"何况（坐）高铁呢"，意思是"（坐）高铁更舒服"；例（2）中"何况（是）春节的时候呢"，表示春节的时候更应该注重礼节；例（3）中"何况（是）病人呢"，表示"病人更承受不了"。"何况"后面的动词如果与前一分句的动词相同，则可以省略，如例（1）的"坐"。"何况"后面如果是名词或名词词组，也可以加"是"，如例（2）—（5）。"何况"后面也可以跟动词短语。如：

（6）风雪如此之大，平地走路都不容易，何况爬山呢？

第二，表示对某种现象追加一个理由，常和"又/还/也"等词配合使用。用法基本与"况且"相同。如：

（7）自己做饭不仅省钱，还吃得舒坦，可我是最怕麻烦的人，何况这里不通天然气，都是烧液化气，那导弹似的家伙我看着就头大。

（8）他本来就性格内向，何况/况且又是第一次在大家面前发言，肯定会很紧张的。

（9）干旱地区树木少，何况/况且还是冬天，看不见绿色是很正常的。

（10）我们一向觉得人和人之间应该互相帮助，何况/况且他是我们的朋友，我们一定要帮助他渡过难关。

成语运用

1. 一五一十

计数的时候，如果以"五"为一个单位，可以说"一五，一十，十五，二十……"。"一五一十"比喻叙述一件事情时，不遗漏每一个细节，从头到尾，详细清楚。使用中相当于副词，大多做状语，后面常加"地"。多用于口语。如：

（1）每次买了东西回来，他都利用吃饭时间一五一十地给我报账。

（2）老板出差回来，要求我们把这几天发生的事一五一十地向他汇报。

（3）他是个嘴松的人，别人一问，不管是什么秘密，都会一五一十地告诉别人。

（4）既然你问我，有什么意见我就一五一十地说了。

2. 显而易见

事情或道理非常明显，很容易看清楚。使用中相当于动词。常做谓语和定语。也可以作为插入语，放在句首。如：

（1）每次回来，他虽然带着笑脸，但眉眼里的疲惫和沮丧显而易见。

（2）当爱失去了新鲜感，婚姻也会遇到危机，这一点显而易见。

（3）如果公司的经营理念不改，业绩下滑等后果是显而易见的。

（4）这篇论文中的数据存在不少显而易见的问题，因此，文中的结论并不可靠。

（5）睡眠质量是影响身体健康的显而易见的因素。

（6）显而易见，语言表达能力只有在实践中才能得到培养，才能不断提高。

（7）显而易见，人们找工作时，除了考虑工资因素，还会兼顾自己的兴趣和爱好。

3. 貌合神离

貌：外表。神：内心。形容人和人的关系表面上很一致，很和谐，但实际上各有各的打算和想法。多用来形容婚姻关系，也可以形容朋友关系、合作关系等。使用中相当于动词，多做谓语，有时也做定语。如：

（1）他们觉得，在一起是那么貌合神离，像是在各自的内心旅行。

（2）如果父母婚姻不幸福，貌合神离，子女也必然因此而失望和痛苦。

（3）这两家公司虽然合作多年，但近年来由于经营理念有分歧，已貌合神离。

（4）外人常常羡慕他们是灵魂伴侣，却不知他们只是一对貌合神离的夫妻。

（5）有人认为，在同事中要遇到知心朋友很难，同事只是一些貌合神离的工作伙伴。

4. 形影不离

形：形体。影：影子。像形体和它的影子一样不分离。形容两者关系密切，经常在一起。在使用中相当于动词，多做谓语，有时也做定语。如：

（1）于是他们变成了紧紧偎依的两个字，走到哪里都形影不离，而一旦离开就都失去了意义。

（2）小象出生的第一年全部靠吃奶生活，跟妈妈形影不离。不过，如果小象遇到困难，象群里的每头大象都会提供帮助。

（3）无知与傲慢常常形影不离，像一对孪生兄弟。

（4）他们两人性格迥异，一个活泼好动，一个沉静寡言，但从小学开始，他们就是形影不离的好朋友。

（5）在没有电脑、手机的年代，纸版词典是我形影不离的帮手，不管上课还是自习我都带着它。

5. 尽如人意

尽：全部，都。如：符合。指某种情况完全符合人的心意。使用中相当于动词，多做谓语，有时也做定语。一般用于否定形式。如：

（1）我们考虑好了，反正其他两种方式我们已经知道了，这种就是不尽如人意，我们也没什么可抱怨的了。

（2）网课虽然方便灵活，但必须承认，教学效果不尽如人意。

（3）我们航空公司的飞行安全记录有目共睹，但服务质量却一直未能尽如人意。

（4）艺术可以满足人们对美的渴望，从而使人忘掉外部世界众多的不尽如人意之处。

（5）人的一生难免会遇到一些不能尽如人意的地方，我们还是要以乐观的态度对待生活。

复句讲解

解说复句

解说复句的分句间有解释和总分两种关系。

其一，解释关系。后一分句解释前一分句。常用关联词有“即、就是说、也就是说”等。如：

（1）在西方，“教育”一词源于拉丁文 educare，本义为引出，即引导儿童使之得到完满的发展。

（2）他的新小说出版以后，负面的评价如潮水般涌来，就是说，失败了。

（3）掌握语言需要有发达的大脑和灵活的发音器官，也就是说，要有抽象思维的能力和发音的生理基础。

（4）在这种方式里，你们和对方在一起时是有意义的，但是和别的字在一起时也有别的意义。也就是说，对方可以是你们很好的伴侣，但对方并不是唯一的选择……[1]

其二，总分关系。或先总后分，或先分后总。一般不用关联词。“总”的部分常常会具体说明“分”的部分有几点。“分”的部分则常有“一”“二”等数字提示。在“先总后分”的结构中，总、分之间有时会用冒号。如：

（5）家里养花有两个好处，一是美化环境，二是净化空气。

（6）开启人类智慧的宝库有三把钥匙，一是数字，二是文字，三是音符。

（7）根据火山活动情况，可以把火山分为三种：现代仍在活动期的活火山，史前喷发但后来不再喷发的死火山，还有历史上曾经喷发过但长期以来没有再喷发的休眠火山。

（8）科学与技术可以用来造福人类，也能危害人类，这是一个常识。

（9）形声字中，声旁表示读音，形旁表示意义，这种组合是最高产的造字法。

例（5）—（7）是先总后分的顺序，例（8）、例（9）是先分后总的顺序。

---

1 课文中这里的“也就是说”用于句群。句群的概念见第十课“复句 / 句群讲解”。

练　习

第一部分 词汇、语法

一、解释加点语素的意思，并根据拼音完成新词语，同时说明其词义。

1. 合租（　　　　　　）
   合 chàng__________
   合 jì__________

2. 特意（　　　　　　）
   特 lì__________
   特 quán__________

3. 如期（　　　　　　）
   如 shí__________
   如 yì__________

4. 省钱（　　　　　　）
   省 lì__________
   省 shì__________

5. 异地（　　　　　　）
   异 xìng__________
   异 yì__________

6. 看中（　　　　　　）
   shuō__________中
   xuǎn__________中

7. 造字（　　　　　　）
   造 fú__________
   造 jiǎ__________

8. 相爱（　　　　　　）
   相 shí__________
   相 yù__________

9. 个性（　　　　　　）
   gòng__________性
   rén__________性

10. 内涵（　　　　　　）
   内 cún__________
   内 xū__________

二、选择成语填空并模仿造句。

一五一十　显而易见　貌合神离　形影不离　尽如人意

1. 实力不如对手，到真正比赛的时候就会输，甚至输得很惨，这是__________的。
____

2. 每次旅行回家，她都会把旅途中的新鲜事__________地讲给父母听。
____

3. __________，一个太自我的人很难得到真正的友谊。
____

4. 刚开始工作的时候，工作条件不________。不仅工资低，还要常常加班。

____

5. 有些夫妻喜欢在公众面前秀幸福，但其实可能早已________，同床异梦了。

____

6. 我们的老教授跟她的爱犬________，上课也带着。我们不久就习惯了这位上课可以睡觉的“同学”。

____

三、词语搭配与填空。

空间	疲惫
缘分	狭小
身心	微妙
眼神	不浅
关系	忧郁

（1）他俩从朋友变成竞争对手之后，________开始变得比较________。

（2）我跟同屋来自不同的国家，可同在一个大学留学，还是同班，真是________ ________。

（3）他的自画像普普通通，让人难以忘记的是他那________的________。

（4）把大量精力消耗在处理复杂的人际关系上，会使我们________ ________。

（5）空间站是指在地球卫星轨道上运行的大型载人航天器，里面有生活设施和工作设备。可以想象，空间站里面的________一定是非常________的。

◎

导弹	符号
群众	信仰
终身	演员
标点	之父
神仙	伴侣

（6）有剧组来学校拍戏，很多同学都被邀请当了一回________ ________。

（7）钱学森被誉为中国________ ________，他也是中国航天之父。

（8）写文章态度一定要认真。大到结构安排，小到________ ________，都要精心推敲。

（9）“一池三山”是中国的一种园林模式，“池”指湖，“三山”指三个岛，代表神话中东海里的三座仙山，这是________ ________在园林中的体现。

（10）在一些能歌善舞的民族中，青年男女常常用对歌的形式寻找自己理想的________ ________。

四、用指定词语完成句子或对话。

1. 从一个人的言谈举止，______________________________（教养）
2. 当我们评价一个人时，____________________，应该多看优点。（盯）
3. 我住的小区里有一个超市，___________________________（顺便）
4. 想在学校附近租房是很困难的，_________________________（何况）
5. 又要写毕业论文，又要考研究生，同时还想找工作，____（扛不住）
6. 在身体完全恢复健康之前，___________________________（安心）
7. 我们以为他不感兴趣，______________________________（起劲）
8. 刚到中国时我的口语很差，同屋经常陪我去买东西，____（过意不去）
9. A：听说他申请到奖学金，可以继续读硕士了。
   B：____（碰上）
10. 这几年的就业形势不太乐观，__________________________（沮丧）
11. 一个只知道抱怨而不愿努力的人，_______________________（注定）
12. 导演正在为自己的电影寻找男女主角，____________________（看中）
13. 家庭内部的矛盾有时很难解决，_________________________（牵扯）
14. 说话时如果想表示强调，____________________________（停顿）
15. 我们用的是同一个菜谱，但他做的饭总是比我做的好吃，____（疑惑）
16. A：你们大学学生食堂的饭菜怎么样？
    B：____（挑剔）
17. A：听说你最近换工作了？
    B：____（厌倦）
18. 最近股票市场行情不错，不过，_________________________（慎重）
19. 对于名胜古迹，有的游客没兴趣，_______________________（兴致）
20. 听音乐会是他的一大享受，___________________________（美妙）
21. 他们属于闪婚，___________________________________（庆幸）
22. A：你们班的同学相处得怎么样？
    B：____（看似）

23. A：你跟朋友发生矛盾的时候，一般怎么解决？

B：______________________________（妥协）

五、用关联词填空，并模仿该段文字的写法，选择以下一个概念进行解释：北漂族、群众演员、语素、词。也可以自己确定一个概念进行解释。要求：①使用解说复句所用关联词（即、也就是说）；②采用总分结构；③对概念的解释包括定义和特点。

小小说是小说的形式之一，亦称微型小说、超短篇小说和一分钟小说。它的特点包括以下几个方面：一是篇幅短小，__________一般只有几百个字，最多不超过一千五百字；二是人物少、故事情节简单，__________，只选取生活中具有特殊意义的某个片段或某个场景进行描写；三是结构紧凑精巧，结尾处常常出人意料。总之，微型小说具有以小见大的艺术效果，能契合现代人的审美心理和审美趣味。

____

____

____

____

____

六、排序，并画出各句所用关联词及其他可提示句子顺序的词语。

1. A. 因此我非常高兴小李很快就来签了合同

B. 如果没有合租者

C. 而且还是那样一个细心和勤快的人

D. 他也是没有任何经济来源的“北漂族”

E. 每个月的房租对我来说简直是泰山压顶

正确语序：______________________

2. A. 小李的理想是当演员

B. 他演的还是一个蒙面人

C. 但他只当过几回群众演员

D. 唯一一次给了特写

E. 而且基本都是没有镜头的群众演员

正确语序：______________________

3. A. 但其实我的剧本从来就没有被看中过
B. 他能在我的戏里演一个角色
C. 我答应在剧本里加上他擅长的水戏
D. 小李希望将来我的剧本拍电影时
E. 我也是个“蒙面人”
F. 也就是说
正确语序：________________

4. A. 对方并不是你唯一的选择
B. 另一种是只有他们的结合体才能显示意义
C. 一种是相爱但还是作为两个独立的字保留自己的意义
D. 还有一种是共同生活但也可以跟别的字进行组合
E. 也就是说
F. 造字者说字的“结婚”方式有三种
正确语序：________________

5. A. 最后一种方式似乎很完美但也有遗憾
B. 但他们已没有别的选择了
C. 第二种方式让他们完全失去了自我从而互相厌倦
D. 两个字把造字者所说的三种方式都尝试了一遍
E. 即既不够奔放也不够专一
F. 第一种方式让他们感觉像同居
正确语序：________________

第二部分 拓展阅读

七、请概括下面这段文字的主要意思。

汉字和词是两个层次的概念。如果某个汉字记录的是一个词，那么，两个（或两个以上）这样的汉字在一起，就可以组成一个词组。比如“喝、茶”都是词，结合起来，“喝茶”就变成了一个词组，一个动宾词组。在现代汉语中，一个汉字常常只是一个语素，需要跟别的语素一起，组成合成词。比如“自、助”，合在一起就成了动词“自助”，同时，“自”和“助”还可以分别跟其他语素结合成新的合成词。比如“自”

和“尊”可以组成“自尊”，“助”和“兴”可以组成“助兴”。还有一种情况，两个（或两个以上）汉字合起来才是一个语素，这个语素同时也是一个词。这样的词叫单纯词。在单纯词中，汉字不能分开，独立看其中的任何一个汉字都没有意义，比如“玻璃”。汉字的组合，基本上就是上述三种结构关系。

上面这段文字主要说明了（请选择）：

☐ A. 汉字和词的区别
☐ B. 汉字组成词组的情况
☐ C. 汉字组成合成词和单纯词的情况
☐ D. 汉字结合后所可能出现的结构类型

八、阅读下面的文章，并完成后面的练习。

一只风筝的一生[1]

梁晓声

这是春季里一个明媚的日子。阳光温柔。风儿和煦。鸟儿的歌唱此起彼伏。

一丛年轻的竹，在一户人家后院愉快地交谈。它们都正感觉着一种生命蓬勃生长的喜悦，也都在预想和憧憬着它们的将来。有的希望做排，有的希望做桅杆，有的希望做家具，有的希望做工艺品……

还有一个说：“我才不希望被做成另外的任何东西呢！我只想永永远远地是我自己，永永远远地是一棵竹！但愿我的根上不断长出笋，让我由一而十①，而百，而生发成一片竹林。”

它的话音刚落，有一个男人握着砍刀走来。他是一个专做风筝卖风筝的男人，他这一天又要做一只风筝。

他上下打量②那一丛年轻的竹。它们在他那种审视的目光之下，顿时都紧张得叶子瑟瑟发抖。

此刻，对那一丛年轻的竹而言，那个瘦小黝黑其貌不扬③的男人，乃是决定它们命

1 文章选自梁晓声《总有一种柔软，让人生坚定从容》，现代出版社，2018 年版。梁晓声，1949 年生，北京语言大学教授，作家。

运的上帝。他使它们感到无比的怵畏。

他的目光终于只瞧着那棵"不希望被做成另外的任何东西"的竹了。他缓缓地举起了砍刀……

不待那棵竹做出哀求的表示，他已一刀砍下。在一阵如同呻吟的折断声中，它的枝叶似乎想要拽住另外那些竹的枝叶，然而它们都屏息敛气，尽量收缩起自己的枝叶避免受它的牵连……

它无助地倒下了……

被拖走了……

做风筝的男人将它剁为几段，选取了其中最满意的一段。接着将那一段劈开，砍成了无数篾子。

他只用几条篾子就熟练地扎成了一只风筝的骨架。其余的篾子都收入柜格中去了。而剩下的几段，已对他没什么用处了。被他的女人抱出去，散乱地扔在院子里，等晒干后当柴烧。

美丽的、蝶形的风筝很快做好了。它是用兜风性很好的彩绸裱糊成的。

当做风筝的人欣赏着它的时候，风筝得意地畅想着——啊，我诞生了！我是多么漂亮多么轻盈啊！我要高高地飞翔！竹也实现了凤凰涅槃。

后来那风筝被一位父亲替自己六七岁的儿子买去。

在另一个明媚的日子里，父亲带着儿子将风筝放起来了。它越飞越高，越飞越高，飞到了一只真的蝴蝶所根本不能达到的高度。他们还用彩纸叠了几只小花篮，一只接一只套在风筝线上，让风送向风筝……

许多行人都不由得驻足[④]，仰头观望那只美丽的风筝。

风筝也自高空朝地面俯瞰着。

它更加得意了。

它对另一只风筝喊："瞧，多少人被我的美丽和我达到的高度所吸引呀！我比你飞得高！"

"我比你飞得高！那些人是被我的美丽和我达到的高度所吸引的！"

另一只风筝不服气起来。

"我飞得高！"

"我飞得高！"

“我美丽！”

“我比你美丽！我像蝴蝶，而你像什么呀！不过像一只普通的毛色单一的鸟罢了！……”

于是它们在空中争吵。

于是它们都不顾风筝线的松紧，各自拼命往更高处升，都一心想超过对方的高度……

不幸得很，蝶形的风筝，首先挣断了控制它高度和操纵它方向的线，从空中翻着筋斗坠落着……

一阵突起[⑤]的大风将它刮走了……

翌日，一个女人站在自家窗前，若有所思[⑥]地凝视着它——它被缠在电线上了……

几只麻雀——城市里司空见惯的、最普通、毛色最单一的小东西落在电线上。它们对那只美丽的、蝶形的风筝感到十分好奇，叽叽喳喳地评论它。不久开始啄它，还大不敬地往它上面拉屎……

第一场雨下起来了……

然后风开始刮得尘土飞扬令人讨厌了……

被缠在电线上的风筝，湿了又干了，干了又湿了。它沾满尘土，肮脏了……

最初它仅能吸引一些人的目光。他们一旦发现它，都不禁驻足望它一会儿，都会说出一两句惋惜的话，或内心里产生一些惋惜的想法。

风筝不但肮脏了，而且破了。它那用竹篾编扎成的骨架暴露了，像鱼刺从一条烂鱼的皮下穿出来一样。

一旦发现它，人们都赶紧低下头，它容易使人产生不好的联想了。

只有麻雀们仍愿落近它，仍喜欢啄它。当然，更加肆无忌惮地往它上面拉屎。仿佛它变得越狼狈不堪，越使它们感到高兴似的。

还有那个女人，也一直在天天隔窗关注着它由美变丑的过程。

她是一位女散文家。那风筝触发了她的某种文思，于是不久她写成了一篇充满伤感意味的叹物散文发在报上。于是此篇散文一时被四处转载，被收入“散文精品文丛”之类，不久获奖。

女散文家用三千元奖金买了一套时装。

她的亲朋好友都说她穿上那一套时装显得气质特别地端庄，特别地高贵，总之特别地超凡脱俗。她穿着它出现在文化活动中和社交场合，即使行走在路上时，也常会招来刮目相看的目光。她十分需要这个，能使她那颗女人的心获得极大的满足。她因此暗暗感激那只被电线缠住的风筝……不，更真实更准确地说，是暗暗感激“俘虏”了那只风筝的电线……

有一位摄影家，从报上读到了女散文家那篇散文，并且，也从报上知道她那篇散文获奖了。

于是有一天，他挎着摄影机，提着三脚架按照她那篇散文所提供的线索，来到了她家住的那一条街。男摄影家被女散文家以感伤的文字所描写的一只风筝由美变丑的过程所影响，来为那只不幸的风筝拍一张艺术照片。他的初念并没什么功利目的，只不过受种种中年人常常会产生的感事伤怀的心绪的驱使，想以摄影的方式，抒发凭吊某一事物的忧郁情怀罢了。

他选好了角度，支牢三脚架，耐心地期待着光线的变化，连拍了一卷儿才离去。

他将胶卷冲洗出来惊喜地发现，有一张的意境拍得格外之好。他在暗房中进行了几次艺术处理，使那一张成了很独特的艺术摄影。

后来他举办了一次个人摄影展，那一张当然也放大了悬置其中。取题为《一只风筝的弥留之际》。

他是位颇有名气的摄影家。参观的人不少。许多人都在《一只风筝的弥留之际》前沉思冥想，或故作沉思冥想状。

其实那也算不上是一张怎样出色的摄影作品，只不过看了令人觉得感伤忧郁罢了。

但当代人的问题是物质生活水平越提高了心情越忧郁；精神生活内容越丰富了精神越空虚；越没多少值得感伤的事儿了越空前[7]地感伤。这是一种时尚，一种时髦，一种病，一种互相传染而且没什么特效药可治的病。人们都觉得自己也处在弥留之际了似的，包括正年轻着的男女。

替摄影家操办摄影展的经纪人，从人们的神情中预测到了这一艺术摄影的商业价值。他起先估计得太低了。他让手下人暗中将出售标价牌儿为他偷来了，打算再加一个零，或再加两个零……

突然响起了一个孩子的哭叫声：“这是我的风筝！我到处找过它！我能认出这就是我那只风筝！”

这孩子曾因失去了那只风筝而非常难过。他和它之间似乎已存在着一种感情了。

他央求他父亲替他将那摄影作品买下……

当父亲的不忍拒绝儿子，领着儿子找到了那经纪人。

经纪人伸出了一根指头。

“一千？”

经纪人摇摇头，向那当父亲的出示标价牌儿——一千后已被加上一个零了。

孩子很懂事。知道这完全超出了父亲的经济实力，噙着泪，一步三回头地跟着父亲走了……

那摄影作品立即被一位“大款”买定。“大款”倒不太喜欢它。他喜欢的是当众在别人买不起时，自己一掷万金买下任何东西的那份儿好感觉。

那摄影作品被一位“大款”以万金买定的事见了报，并且此消息报道配有那摄影作品。

女散文家那天一看报，当即给自己的代理律师拨通了电话——指出这是公然的侵权，甚至是公然的剽窃。因为摄影作品的构思，分明地来自她那篇不但获奖还被收入“散文精品丛书”的散文……

于是一场“版权”官司又见报。

寂寞的报界大喜过望[8]，“炒”得个“天翻地覆慨而慷”。

那当父亲的看到了有关报道，心想若说“版权”，“原始版权”是属于我的呀！

他向女散文家和男摄影家同时进行了起诉，使得报界更加大喜过望。电台、电视台也不甘落后，分头进行采访。由于案例独特，律师界终于被诱上钩，自觉不自觉地卷入了大讨论。媒体推波助澜，使讨论发展成了辩论。于是有经济头脑的人，不失时机地就此事组织了一场法律系大学生们的辩论大赛；于是学生们在电视里唇枪舌剑，势不两立；于是有人从中大发广告效益之财；于是引起一位杂文家对此现象的批评；于是引起另一位杂文家的措辞激烈的“商榷”；于是有人支持前者，有人支持后者，掀起了一场杂文大战，使各报战火弥漫，硝烟滚滚。于是引起一部分社会学家的忧患，而另一部分社会学家认为这一切其实很正常，大可不必杞人忧天……

第二年的春天里的一个日子，在那一户有竹人家后院，那一丛都长高了几节的年轻的竹，又在愉快地交谈着：

“还记得咱们那个不希望被做成另外的任何东西的兄弟吗？可怜的家伙，结果落了个尸骨不全的下场！”

“嘿，你不提，我们早把它忘了！我一点儿也不同情它，谁叫它那么狂妄呢！”

那用完了竹篾的男人，又握着砍刀走来了。

竹们顿时全吓得悄无声息，连一片最小的叶子也不敢抖动一下……

又一只美丽的风筝将诞生了。

又一根竹四分五裂了。

许多种美的诞生是以另外许多种美的毁灭为代价的，而在这过程和其后，更会有许多无聊的没意思的事件随着……

1. 请给文章拟一个新的题目（写在下面的横线上）。

____

2. 解释文中画线词语。

①由一而十　　②打量

③其貌不扬　　④驻足

⑤突起　　⑥若有所思

⑦空前　　⑧大喜过望

3. 判断下列说法是否符合文章原意（符合画"√"，不符合画"×"）。

（1）竹子被做成风筝以后，它非常难过，因为它变成了另外的东西。（　）

（2）蝶形风筝的线断了，因为它跟别的风筝比赛，想飞得更高。（　）

（3）女散文家以缠在电线上的风筝为题材写的散文，风格是感伤的。（　）

（4）摄影家因为《一只风筝的弥留之际》在摄影展上获得成功，因此决定提高这幅作品的售价。（　）

（5）孩子想买这幅摄影作品，因为他真的喜欢这只风筝。（　）

（6）"大款"不太喜欢这幅摄影作品，他之所以买，是因为看到了这幅作品的艺术价值。（　）

（7）蝶形风筝一生的遭遇，得到了部分竹子同伴深深的同情。（　）

（8）关于《一只风筝的弥留之际》"版权"问题的讨论和辩论，小说是带着批判的态度来写的。（　）

4. 回答问题。

这篇寓言小说借一只风筝的遭遇，讽刺了我们人性中的哪些弱点？请通过例子来说明。

____

____

____

第三部分 写作

九、选择本课的一篇小说，写出内容提要。（300 字左右）

十、写一篇 600 字左右的寓言小故事，阐述生活中的某个道理。题目自拟。故事主角可以是人，也可以是动物、植物等。

语言实践

一、参观你所在城市的一个作家故居或纪念馆，利用参观所得到的资料，对该作家的生平或创作特点进行书面介绍。

二、以职业选择意向或爱情婚姻观为主题，对本班同学做一次采访，也可以设计调查问卷进行调查，并对采访记录或调查结果做简要分析。

第六课　“哥哥”居麻

李　娟

课文导览

【作者简介】

李娟（1979— ），四川人，生于新疆。作家，主要从事散文创作。代表作有散文集《九篇雪》《阿勒泰的角落》《冬牧场》《羊道》和《遥远的向日葵地》。作品多次获各类文学奖项，包括朱自清散文奖、茅盾文学新人奖、鲁迅文学奖之散文杂文奖等。作品大多以自己的亲身经历为主，描写新疆阿勒泰地区哈萨克牧民真实的生活状态和精神世界：平静，温馨，坚韧，乐观，充满浓郁的地域色彩。李娟的散文语言纯净，自然天成，文中牧民风趣幽默、别具一格的汉语表达也为作品增色不少。

【作品出处】

课文选自《冬牧场》，新星出版社，2018 年版。有删减。课名为编者所加。

【话题归属】

本课可以围绕不同民族的生活方式和民族性格这个中心话题进行学习和讨论。作为一个多民族国家，中国民族众多，文化多元，每个民族在漫长的历史长河中都创造了自己独特的文化。不同民族亲密相处，友好往来，也留下了一段段传世佳话。不同民族的精神信仰、风俗习惯、文化教育和生存环境等也都是值得关注的问题。

课前准备——课堂报告选题

1. 中国的民族划分；
2. 中国各民族的地理分布及特点；
3. 中国境内的文字有多少种，分别是什么民族在使用；
4. 新疆地区的语言分属哪几个语系，每个语系分别包括哪几种语言；
5. 中国境内某一民族最有特色的艺术形式或风俗习惯；
6. 学生本国的民族构成情况。

课 文

一 06–01

居麻[1]是远近出了名的酒鬼兼赖皮鬼。当我决定这一整个冬天都跟随在他家生活时，很多人都大吃一惊。

其实真正了解他的人都知道，这家伙除喝酒和耍赖之外，还是值得钦佩和尊敬的。他做事踏实仔细，为人机智风趣。大家都乐于同他相处。在人群里，只要他一开口，所有人都立刻闭了嘴专注于他一人。而这家伙也乐于表达，吹起牛来，总能超常发挥，妙语连珠。经他散播出去的笑话，能流传好长时间。这使他在牧人间有着某种奇妙的地位。

大约在这样的世界里，天大地大，牧人们分散独居。日子寂静单调，生活艰难且封闭，极少与外界交流，人们大多是忍耐而沉默的。于是居麻的出现给大家带来了多少快乐与释放啊。这个人总是能痛快流利地指出一切，总是能说到人心坎儿上，总是寥寥数语就轻易解开任凭怎样的蛮力也解不开的困结……而那些更加睿智通达、能言善辩的“阿肯[2]”们，则更是被民间深深崇敬，甚至奉若神明。

夏牧场上的哈萨克“阿肯”(刘新　摄)

1 居麻是哈萨克牧民。2010年李娟参加《人民文学》举办的“非虚构”写作计划，跟随居麻一家去冬牧场放牧三个月。这段生活就是《冬牧场》一书的素材来源。

2 阿肯：哈萨克语 aqln 的音译，指能即兴创作诗歌并弹唱的民间歌手。阿肯阿依特斯（aqlnaytls）是哈萨克族最具代表性的民间艺术形式，“阿依特斯”的意思是争论、辩论或对唱。“阿肯阿依特斯”即“阿肯弹唱”或“阿肯对唱”，“阿肯”需具备即兴创作、辩论的能力和音乐表演才能。

因此无论耍酒疯时的居麻是多么霸道、可恶，大家都不同他认真计较，都原谅他的此种偏性。

阅读提示（一）

1. 居麻这个人因为什么而出名？
2. 人们钦佩和尊敬居麻又是因为什么？
3. 哈萨克牧民的生活有什么特点？为什么他们对居麻和“阿肯”都很尊敬或崇敬？

词语表（一）

06–02

序号	词语	拼音	词性	搭配举例
1	兼○	jiān	动	～管；◎品学～优；～而有之
2	赖皮	làipí	形 / 名	耍～；◎～鬼
3	大吃一惊○	dàchī-yījīng	成语	
4	家伙○	jiāhuo	名	小 / 坏～
5	耍赖○	shuǎlài	动	
6	钦佩○	qīnpèi	动	令人～；对……～不已
7	机智○	jīzhì	形	～幽默 / 沉稳 / 勇敢
8	风趣○	fēngqù	形	～幽默
9	开口○	kāi//kǒu	动	～讲话；～闭口都……
10	专注○	zhuānzhù	形	～于；神情 / 目光～
11	吹牛○	chuī//niú	动	◎～皮
12	超常	chāocháng	动	智力～；～发挥
13	妙语连珠	miàoyǔ liánzhū		
14	散播	sànbō	动	～谣言 / 信息 / 病毒 / 仇恨
15	牧人	mùrén	名	
16	独居	dújū	动	
17	寂静○	jìjìng	形	～无声

18	忍耐◦	rěnnài	动	◎～力
19	释放◦	shìfàng	动	～能量 / 氧气（O_2）/ 二氧化碳（CO_2）；～战俘；刑满～；◇～善意
20	心坎儿	xīnkǎnr	名	说到～上
21	寥寥	liáoliáo	形	～几笔 / 数语；◎～无几
22	任凭	rènpíng	连 / 动	
23	蛮力	mánlì	名	
24	睿智	ruìzhì	形	～过人
25	通达	tōngdá	动	～人情 / 事理
26	能言善辩	néngyán shànbiàn		
27	崇敬	chóngjìng	动	～科学家 / 英雄；令人～；对……充满～
28	奉若神明	fèngruòshénmíng	成语	
29	霸道	bàdào	形	做事～；◎横行～
30	可恶◦	kěwù	形	行为～
31	计较◦	jìjiào	动	～得失 / 利益；◎斤斤～

二 06–03

居麻快五十岁了，头发花白，身高一米八五，体重一百一十公斤，走起路来惊天动地。虽然已是爷爷辈的人物，但我仗着自己也三十多了，非叫他“哥哥”不可。

居麻和我家相识多年，算是老朋友了。每次去我家商店买东西，我妈都逼他买走包装破损的商品（大家都介意这个嘛。于是这种商品总是积压到最后，顾客实在没得挑了才能卖掉）。他对我妈很有意见，但还是不得不继续光顾。因为只有我家愿意给他赊账。

居麻说得满口汉语，虽然含糊不清，但表达异常丰富。比如他把沙丘称为“高沙子”，说“路途遥远”——“戈壁滩多得很！”

有一天他看完一份哈文[1]报副刊后，想了一会儿，认真地以汉语告诉我：“这个纸

1 哈文：哈萨克文。

说，我们放羊的这个地方，是专门送这个——”他指着墙上的挂绣，“把画这个东西的细细的、亮亮的线送过来的一条路的上面！”

我想了想：哦，他说的是“丝绸之路”——是的，阿勒泰正是在古丝绸之路的北道[1]上。

他不会汉语的“绣”字，总是以“画”代之。因为大女儿乔里潘是学画画的。我估计在哈语里，这两个动词是一个意思。

居麻很善于学习。原先他所掌握的用来骂人的汉语只有“三字经”[2]。自从某次和我妈吵了一架，我妈骂他“不是人”之后，他总算又学到了一句。见了不听话的牛就骂：“你不是人！”见了捣蛋的骆驼也骂：“不是人得很！”

阅读提示（二）

1. 居麻的外貌有什么特点？
2. 居麻和“我”家的来往有什么特别的地方？
3. 居麻的汉语表达有什么特色？
4. 居麻原先掌握的骂人的“三字经”是哪句话？新学的骂人的话他用得是否准确？为什么？

词语表（二）

06–04

序号	词语	拼音	词性	搭配举例
32	花白	huābái	形	头发 / 胡须～
33	惊天动地○	jīngtiān-dòngdì	成语	
34	相识○	xiāngshí	动 / 名	跟……～；◎素不～；旧 / 老～

1 古丝绸之路的北道：丝绸之路有陆上丝绸之路、海上丝绸之路之分。阿勒泰地区位于阿尔泰山之南，在陆上丝绸之路的北线上。“丝绸之路”概念的来源和分类详见第十课注释。

2“三字经”：这里指只有三个字的骂人的一句话。经：这里表示这句骂人的话是最常用、最流行的。这里的“三字经”一词借用中国传统启蒙教材《三字经》的书名。《三字经》因为是儿童读本，格式上每句话只有三个字，便于朗读和记忆，所以称《三字经》。开篇的几句为“人之初，性本善。性相近，习相远”。

35	破损	pòsǔn	动	
36	介意○	jiè//yì	动	
37	积压	jīyā	动	物资 / 产品～
38	光顾○	guānggù	动	（顾客）～商店 / 书摊 / 电影院
39	赊账	shē//zhàng	动	◎概不～
40	含糊○	hánhu	形	声音 / 意思～；◎～不清
41	沙丘	shāqiū	名	
42	路途○	lùtú	名	～遥远 / 艰辛
43	遥远○	yáoyuǎn	形	路途 / 距离 / 未来～
44	戈壁滩	gēbìtān	名	
45	副刊	fùkān	名	文艺～
46	放羊	fàng//yáng	动	
47	丝绸○	sīchóu	名	◎～之路
48	绣○	xiù	动	～花儿；◎苏 / 川～
49	捣蛋	dǎo//dàn	动	调皮～；◎～鬼
50	骆驼	luòtuo	名	

三 06–05

居麻不但笑话闲不下来，一双手也闲不下来。在不放羊的日子里，他整天东找西翻，东修西补。在一天之中，他可以完成以下事情：帮老婆补好全部的破鞋子并擦得锃亮；在一根用了二十多年的檩木下撑一根柱子；修太阳能电池板；糊补漏风的门缝；修灶台；修漏勺；修加玛[1]的钩针；修自己的墨镜（由于牧民常年饮用雪水及冰川所化的河水，又很少能吃到新鲜的蔬菜水果，普遍缺乏维生素及微量元素，易患雪盲症，在雪地里放羊都得戴墨镜）；修我的眼镜（某天洗脸时放在床边，被我一屁股坐断了两条眼镜腿。没办法，没戴眼镜的话什么都看不到）；修手锯；修匕首。最后还把一根扭曲的细钢筋垫在十字镐上，砸得笔直，再敲敲打打，做成一个相当像样的新火钳。只

1 加玛：居麻的女儿。

可惜短了点。他说:“那就给个子矮的人用吧!”气死我了,说的是我。

全部干完这些后,他才说自己已经胃疼了整整一天。然后让嫂子灌了热水袋敷在肚子上,早早睡下了。

虽然这家伙还算是个会过日子能顾家的好男人,可让人心烦的是,他一个人干活,所有人都得帮忙打下手。一会儿让我递一下鞋油和刷子,一会儿让加玛取榔头,一会儿又指使嫂子起身拿麻绳。

嫂子不干,说:“正在捻线呢!”

他一把抢过纺锤:“有什么了不起,不就捻个线嘛!”立刻搓转纺锤,替她捻了起来。

嫂子无奈,只好下床去找麻绳。等取到麻绳转身一看,气坏了!——这么短一会儿工夫,一大卷线全绕乱了,理也理不清……

这个样样精通的男人当然也有失败的时候。比如修补一只裂了条缝的塑料桶,他先燃烧一只塑料袋,使熔浆滴在缝上……不成。又找来一块硬塑料片,用烧红的炉钩烫糊了贴上去……还是不成。折腾半天,大怒。干脆取出透明胶,刷刷缠两圈,扔一边再不管了。

而且做这些事情时,无论成败,别人不能表示怀疑。比如给一根钢锯装新锯把时,我只不过随口一句:“这能行吗?”就令他大伤自尊。锯把做好后好几天了,他还在念叨:“那天是谁说我不行的?是谁?难道是你吗?过来看一看,到底行不行?”而且此后每当使那把锯子干活时都不忘来一句:“看,做得多漂亮!多好用!李娟开始还不相信呢!”

阅读提示(三)

1.“笑话闲不下来”是什么意思?
2.居麻“一双手也闲不下来”,说明居麻有什么特点?有哪些事例可以证明?
3.作为一个“会过日子能顾家”的好男人,居麻为什么会让人心烦呢?“我”口中的“嫂子”是谁?
4.如果有人对居麻做的事表示怀疑,居麻会有怎样的反应?从中看出居麻的性格中有什么特点?

词语表（三） 06-06

序号	词语	拼音	词性	搭配举例
51	锃亮	zèngliàng	形	皮鞋 / 头发～
52	电池板	diànchíbǎn	名	太阳能～
53	糊○	hú	动	～风筝 / 裂缝
54	灶台	zàotái	名	
55	墨镜	mòjìng	名	
56	牧民○	mùmín	名	
57	冰川	bīngchuān	名	～遗迹；～融化
58	微量元素	wēiliàng yuánsù		
59	患○	huàn	动	～……病；◎～者
60	雪盲症	xuěmángzhèng	名	
61	手锯	shǒujù	名	
62	扭曲○	niǔqū	动	◇心灵 / 精神～；事实（被）～
63	垫○	diàn	动	
64	砸○	zá	动	用……～冰 / 核桃 / 人；◇～饭碗 / 牌子；◎～锅
65	笔直	bǐzhí	形	马路 / 身材～；站得～
66	像样○	xiàng//yàng	形	不～；◎像模～
67	嫂子○	sǎozi	名	
68	灌○	guàn	动	～酒 / 药；◇～迷魂汤
69	敷○	fū	动	～面膜 / 粉 / 药
70	过日子○	guò rìzi		会～；过（上）……的日子
71	心烦	xīnfán	动	令人～；◎～意乱
72	指使	zhǐshǐ	动	～（人）做……
73	捻	niǎn	动	～线 / 绳子
74	精通○	jīngtōng	动	～业务 / 技术 / 电脑 / 外文

75	修补◎	xiūbǔ	动	～轮胎 / 渔网；◇～关系
76	缝◎	fèng	名	门～
77	烫◎	tàng	动 / 形	～手 / 嘴；（水）太～
78	折腾◎	zhēteng	动	爱～；～人
79	缠◎	chán	动	～线 / 纱布；◇琐事～身；◎胡搅蛮～
80	把	bà	名	刀 / 锯～
81	自尊◎	zìzūn	动	（大）伤～；◎～心
82	念叨	niàndao	动	

四 06–07

虽然都是牧羊人，但居麻对待牲畜远比隔壁的新什别克兄弟更谨慎体贴。他密切观察每一头羊的状态，一旦有生病的迹象就赶紧从羊群里拖出来仔细查看。体弱的羊带回地窝子[1]“住院”，生寄生虫的及时抹药。天气降温时，赶紧给怕冷的山羊盖有顶的暖圈……而新什别克家呢，都零下四十度了，他家的牛棚还是敞顶的。

而且居麻放羊时，直到天黑透了才回家，让羊慢慢地吃好。而隔壁家呢，太阳才刚下山，羊群就在沙窝子[2]一公里外徘徊了。

平时的居麻嬉皮笑脸，惹是生非，可一到干活时立刻令人肃然起敬。他人高力气大，在每一次邻里联合协作的大项劳动里都是主要劳力。大家全围着他帮衬打杂。只要他不说休息，谁也不好意思回家喝茶。附近牧场谁家若要挖新地窝子，都会邀请他前去帮忙。

一天，轮休的居麻修好分解牛头时砍坏的菜刀、屉锅的锅耳和刚穿坏的一双靴子后，百无聊赖，开始整理陈年账单。我凑过去一看，全是别人打给他的欠条。有一部分是汉字写的，内容有某年夏天帮某人代牧二十五只羊，某年秋天牧闲时在阿克哈拉[3]的水库工地上平地基，同年秋天帮油葵种植大户敲葵花籽……真是个勤快人啊，

---

1 地窝子：沙漠戈壁中的一种简易住所。在地下挖一个一两米深的坑，四周用土坯砌成矮墙，顶部用草覆盖，做成一个屋顶，再修一条倾斜的通道通向坑里，装一扇简陋的门，就成了冬天的住所“地窝子”。
2 沙窝子：草原上的一些小的沙带，牧民称之为“沙窝子”。牧民冬天放牧住的地窝子就建在沙窝子上。
3 阿克哈拉：作者曾经居住过的一个村子。

一闲下来就想方设法揽活赚钱。正感慨着，突然发现一张欠条有问题，竟给少算了一百一十九块钱，赶紧指出。居麻非常高兴，一边感谢我帮了大忙，一边骂那个家伙缺德："朋友也骗！"

新疆阿勒泰地区牛羊转场（汤桂珍　摄）

其实居麻这样高壮的身材并不适合长年的剧烈劳动。不到五十岁，踝关节和膝关节就撑不住了，一变天，就嚷嚷浑身疼。每天都把阿司匹林[1]当饭吃，看得人心惊肉跳。头疼更是隔三岔五的事，常常半夜疼醒起来吃药。当他无言地往嫂子跟前一坐，头一低，嫂子就心领神会地帮他揉起脖子来。看来颈椎也大有问题。

尤其是轮值放羊那几天，每天回到家里，他疼得上床都抬不起腿来。

对此，嫂子唯一能为他做到的似乎只有将每天的晚饭尽可能准备得丰盛些。在炸油饼时，还会心血来潮地炸一个超大号圆饼，比其他油饼足足大了六七倍。她说："这个，给老汉！"

等老汉回来，疲惫地坐到餐布前，她特地把它端正地摆在他面前。老汉盯着这个巨无霸油饼愣了半天神，缓过劲后，双手握起油饼，像握着方向盘一样，左右扭动，嘴里"呜呜呜呜！嘀嘀叭叭！"了半天——这个老汉一直梦想拥有一辆汽车。

阅读提示（四）

1. 居麻对待牲畜的态度和隔壁的新什别克家有什么不同？
2. 为什么一到干活时居麻就会令人肃然起敬？
3. 居麻为什么会有那么多欠条？

---

1 阿司匹林：aspirin。药名。

4. 常年的剧烈劳动对居麻的身体有什么影响？

5. 居麻和妻子的关系如何？牧民的家庭一般是怎样分工的？

词语表（四） 06–08

序号	词语	拼音	词性	搭配举例
83	牲畜 ○	shēngchù	名	
84	谨慎 ○	jǐnshèn	形	小心～；行事～
85	体贴 ○	tǐtiē	动	对……温柔～；◎～入微
86	迹象 ○	jìxiàng	名	好转 / 复苏 / 衰败～；有～表明；种种～表明
87	寄生虫	jìshēngchóng	名	
88	牛棚	niúpéng	名	
89	下山 ○	xià shān		太阳～
90	徘徊 ○	páihuái	动	在……～；◇成绩～在……
91	嬉皮笑脸	xīpí-xiàoliǎn	成语	
92	惹是生非	rěshì shēngfēi	成语	
93	肃然起敬	sùrán-qǐjìng	成语	
94	邻里	línlǐ	名	街坊～；～关系
95	劳力	láolì	名	壮 / 青壮～
96	帮衬	bāngchèn	动	
97	打杂（儿）	dǎ//zá(r)	动	
98	牧场 ○	mùchǎng	名	夏季 / 冬季 / 公共～
99	轮休	lúnxiū	动	
100	靴子 ○	xuēzi	名	
101	百无聊赖	bǎiwú-liáolài	成语	
102	账单 ○	zhàngdān	名	支付～
103	凑 ○	còu	动	～份子 / 钱；◎～热闹
104	欠条 ○	qiàntiáo	名	打～

105	地基	dìjī	名	打～
106	大户	dàhù	名	生产 / 用电 / 创收 / 养殖～
107	葵花籽	kuíhuāzǐ	名	
108	想方设法○	xiǎngfāng-shèfǎ	成语	
109	揽活（儿）	lǎn//huó(r)	动	
110	感慨○	gǎnkǎi	动	很～；◎～万千 / 不已
111	缺德	quē//dé	形	～事 / 话
112	剧烈○	jùliè	形	～运动 / 动荡 / 变革；～疼痛
113	关节○	guānjié	名	肩 / 膝～；～僵硬；◎～炎
114	浑身○	húnshēn	名	～疼痛 / 发抖 / 冰凉 / 轻松
115	心惊肉跳	xīnjīng-ròutiào	成语	
116	隔三岔五	gésān chàwǔ		
117	心领神会	xīnlǐng-shénhuì	成语	
118	揉○	róu	动	～眼睛 / 穴位；～面
119	颈椎	jǐngzhuī	名	◎～病
120	轮值	lúnzhí	动	◎～主席国 / 主席
121	丰盛○	fēngshèng	形	酒席 / 饭菜～
122	心血来潮	xīnxuè-láicháo	成语	
123	端正○	duānzhèng	形	五官 / 品行 / 态度～
124	巨无霸	jùwúbà	名	
125	愣○	lèng	动 / 形	发～；◎～小子
126	方向盘○	fāngxiàngpán	名	
127	扭动	niǔdòng	动	

五 06–09

每当居麻轮值时，我就盼望时间快快过去，让他赶紧结束这一轮工作，好好地休息几天。可真等到他休息了……又再次盼望时间快快过去，还是让这家伙继续去放羊好了……唉，他不放羊时，真是烦死人了。不但天天欺负猫，给我们三个找麻烦、寻是非[1]，还管不完的闲事。连我们煮个面条也要在旁边指手画脚一番。凡事瞎操心，大约是聪明人的通病吧。

聪明又心高，能干又自负。这样的人在这样的生活中会有什么样的乐趣呢？说不清楚。因为他同时又是善良温和、易于柔软的。很多很多时候，看到他突然而至的快乐，心里一动，会很难受，又立刻随之一同欢喜起来。

早茶时我正在折叠干净衣服（洗完后在外面冻成了冰壳子，硬邦邦地挂了半个月，好容易才被大风吹干），他突然倾身过来，抓过一件就想穿。嫂子眼明手快，一把夺去，坚决不让穿。这是件夏天才买的新衣服呢，又刚洗净晾干，反复穿的话太毁衣服了。于是两人各持一端，拉来扯去，都不放手。

僵持不下，嫂子只好去帮他翻找另一件干净的旧夹克。他这才很不情愿地松手，放弃这件最体面的军便装。然后一边穿夹克，一边不停唠叨：“不给我好衣服穿，哼，我今天下午早早地就把羊赶回家！……如果明天还不给，我明天中午就把羊赶回家！……要是别人问我为啥回家这么早，我就说老婆子不给我好衣服穿！哎，穿成这样，这么脏，怎么好意思在外面转来转去，让别人看到了可怎么好！只好早早回家……然后大家都说居麻的老婆子是个懒婆子……”穿上后，我一看，这件夹克不但破旧，还短了一截，还太瘦了。果然很不体面。

然而，几天后的一个早上，居麻还是如愿以偿地换上了那件新衣服。他高兴坏了，大声说：“这个才好嘛！”

我说：“整天放羊，穿给谁看？”

他用唱歌一般的调子说：“给绵羊看！给山羊看！它们看了都说：‘咦，这是谁？不像昨天那个人了嘛。’然后都围过来看。再也不到处乱走了。让它们干啥它们就干啥。吃完草就回家。听话得很，听话得很！”

我和嫂子都笑了。

清晨，我赶着小牛往北面走。半公里后，听到身后有声音。回头一看，戴着红脖套[2]，皮大衣敞开，特意显露出新衣服的居麻骑在马上大声地喊着：“一、一、一二一！……”命令马踢正步前进。经过我时，拐向小牛，快乐地替我把它们赶向荒野深处，让我少走一公里多的路。

---

1 是非：这里的意思是纠纷、矛盾。“寻是非”指故意制造矛盾。

2 脖套：套在脖子上的一种针织类的保暖用品。

到了晚上，在野地里冻了一整天的居麻铁青着脸回来，一声不吭，一碗接一碗地喝茶。等喝饱了，终于暖和过来了，这才长舒一口气。然后让我给他拿来镜子，举着左顾右盼半天，最后满意道："嗯，还是那么漂亮！还是一个小伙子嘛！"

阅读提示（五）

1. 文中哪些句子概括了居麻的性格特点？
2. 为什么"我"看到居麻"突然而至的快乐"，会感到"很难受"？
3. 为了穿新衣服，居麻和妻子发生了怎样的争执？居麻用了什么办法最终穿上了新衣服？
4. 在寂静荒凉、渺无人烟的冬牧场，居麻为什么一定要穿新衣服？

词语表（五）

06–10

序号	词语	拼音	词性	搭配举例
128	闲事	xiánshì	名	管～
129	指手画脚◎	zhǐshǒu-huàjiǎo	成语	
130	凡◎	fán	副	
131	操心◎	cāo//xīn	动	为……～
132	通病	tōngbìng	名	
133	自负◎	zìfù	形	
134	易于	yìyú	动	～掌握 / 完成 / 操作
135	柔软◎	róuruǎn	形	肢体 / 毛皮～
136	欢喜	huānxǐ	形	
137	折叠◎	zhédié	动	◎～床 / 刀 / 伞
138	硬邦邦	yìngbāngbāng	形	说话～
139	眼明手快	yǎnmíng-shǒukuài	成语	
140	僵持	jiāngchí	动	（陷入 / 打破）～局面 / 状态；◎～不下
141	夹克	jiākè	名	皮～；～衫

142	情愿○	qíngyuàn	动	不～；◎心甘/甘心～
143	体面○	tǐmiàn	形/名	衣服/工作～；长得～；要/讲究/不顾～
144	便装	biànzhuāng	名	
145	唠叨○	láodao	动	爱～
146	破旧○	pòjiù	形	衣服/家具/房屋～
147	如愿以偿○	rúyuànyǐcháng	成语	
148	调子	diàozi	名	
149	敞开○	chǎngkāi	动	～大门；◇～心扉/胸怀
150	显露	xiǎnlù	动	目的/意图/真面目～（出来）
151	正步	zhèngbù	名	踢～
152	荒野	huāngyě	名	
153	一声不吭○	yìshēng-bùkēng		
154	左顾右盼○	zuǒgù-yòupàn	成语	

课文回顾与思考

1. 课文的五个部分分别从什么角度介绍了居麻的特点？
2. 如果请你来总结居麻的性格特点，你会想到哪几点？请举例说明。
3. 从居麻一家冬天的放牧生活，你能看到哈萨克牧民的生活是一种什么状态？
4. 从文章能看出居麻跟“我”的关系怎么样？
5. 你认为作者的散文语言有什么特点？

词语例释

1. 兼

动词。表示同时具有（多种身份、特点等）。如：

（1）居麻是远近出了名的酒鬼兼赖皮鬼。

（2）在这部电影中，他身兼数职，既是导演又是制片人。

（3）中篇小说《美食家》是作家兼美食家的陆文夫写的。

（4）画家刘海粟先生是上海美术专科学校的创始人兼校长。

（5）形声字是表音兼表意的汉字。汉字中的绝大部分都是形声字。

（6）他是一位品学兼优的学生。

"兼"作为语素所构成的动词如"兼顾、兼任、兼职、兼备"等很常用，这几个词分别表示同时照顾到（多个方面）、同时担任（多个职务）、在本职工作之外还担任其他工作、同时具备（几个特点）的意思。成语有"才德兼备、兼听则明、兼而有之"等。"才德兼备"表示才能、品德都具备；"兼听则明"表示听取多方面的意见，才能把问题看清楚；"兼而有之"表示同时具有几方面的特点。如：

（7）发展旅游业要追求经济效益，但也要兼顾环境保护。

（8）心理学一开始并不是独立的学科，心理学家由哲学家、神学家、医学家或其他科学家兼任。

（9）他除了在公司做翻译，还在语言培训机构兼职做老师。

（10）他是大家公认的才德兼备的君子。

（11）古人说兼听则明，如果我们只听一方面的意见，肯定无法获得全面准确的信息。

（12）财富、美貌兼而有之，是一件非常幸运的事，但不代表一定能获得幸福。

2. 之^2

"之"作为古代汉语的常用代词，至今仍在书面语中使用，相当于现代汉语第三人称代词和指示代词"这个/那个/这些/那些"，用在动词后，代替前面出现的人或事物。多跟单音节动词或介词结合使用，如："使之"，使他/她/它（们）；"称之（为）"，称呼他/她/它（们）（是）；"与之"，跟他/她/它（们）。如：

（1）他不会汉语的"绣"字，总是以"画"代之。（代之：代替它。"它"指"绣"这个字。）

（2）很多很多时候，看到他突然而至的快乐，心里一动，会很难受，又立刻随之一同欢喜起来。（随之：跟着他一起。"他"指居麻。）

（3）任何一项制度，都需要在实践中不断完善，使之更为合理。

（4）从宁夏经陇东、青海、川西到云南、贵州，是汉语和各少数民族语言相互接触的一个集中地区，人们称之为"语言走廊"。这里有很多值得研究的语言现象。

（5）越是对人宽容的人，人缘越好，愿意与之交往的人越多。

包含"之"的成语如"求之不得、取而代之、一笑置之、置之不理"等，"之"出现在动词后面，在这里都是代词。"求之"，希望得到它；"代之"，代替他；"置之"，放在一边，不管它。

3. 东A西B

在“东A西B”的格式中，A和B为动词，词义相近。“东”“西”表示这里、那里，代表不同的方位、方向。“东A西B”表示反复做什么，强调同类行为的反复。口语色彩较浓。一般以四字格形式出现，A和B为单音节动词。很多已进入成语，如“东奔西跑、东拼西凑、东倒西歪、东张西望、东拉西扯”等。成语用法举例如下：

（1）就业形势紧张，毕业以后，很多年轻人东奔西跑，到处寻找工作机会。（东奔西跑：到处奔走。）

（2）他的论文我们都看到了，是东拼西凑出来的，谈不上质量。（东拼西凑：把零散的东西凑在一起。）

（3）昨天聚会他喝得有点多了，走路东倒西歪的，还是朋友把他送回家的。（东倒西歪：身体的姿势不稳定，时而歪向这边，时而歪向那边。）

（4）车站门口，一个人不停地走动，东张西望，好像在等接他的人。（东张西望：到处看，寻找。）

（5）有些会议并不是认真讨论什么问题，而是大家东拉西扯地聊天。（东拉西扯：随便交谈，没有主题。）

“东A西B”的格式中，A、B也可以根据需要选择两个意义相近的动词进行组合。课文中的例子就是这种情况：

（6）在不放羊的日子里，他整天东找西翻，东修西补。

这里的“东找西翻”表示到处找东西，翻东西；“东修西补”表示看见坏的东西就修补。

“东A西B”的格式还可以将A、B重叠，形成更为口语的表达。例（6）中的“东找西翻、东修西补”也可以说成“东找找西翻翻、东修修西补补”。又如：

（7）小猫第一次来到院子里，东瞧瞧西看看，觉得到处都很新鲜。（东瞧瞧西看看：到处看。）

（8）他在市场东逛逛西荡荡，很快半天就过去了。（东逛逛西荡荡：到处闲逛。）

4. 凡

“凡”作为副词表示在一定范围内没有例外。用在主语前，谓语部分常有“都、就”等词与之呼应。“凡”也可以说成“凡是”。“凡”更为书面一些。如：

（1）《中华人民共和国义务教育法》规定，凡达到规定年龄的儿童，不分性别、民族和种族，应一律入学接受规定年限的国民教育。

（2）科学史是人类文明史的一个有机组成部分，凡有文明的地方，就可以写出它的科学史来。

（3）从广义上说，凡是增进人的知识和技能、影响人的思想品德的活动，都是教育。

（4）凡是使人感到不适和厌恶的声音都可以认为是“噪声”。

课文“凡事瞎操心”一句，表示所有的事情都爱瞎操心，这是一个比较固定的口语表达。其中“凡事”也是固定搭配，常跟“都”配合使用。如：

（5）凡事向前看。（凡事都应该向前看。）

（6）凡事开头难。（凡事开始做的时候都很难。）

（7）凡事都想争第一，你就活得太累了。

（8）凡事都要从正反两个方面去看，这样才能有一个全面的认识。

5. 一A不B

“一A不B”表示强调。这里介绍A为名词，B为动词时的用法。如“一声不吭”表示一句话也不说；“一毛不拔”表示一根汗毛也不愿意拔下来给别人，比喻极端吝啬；“一丁不识”表示连“丁”这样简单的字也不认识，形容一个字也不认识；“一尘不染”表示一点没被弄脏，非常干净。如：

（1）到了晚上，在野地里冻了一整天的居麻铁青着脸回来，一声不吭，一碗接一碗地喝茶。

（2）一毛不拔的人，也就是我们说的“守财奴”。

（3）他也不是一丁不识的文盲，但毫无见识，令人惊讶。

（4）小镇的居民好像都是有洁癖的人，永远把街道打扫得一尘不染。

成语运用

1. 大吃一惊

形容非常吃惊。使用中相当于动词。多做谓语，常见于“使人/让人/令人大吃一惊”的说法，偶尔也做定语。如：

（1）当我决定这一整个冬天都跟随在他家生活时，很多人都大吃一惊。

（2）听说他辞职了，我大吃一惊，因为我一直觉得他非常热爱自己的这份工作。

（3）检查卡车后警察大吃一惊，车上都是非法捕捉来的野生动物。

（4）CT报告单使病人家属大吃一惊，没想到小小的咳嗽并不是感冒这么简单。

（5）推开办公室的门，屋里的景象让他大吃一惊，柜门被撬开，文件散了一地——小偷“光顾”过了。

（6）导演对他说：“按照剧本，这里你应该做出大吃一惊的样子，并不是说一句台词就完成任务了。”

2. 百无聊赖

聊赖：凭借，寄托。指精神上一点寄托都没有，非常空虚无聊。使用中相当于形容词，含有贬义。常做谓语和状语，有时也做定语。如：

（1）一天，轮休的居麻修好分解牛头时砍坏的菜刀、屉锅的锅耳和刚穿坏的一双靴子后，百无聊赖，开始整理陈年账单。

（2）转机的时候，好几个小时只能待在机场里，百无聊赖。

（3）每次见到他，他都在百无聊赖地刷手机，对其他事似乎没有任何兴趣。

（4）公园里常常会见到一些老年人，他们或百无聊赖地晒太阳、聊天，或三五成堆地玩扑克。

（5）如果大街上到处都是百无聊赖、东游西荡的年轻人，那么这个社会可能已经隐藏着某种危机了。

3. 想方设法

设：设想。想尽各种办法（去做某件事情）。一般直接置于动词前，表示方式。也可以加“地”。如：

（1）居麻真是个勤快人啊，一闲下来就想方设法揽活赚钱。

（2）一些人远离家乡，千方百计到城市谋生，而另一些人却想方设法逃离这个繁华世界。

（3）在全球安全形势逐步恶化的情况下，各旅游大国都在想方设法推出各种预防措施，确保旅行者的安全。

（4）当遇到邻里之间发生矛盾的时候，我们要想方设法地促成双方和解，而不是激化矛盾。

（5）工作质量取决于每个人的工作热情，所以，应该想方设法地提高大家的工作积极性。

4. 指手画脚

说话时手和脚做出各种动作，形容说话时放肆或得意的样子，也形容对于别人的事情肆意进行评论和干涉。贬义。使用中相当于动词，多做谓语。常说“对……指手画脚”。有时也可以转化为名词，意思相当于“指手画脚的行为”。如：

（1）居麻不但天天欺负猫，给我们三个找麻烦、寻是非，还管不完的闲事。连我们煮个面条也要在旁边指手画脚一番。

（2）父母已经年老，你对他们的生活习惯和做事方式指手画脚，是很不应该的。

（3）有人说，越没水平的人越喜欢到处指手画脚。这话有一定道理。

（4）虽然我们足够谦虚，但要接受一个外行的指手画脚也是很难的。

（5）他不能忍受一个不懂专业的顶头上司的指手画脚，工作没多长时间就辞职了。

5. 如愿以偿

如：按照。偿：满足。表示愿望终于实现了。使用中相当于动词，多做谓语、状语。如：

（1）大学毕业后，她如愿以偿，做了一名空姐。

（2）这个夏天，他如愿以偿，获得了来中国留学的奖学金。

（3）多年以来，科学家们一直在寻找地外生命（地球以外存在的生命体），但至今未能如愿以偿。不过，对人类来说，这未必不是一件幸运的事。

（4）几天后的一个早上，居麻还是如愿以偿地换上了那件新衣服。

（5）读了很多本关于野生动物的书，做了很多准备工作，他们最终如愿以偿地来到了坦桑尼亚，得以近距离欣赏诸如角马大迁徙这样壮观的场面。

6. 左顾右盼

顾、盼：看。左边看看，右边看看。表示出于一定的目的四处张望的样子，引申表示做事情犹豫不决。使用中相当于动词，常做谓语。有时也做定语。如：

（1）然后让我给他拿来镜子，举着左顾右盼半天，最后满意道："嗯，还是那么漂亮！还是一个小伙子嘛！"

（2）戏曲表演所谓的"手眼身法步"五法，其中的"眼"是讲眼睛的表演技巧，演员在舞台上左顾右盼，眼神要灵活，但要活而不散。

（3）生活中有些场合需要我们果断决定，如果左顾右盼，犹豫不决，就会误事。

（4）思想比较保守的人，在改革过程中常常左顾右盼，徘徊不前。

（5）他昂着头走进了办公室，左顾右盼的样子把同事们都逗笑了，大家都夸他的新发型不错。

复句讲解

条件复句

分句之间表示条件和结果关系的复句，称为条件复句。偏句提出条件，正句表示结果。条件复句分有条件复句和无条件复句两类，其中有条件复句的关联词有"只要／一旦……，就……""只有……，才……"等，无条件复句的关联词有"无论／不管……，都／也……"等。

本课是条件复句比较丰富的一课。课文中出现的有条件复句有：

（1）只要他一开口，所有人都立刻闭了嘴专注于他一人。

（2）只要他不说休息，谁也不好意思回家喝茶。

（3）他密切观察每一头羊的状态，一旦有生病的迹象就赶紧从羊群里拖出来仔细查看。

（4）于是这种商品总是积压到最后，顾客实在没得挑了才能卖掉。

正句关联词可以省略，如例（1）、例（2）。例（3）、例（4）为紧缩句，例（4）中的关联词单用。

课文中出现的无条件复句有：

（5）无论耍酒疯时的居麻是多么霸道、可恶，大家都不同他认真计较，都原谅他的此种偏性。

（6）做这些事情时，无论成败，别人不能表示怀疑。

正句关联词也可以省略，如例（6）。

高级阶段的条件复句关联词有两组：“任凭/任……，也/都……”和“别管……，都/也……”，都属于无条件复句。

1. 任凭/任……，也/都……

任凭、任，均为连词。意为“无论，不管”。一般情况下用“任凭”居多。“任”后面必须直接跟主语。

与“无论/不管”相比，“任凭”的语气稍强，同时，“无论/不管”后面常接表示选择关系的成分如“无论/不管……还是……，都……”，但“任凭/任”不可以。“任凭/任”后面常跟疑问词“怎样、怎么、哪里、什么、谁、如何、多么”等。如：

（7）这个人总是寥寥数语就轻易解开任凭怎样的蛮力也解不开的困结。

（8）虽然洪水冲毁了村庄，但一些老人任凭别人怎么劝，也不愿离开这个生活了一辈子的地方。

（9）任凭走到哪里，家乡菜的味道都不会忘记。

（10）对于勇敢者来说，任凭什么困难也吓不倒他。

（11）任凭你是谁，也不能做违法的事。

（12）任凭大家如何努力，也无法按时完成任务。

（13）任凭你多么乐观，看到这种恶性事件频发，你也会对未来充满深深的恐惧。

（14）因设计缺陷，任公司怎么做广告，产品销路也不好。

例（7）是课文中出现的句子。其中“任凭……也……”作为紧缩形式做“困结”的定语。

2. 别管……，都/也……

别管，连词。意为“不管”。“别管”用于主语之前，后面既可以跟带疑问词的短语，用法同“任凭”，也可以跟表示选择关系的短句。口语色彩较浓，语气比“任凭”弱。如：

（15）别管其他人怎么看你，我都永远相信你。

（16）别管是什么来源的文章，都可以拿来学习，只要我们觉得合适。

（17）别管最后谁赢，我们都能享受到一场高水平的比赛。

（18）别管名人的字写得如何，都有人跟在后面说是书法。

（19）别管这首歌你唱得多么好，也不能每次表演都唱这首歌。

（20）别管是在国内学习还是出国留学，学习态度都是最重要的。

（21）现在减肥是一种时髦，别管胖的还是瘦的，都说要减肥。

练　习

第一部分 词汇、语法

一、解释加点语素的意思，并根据拼音完成新词语，同时说明其词义。

1. 酒鬼（　　　　　　）

yān________鬼

dǎodàn________鬼

2. 超常（　　　　　　）

超 biāo________

超 sù________

3. 牧人（　　　　　　）

牧 chǎng________

牧 mín________

4. 放羊（　　　　　　）

放 mǎ________

放 niú________

5. 墨镜（　　　　　　）

wàngyuǎn________镜

xiǎnwēi________镜

6. 雪盲症（　　　　　　）

mèngyóu________症

zìbì________症

7. 自尊（　　　　　　）

自 bēi________

自 kuā________

8. 好用（　　　　　　）

好 jì________

好 xiě________

9. 晾干（　　　　　　）

hōng________干

shài________干

10. 松手（　　　　　　）

松 kǒu________

松 qì________

二、选择成语填空并模仿造句。

大吃一惊　百无聊赖　想方设法
指手画脚　如愿以偿　左顾右盼

1. 我们很讨厌别人对自己________，但有时却喜欢对别人做的事随意评论。

____

2. 如果目标已经确定，我们就要________去实现这个目标。

____

3. 新搬到一个城市，跟谁都不熟，每到周末他就觉得________。

____

4. 拖着行李走到机场出口，她________，可就是没看到有人举着牌子接自己。

____

5. 每个人都会有许多事不能________，我们不能因此就对整个人生失望。

____

6. 多年未回家乡，这次回来，家乡的变化让我________，真快认不出来了。

____

三、词语搭配与填空。

绣	纱布
糊	穴位
敷	花儿
缠	面膜
揉	风筝

（1）如果不清理伤口，只是在伤口上______上______，可能还会发炎。

（2）定期______补水保湿______对皮肤保养是有好处的。

（3）头疼的时候，______一些特定的______可以缓解症状。

（4）她是一位心灵手巧的姑娘，______的______特别有层次，非常逼真。

（5）不要小看______ ______，这还是值得保护的传统工艺呢。单是选纸就有很多讲究。

路途	僵硬
语言	端正
关节	丰盛
饭菜	遥远
品行	风趣

（6）通常聚餐时的________都比较________，人们容易吃得过饱，伤胃伤身。

（7）为了保证校车的安全，要选经验丰富、________ ________、责任感强的司机来开车。

（8）这本少儿读物也很受成年人的喜爱，因为________幽默________。

（9）在没有现代化交通工具的年代，北京到天津的130多公里也可以算得上是________ ________了。

（10）多数关节炎患者在起床时会感到________很________，还有肿痛感。

◎

含糊	万千
体贴	不清
凑	情愿
感慨	入微
甘心	热闹

（11）每次想到牧民们在极其恶劣的生存环境中所表现出来的乐观精神，我们都________ ________。

（12）别人炒股赚了钱，你也________ ________去炒股，没准儿就赔了，还是小心点吧。

（13）他照顾自己马马虎虎，对养的宠物却是细心周到，________ ________。

（14）周末的时候他经常兼职打工，把自己搞得疲惫不堪，然而为了多赚一点钱，他________ ________。

（15）对于语法现象的说明必须简洁、准确和清晰，任何________ ________的表达都应该修改。

四、用指定词语完成句子或对话。

1. 对于学识渊博、成就卓越的学者，________________________________（钦佩）
2. 今天的报告专家介绍的是人工智能的未来，________________________（专注）
3. 飞机上一个小孩一直在哭闹，________________________________（忍耐）
4. 森林之所以被称为天然的"氧吧"，____________________________（释放）
5. 他是我见过的最无私的一个人，______________________________（计较）
6. ________________________________，但我还是不太了解他。（相识）
7. 有的人因为不够自信，____________________________________（介意）
8. 虽然我们博物馆也有不少有价值的藏品，________________________（光顾）

9. 住楼房的居民在阳台养花要注意，________________（砸）

10. 老百姓最盼望的是________________（过日子）

11. A：请问你们公司最需要哪方面的人才？

B：________________（精通）

12. 如果两国之间的关系恶化，________________（修补）

13. 昨晚我的电脑突然出问题了，________________（折腾）

14. 儿童虽然年龄小，________________（自尊）

15. A：你们国家近年来经济发展如何？

B：________________（迹象）

16. A：听说你最近参加游泳训练了，成绩提高了不少吧？

B：________________（徘徊）

17. 你的病刚好，________________（剧烈）

18. 他是一个很谨慎的人，________________（凡是）

19. 不管孩子多大，________________（操心）

20. A：大家对新来的主管有什么样的评价？

B：________________（自负）

五、选择加点的关联词填空并模仿造句。要求：①造句时使用本句所用关联词和括号中的词语；②括号中的词语分别用于两个分句中。

A. 任 / 任凭……怎么 / 谁 / 哪里 / 多么……，都 / 也……

B. 别管……怎么 / 多么 / 还是……，都 / 也……

（1）任凭跟________合作，诚信二字都不能丢。

________________（决定；公平）

（2）任凭老师________讲解，这个语法点学生也不明白。

________________（劝说；不参加）

（3）任凭处于________艰苦的环境，他的风趣幽默都不会改变。

________________（侦探小说；感兴趣）

（4）别管地球________太阳，都是宇宙中的一粒尘埃。

________________（成功 / 失败；经验）

（5）别管外国朋友的汉语说得________差，我们的交流从来不受阻碍。

________________（饭做得……；爱吃）

六、排序，并画出各句所用关联词及其他可提示句子顺序的词语。

1. A. 定居点的兴建将会改变他们四季转场[1]的传统畜牧业方式
   B. 与之相关的生活习俗、宗教仪式等也将失去其依附基础
   C. 对于一个像哈萨克族一样的游牧民族来说
   D. 李娟的作品对此做了深刻的反思
   E. 而当他们不再转场时
   正确语序：________________

2. A. 西面则与地中海北岸的古希腊文明相连
   B. 阿尔泰山作为这条通道上开发最早的中心之一
   C. 是草原丝路民族文化的摇篮
   D. 是东西方文明交往的通道
   E. 欧亚草原丝绸之路东面与中国相连
   正确语序：________________

3. A. 更是中华文明向西开放的门户和中介
   B. 新疆是古丝绸之路的枢纽、东西文化交流汇聚之地
   C. 也留下了无数闻名世界的文明印迹
   D. 不仅形成了独特的地域文化和民族文化
   E. 在这片辽阔的土地上
   正确语序：________________

4. A. 既受到普通话的影响
   B. 从而展现出独特的汉语西北方言特色
   C. 新疆的汉语方言在这种多元语言文化生态中
   D. 新疆地处印欧、汉藏、阿尔泰三大语系交汇地
   E. 也在不断吸收其他语言的成分
   正确语序：________________

5. A. 尤其是游牧文明与定居文明之间的交流
   B. 它见证了公元前2世纪至公元16世纪期间亚欧大陆的交流史
   C. 这就是跨国系列文化遗产“丝绸之路：长安—天山廊道的路网”

---

1 四季转场：指牧民在不同季节将牲畜赶到不同的牧场放牧，以保证牲畜一年四季都有充足的食物吃。

D. 该段丝绸之路长近 5000 公里

E. 2014 年中哈吉[1]三国联合申请的文化遗产项目成功列入世界遗产名录

正确语序：________________________________

第二部分 拓展阅读

七、请概括下面这段文字的主要意思。

哈萨克族被称为“没有乞丐的民族”，这一说法主要源于其古老的民族传统。就如民间一句著名的谚语所说：“祖先们留下的遗产，有一部分是客人带来的。”在哈萨克人眼里，只要是来到草原上的人，哪怕是陌生人，不懂对方的语言，都要当作远方的贵客来热情招待。如果一户哈萨克家庭对客人招待不周，那么这个家庭就会受到大家的孤立和谴责。客人一进毡房，热情好客的主人就会准备热气腾腾的奶茶、包尔沙克[2]、各种各样的奶制品来招待。如果是特别尊贵的客人，那么一顿丰盛的全羊大餐更是必不可少。第二天客人离开时，热情的哈萨克牧民还会为其打点好行囊，准备好食物和礼物。实际上哈萨克人是从来不拒绝客人住宿的，他们对陌生人也十分包容，没有任何歧视的意味。

之所以形成这样的风俗，主要是游牧民族的特性使然。长期的游牧生活使哈萨克牧民自古以来就养成了互帮互助的习惯。遇到暴风雪时，周围的牧民都会无私地帮助他人，送吃的、送穿的，甚至是牲畜都可以提供给你。被帮助的人如果不接受，便是对对方的侮辱。除了无私帮别人之外，哈萨克人还非常注重礼仪，礼轻情意重是他们恪守的准则，即帮助者不会因为东西少而难堪，被帮助者也不会因为东西少而感到不受尊重，所有人都是真心实意地进行交流，没有任何的欺诈。而且，这种互帮互助之风，不仅限于本民族，他们对其他民族的人也是这样。

上面这段文字主要说明了（请选择）：

☐ A. 游牧民族没有乞丐

☐ B. 哈萨克人对于远道而来的客人总是热情招待

☐ C. 哈萨克牧民总是互相帮助

☐ D. 哈萨克人热情好客的传统及其形成原因

---

1 中哈吉：中国、哈萨克斯坦和吉尔吉斯斯坦。

2 包尔沙克：哈萨克族的小吃，一种油炸面食。

八、阅读下面的文章，并完成后面的练习。

古　贝[1]

李　娟

在库委，有一天我在森林边上走着，认识了一个朋友“贝里”。全名“古丽贝里”。我则叫她“古贝”。

我和古贝交流得十分吃力，用了一下午的时间才弄清她家的羊是四百只而不是四万只。另外她还热情地教了我数不清①的哈语单词，可惜我全忘了。我也教了她一些汉话，直到多年以后，她还能熟练地用我教给她的那些话来问我：“李娟，你叫什么名字？你几岁了？你有没有对象？你妈妈几岁了？你爸爸几岁了？这是胳膊吗？这是手吗？这是石头吗？……”

那天，我把口袋里揣的花生分给了她一半，她比我先吃完，于是我把剩下的又给她分了一半。我们坐在风中的大石头上吃，吃完了拍拍手，拍拍屁股，便跟着她去她家毡房见她的爸爸妈妈，还喝了两碗酸奶——如果酸奶里面给放点儿糖的话我乐意②再喝两碗。

古贝那时十五岁，比我还小呢。但却像我的姐姐似的，高大、爽朗、勤劳、懂事。

其实早在认识之前，我们已经见过好几次面了。只是我不大能记人，觉得那几个哈萨克姑娘都挺好的，却没想到会是同一个人。

有一次是下雨发大水的时候。那天山谷边河中央的石头被高涨的水流淹没了许多，而之前我们过河时都是踩着这些露出水面的石头过去的，这一段河上没有桥。于是，我便被困在了水中央。真是判断失误啊……最开始我从河那边看过来时，脚下这块石头好像离河对岸挺近的，只要像小草鹿那样一纵一跃就过去了。可惜我不是鹿，而且还浑身塞在又厚又笨的棉衣棉裤里。想撤退也不可能了，刚才垫脚过来的那块石头在我起跳的时候因用力过猛给踢翻了，完全沉没在水中。于是，我就那样左摇右晃③地站在浑浊急速的水流中央一块巴掌大的、又湿又滑的石头上，东倒西歪，险象环生……

这时，亲爱的古贝从天而降。她在远远的地方勒转缰绳打马小跑到河边，跳下马

---

1 文章选自李娟《我的阿勒泰》，长江文艺出版社，2018 年版。

走过来，站在对岸俯身向我伸出了手。我连忙弯腰抓住，她微微一带，我就安全地跃过去了。双脚一点儿也没触着冰冷刺骨的水流。

还有一次，我像往常一样去河对岸提水。那里有一眼泉水，在森林下的沼泽边静静地涌淌着，非常清甜、干净。扒开泉眼四面覆盖的草丛，第一眼看到的是自己，然后看到泉底的沙石，最后才看到水。它更像是一汪清澈的空气。

我用带去的塑料水勺一下一下地舀水，打满一桶后，就把勺子放在泉眼边一块大石头上，四处跑着玩去了。

后来我爬上一处高地，回头看时，下面远处的沼泽上也有一个人提着桶慢慢向泉水边走去。我继续往山上爬，这时听到隐约有人在后面喊。回过头来，看到那个提水的人高高挥舞着我的红色水勺，大声对我说着什么。估计想借用一下吧？于是随便答应了一声，转身进了林子。过了一会儿，又跑出来看时，泉边已经没了人，我鲜艳的红色塑料水桶也没有了。

我连忙跑下去，看到借我水勺的那个女孩正一手提一只沉甸甸的桶往前走着。我喊着追了上去，这时她已经开始走上狭长的独木桥了。因为刚下过雨，那个独木桥圆滚滚、滑溜溜的，可她一手一桶满悠悠的水，很稳当地就过去了。一直走到草场尽头[4]时，才放下我的桶，回头向我招招手，然后向对面山坡上的一顶毡房遥远地走去。而另一个方向的不远处就是我家。她可能认识我吧？否则怎么会知道我家在哪里呢？这片草场上有好几家汉族人的。

这事还是后来古贝告诉我的，要不然到现在恐怕我还不知道那就是她呢！

还有一次愉快的见面。那次我徒步[5]去另一条山沟找人，找我妈。我妈一大早就出门了，说是到谁谁谁家喝茶，可是快中午了还没回来。我便让外婆在家守着店，自己出门去找她。那一带毡房不多，稀稀拉拉分布在山的阳面。我一家一家地问过去，终于问到一个人，说在后山的瓦达家见过她。可真能跑的！

我估计她是穿过山顶的森林直接翻过后山的。但是我一个人不敢进又黑又潮湿的森林，便从山脚远远地绕着走。路很远，四周很静，路上一个人也没有。过了一会儿，很疾的马蹄声渐渐从身后响了起来。不知为什么有些害怕，连忙躲到路边的岩石后面。直到看清过来的是三个年轻姑娘时，才出来继续向前走。三个姑娘在马背上大声说笑着，策马急鞭，像是在赛马，又像是在追逐嬉戏，很快就赶上了我。我让到路边，看着她们过去。后来她们却渐渐放慢速度，不时回头看我，指指点点，议论着什么。这时，其中一个掉转马头，小跑回来，勒马横在我面前，像开玩笑似的说了几句什么，我听见其中有“裁缝”这个词，想到她可能认识我，便微笑着点了头。然后她拍拍自己马鞍子后面的地方。我大喜，连忙跑上去，拽着马鞍子和她的衣服迅速爬到马背上端坐⑥着。这使所有人都大笑起来，令我不知所措。她们中有人问我到哪里去，我忙说去山后的瓦达家。她们又笑了起来，好像那是个多么可笑的笑话似的。我也问她们到哪里去，她们听了又没完没了⑦地冲我笑……真不知道怎么就那么爱笑！我也只好跟着笑……马越跑越快，颠得我快坐不住了，就闭上了眼睛，紧抱着前面姑娘的腰。后来马慢了下来，我抬头一看，前面河对岸缓平而青翠的草坡上栖着三两顶白色毡房。到地方了。我再三道谢⑧，这令她们更是笑得花枝招展。她们其中一个就是古贝。

也许不止这三次吧。后来经她一说，我又觉得自己见过的所有哈萨克女孩都像是她一样。——都是那么快乐、热情，又好像很寂寞似的。她们都眼睛明亮，面孔发光。她们戴着同样的满月形状的银耳环，手持精致的小马鞭。我想看看她们的马鞭，但我说出这个请求后，令她们笑了很久，其中一个伸手把马鞭递了过来。

1. 请给文章拟一个新的题目（写在下面的横线上）。

____

2. 解释文中画线词语。

①数不清　　②乐意

③左摇右晃　　④尽头

⑤徒步　　⑥端坐

⑦没完没了　　⑧道谢

3. 判断下列说法是否符合文章原意（符合画“√”，不符合画“×”）。

（1）发大水的时候“我”没能顺利过河，是因为对距离判断失误。　（　　）

（2）古贝骑马把“我”带过了河。　（　　）

（3）在泉边打水后“我”去山上玩，古贝叫“我”，是想借“我”的红水勺。（　　）

（4）古贝认识“我”，所以帮“我”提水。　（　　）

（5）“我”妈去很远的地方做客，让“我”去接她。　（　　）

（6）三位哈萨克女孩送“我”去后山瓦达家，因为她们也住在那儿。　（　　）

4. **回答问题。**

通过古贝，作者写出了哈萨克女孩的哪些特点？

____

____

____

____

____

第三部分 写作

九、写出课文的内容提要。（300字左右）

十、写一篇600字左右的短文。主题：任选一个民族，介绍他们的一个有特色的风俗习惯。题目自拟。要求：内容具体，有历史来源和现状两方面的介绍。

语言实践

一、选择中国的一个省，搜集最新资料，用表格的形式展示其民族数量、人口、分布及语言使用状况（除了汉语，是否还有其他语言）等。

二、调查本国语言政策，可包括：国家官方语言种类及在中小学开课情况、非官方语言种类及在中小学开课情况。写一份简要的调查报告。

第七课　有一种笑，令人心碎

毕淑敏

课文导览

【作者简介】

毕淑敏（1952— ），祖籍山东，生于新疆。作家，医生，心理咨询师。作品多关注女性与家庭、死亡与生命伦理、心理健康等问题。小说、散文均有大量作品问世，多次获各类文学奖项。长篇小说有《血玲珑》《红处方》《拯救乳房》《女心理师》《鲜花手术》等，中短篇小说集有《昆仑殇》《女人之约》《生生不已》《藏红花》等。散文集数量最多，有《素面朝天》《情感按钮》《离太阳最近的树》等。心理学作品占比也不少，有《心灵游戏》《星期五的心理咨询室》《和你一起幸福》等。游记是近年来最有特色的创作，有《非洲三万里》《美洲小宇宙》《破冰北极点》和《南极之南》等几部代表作。

【作品出处】

课文选自《毕淑敏心理咨询手记》，湖南文艺出版社，2021 年版。

【话题归属】

课文可以围绕心理健康这个中心话题进行学习和讨论。心理疾病已成为现代社会影响人类健康的主要因素之一，年轻人的心理健康状况尤其值得关注。关注心理健康，正视心理疾病，也是社会文明进步的标志。心理疾病的种类、症状、成因、疗法及心理医生、心理诊所等相关话题，也可以纳入本课的讨论范围。

课前准备——课堂报告选题

1. 现代社会常见心理疾病类型及典型症状；
2. 现代社会心理疾病高发的原因；
3. 心理疾病患者对社会的影响；
4. 心理疾病患者康复的途径；
5. 心理疾病研究领域的最新成果；
6. 某心理健康调查报告内容介绍。

课　文

07–01

我做心理医生，见到过无数来访者。一天有人问道："在你的经历中，最让你为难的是怎样的来访者？"说实话，我还真没想过这个问题，他这一问，倒让我久久地愣着，不知怎样回答。

后来细细地想，要说最让我心痛的来访者，不是痛失亲人哀号的人，也不是因觉得受到了奇耻大辱而啸叫的人，而是脸挂无声无息微笑的苦人。

有人说，微笑有什么不好？不是到处都在提倡微笑服务吗？

不是说微笑是成功的名片吗？最不济也是笑比哭好啊。

比如一个身穿黑衣的女孩对我说："你知道我的外号是什么吗？我叫开心果。我是所有人的开心果。只要我周围的人有了什么烦心事，他们就会找到我，我听他们说话，想方设法地逗大家开心，给他们安慰。可是，我不欢喜的时候，却找不到一个人理我了。周围一片灰暗，我只能一个人躲在被窝里哭……"

我听着她的话，心中非常伤感，但她脸上的表情却让我百思不得其解。那是不折不扣的笑容，纯真善良，几乎可以说是无忧无虑的。连我这双饱经风霜的老眼，也看不出有什么痛楚的痕迹。她的脸和她的心，好像是两幅不同的拼图，展示着截然相反的信息，让人惊讶和迷惑，不知该相信哪一面。

我说："听了你的话，我很难过。可看你的脸，我察觉不到你的哀伤。"她下意识地摸摸自己的脸说："咦，我的脸怎么啦？很普通啊。我平时都是这样的。"

于是我在瞬间明了了她的困境。她脸上的笑容是她的敌人，替她把错误的信息传达给了别人。当她需要别人帮助的时候，她的脸、她的笑容在说着相反的话——我很好，不必管我。

阅读提示（一）

1. “为难”一词是什么意思？在“最让你为难的是怎样的来访者”这个句子中，怎么理解“为难”这个词？
2. 作为心理医生，最让“我”心痛的来访者是哪一类人？
3. 来访者中的那个黑衣女孩为什么得到了“开心果”的外号？她说自己遭遇的困境是什么？
4. “我”认为黑衣女孩的问题出在哪里？

词语表（一）

07–02

序号	词语	拼音	词性	搭配举例
1	来访 ○	láifǎng	动	◎～者
2	实话 ○	shíhuà	名	◎大～；说～；～实说
3	哀号	āiháo	动	
4	奇耻大辱	qíchǐ-dàrǔ	成语	
5	无声无息	wúshēng-wúxī	成语	
6	不济	bújì	形	精力 / 体力 / 眼神 / 命运～
7	外号 ○	wàihào	名	起～
8	开心果	kāixīnguǒ	名	
9	烦心	fánxīn	形	～事
10	逗 ○	dòu	动 / 形	～（人）开心；真～
11	伤感 ○	shānggǎn	形	令人～；感到～
12	百思不得其解	bǎi sī bù dé qí jiě	成语	
13	不折不扣	bùzhé-búkòu	成语	
14	纯真	chúnzhēn	形	感情 / 心灵 / 友谊 / 爱情～
15	无忧无虑 ○	wúyōu-wúlǜ	成语	
16	饱经风霜	bǎojīng-fēngshuāng	成语	
17	痕迹 ○	hénjì	名	生活 / 犯罪 / 衰老～；（不）留～
18	拼图	pīntú	名	

19	截然	jiérán	副	◎～不同 / 相反
20	惊讶○	jīngyà	形	目光 / 神情～；令人～；对……感到～
21	迷惑○	míhuò	形 / 动	感到～；（言语 / 行为）～人；◎～不解
22	察觉○	chájué	动	～到 / 出……
23	哀伤	āishāng	形	表情 / 心情 / 语调～
24	下意识○	xiàyìshi	副	～地做……
25	瞬间○	shùnjiān	名	◎一～
26	明了	míngliǎo	动 / 形	～意思 / 情况；简单～

07–03

有一个男子，说他和自己的妻子青梅竹马，他以妻子的名字起[1]了证照，办起了自家的公司。几年打拼，积聚下了第一桶金。小鸟依人的妻子身体不好，丈夫说："你从此就在家里享福吧，我有能力养你了。你现在已经可以吃最好的伙食和最好的药了，等我以后发展得更好了，你还可以戴着最好的首饰去看世界上最好的风景。再以后，你也会住上最好的房子……"他为妻子描画出美好的远景之后，就雷厉风行地赚钱去了。有一天他风尘仆仆地回到家中，妻子不在屋里。他遍寻不到，正焦急时，邻居小声说："你不是还有一套房子吗？"他说："不，我没有另外的房子。"邻居锲而不舍地说："你有，你还有一套房子。我们都知道，你怎么能假装不知道？"男子想了想说："哦，是了，我还有一套房子。你能把我带到那套房子去吗？"邻居说："一个人怎么能忙得把自己的房子在哪里都忘了呢？它不是在 ×× 路 ×× 号吗？"邻居说完就急忙闪开了，不想听他说道谢的话。男子走到那个门牌下，看到自己最要好的朋友的车就停在门前。他按响了门铃，没有人应答。

这是一栋独立的别墅，时间正是上午十点。男子找了一个合适的角度，可以用眼睛的余光罩住别墅所有的出口和窗户。然后他点燃一支烟，狠狠地抽了半天，才发现根本就没有点燃。他就这样一支接一支地抽下去，直到太阳升到正当空，别墅里还是

1 起：动词，领取（凭证）。

没有任何动静。他面无表情地等待着，知道在这所别墅的某个角落里，有两双眼睛偷窥着自己。到了下午，他还如蜡像一般[1]纹丝不动。傍晚时分，门终于打开了，他的朋友走了出来。他迎了上去，在他还没有开口的时候，那个男人说："算你有种，等到了现在。你既然什么都知道了，你要怎么办，我奉陪就是了。"说着，那个男人钻进车子，飞一样地逃走了。丈夫继续等着，等着他的妻子走出门来。但是，直到半夜三更，那个女人还是不出来。后来，丈夫怕妻子出了什么意外，就走进别墅。他以为那个懦弱负疚的妻子会长跪在门廊里落泪不止，他预备原谅她。但他看到的是盛装端坐在沙发里等他的妻子，说："你怎么才来？我都等急了。我告诉你，你听不到你想听的话，但你能想出来的所有的事情都发生了，你爱怎么办就怎么办吧，我们等着你……"说完这些话，那个女人就袅袅婷婷地走出去了，把一股陌生的香气留给了他。他说，那天他把房间里能找到的烟都吸完了，地上堆积的烟灰会让人以为这里曾经发生过火灾。

我听过很多背叛和遗弃的故事，这一个就其复杂和惨烈的程度来说，并不是太复杂。之所以给我留下的印象深刻，是因为这位丈夫在整个讲述过程中的表情很不寻常——他一直在微笑。不是任何意义上的苦笑，而是真正的微笑。这种由衷的笑容让我几乎毛骨悚然了。

阅读提示（二）

1. 来访者中的这位男子为妻子安排了怎样的生活？
2. 这位男子是如何发现妻子出轨的？
3. 发现妻子背叛自己以后，他是怎么处理的？他自己料想结果会是怎样的？现实跟他想的有什么不一样？
4. 同样是背叛与遗弃的故事，为什么这位男子给"我"留下了深刻印象？

---

1 如蜡像一般：像蜡像一样。如……一般：像……一样。"一般"在这里是形容词，意为"一样，同样"。

词语表（二）

07–04

序号	词语	拼音	词性	搭配举例
27	青梅竹马	qīngméi-zhúmǎ	成语	
28	打拼	dǎpīn	动	
29	积聚	jījù	动	～能量 / 财富 / 资本
30	小鸟依人	xiǎoniǎo yīrén		
31	享福	xiǎng//fú	动	
32	伙食 ○	huǒshí	名	食堂～；改善～
33	首饰 ○	shǒushì	名	戴～；～盒
34	描画	miáohuà	动	～线条 / 图形 / 山水；◇～人生 / 现实 / 社会 / 蓝图
35	雷厉风行	léilì-fēngxíng	成语	
36	风尘仆仆	fēngchén-púpú	成语	
37	焦急 ○	jiāojí	形	心情～；◎～万分
38	锲而不舍	qiè'érbùshě	成语	
39	假装 ○	jiǎzhuāng	动	～做（某事）/ 生气 / 听不懂
40	道谢	dào//xiè	动	向……～
41	别墅 ○	biéshù	名	
42	余光	yúguāng	名	眼睛 / 眼角～
43	罩 ○	zhào	动	把……～住；～在……上
44	动静 ○	dòngjing	名	有 / 没有～；～大 / 小
45	角落 ○	jiǎoluò	名	在～
46	偷窥 ○	tōukuī	动	
47	纹丝不动	wénsī-búdòng	成语	
48	有种	yǒuzhǒng	动	
49	奉陪	fèngpéi	动	◎恕不～；～到底
50	半夜三更	bànyè-sāngēng	成语	

51	懦弱	nuòruò	形	性格～；～无能
52	负疚	fùjiù	动	感到～；◎～感
53	袅袅婷婷	niǎoniǎotíngtíng	成语	
54	陌生◎	mòshēng	形	地方 / 环境 / 内容～；◎～人
55	堆积	duījī	动	废物 / 脂肪 / 垃圾～
56	背叛◎	bèipàn	动	～国家 / 家庭 / 爱人 / 誓言
57	遗弃◎	yíqì	动	～老人 / 孩子 / 宠物
58	惨烈	cǎnliè	形	战斗 / 场面～
59	讲述◎	jiǎngshù	动	～事情 / 故事
60	寻常◎	xúncháng	形	～百姓 / 人家；◎不同 / 异乎～
61	苦笑◎	kǔxiào	动	
62	由衷◎	yóuzhōng	动	～感谢 / 赞叹 / 敬佩
63	毛骨悚然	máogǔ-sǒngrán	成语	

07–05

我说：“你很震惊很气愤很悲伤很绝望，是不是？”他微笑着说：“是。”

我恼怒起来，不是对那双偷情的男女，而是对面前这被侮辱和损害的丈夫。我说：“那你为什么还要笑？！”

他愣了愣，总算暂时收起了他那颠扑不破的笑容，委屈地说：“我没有笑。”

我更火了，明明是在笑，却说自己没有笑，难道是我老眼昏花或是神经错乱了吗？我急切地四处睃巡[1]，他很善意地说：“你在找什么？我来帮助你找。”

我说：“你坐着别动，对对，就这样，一动也不要动。我要找一面镜子，让你看看自己是不是无时无刻不在笑！”

他吃惊地托住自己的脸，好像牙疼地说：“笑难道不好吗？”我没有找到镜子。我和那男子缓缓地谈了很多话，他告诉我，因为母亲是残疾人，父亲在他出生后不久就把他们母子抛弃了。母亲带着他改嫁了一个傻子，那是一个大家族。他从小就寄人篱

1 睃巡：suōxún。这里的意思是四处查看。

下，谁都可以欺负他。出了任何事，无论是谁摔碎了碗打烂了暖瓶，无论他是否在场，都说他干的，他也不能还嘴。他苦着脸，大家就说他是个丧门星。说给了他饭吃，他起码要给个笑脸。为了少挨打，他开始学着笑。对着小河的水面笑，小河被他的泪水打出一串旋涡。对着破碎的坛子里积攒的雨水练习笑容，那笑容把雨水中的蚊子都惊跑了。他练出了无时无刻不在微笑的脸庞，渐渐地，这种笑容成了面具。

这个故事让我发现了自己的浅薄。微笑，有时不是欢乐，而是痛苦到了极致的无奈。微笑，有时不是喜悦，而是生存下去的伪装。深刻检讨之下，我想到了一个词形容这种状况，叫作“佯笑”。

阅读提示（三）

1. 听完这位男子的故事，“我”为什么会恼怒甚至发火？
2. 怎样的生活经历使这位男子戴上了微笑的“面具”？
3. 通过这位男子的经历，我对“微笑”有了怎样一种更深刻的理解？“我”用什么词来概括这样的一种心理和表情？为什么？

词语表（三） 07–06

序号	词语	拼音	词性	搭配举例
64	气愤○	qìfèn	形	感到～；令人～
65	恼怒	nǎonù	动	感到～；令人～
66	偷情	tōu//qíng	动	
67	侮辱○	wǔrǔ	动	受到～；～人格 / 智商
68	颠扑不破	diānpū-búpò	成语	
69	委屈○	wěiqu	形	感到～；受～
70	老眼昏花	lǎoyǎn hūnhuā		
71	神经错乱	shénjīng cuòluàn		
72	善意○	shànyì	名	出于～；～（的 / 地）批评 / 劝告 / 提醒；～（的）谎言

73	无时无刻	wúshí-wúkè	成语	
74	缓缓○	huǎnhuǎn	副	
75	抛弃○	pāoqì	动	～子女 / 家庭 / 成见 / （旧）观念
76	改嫁	gǎi//jià	动	
77	家族○	jiāzú	名	◎～观念 / 制度
78	寄人篱下	jìrénlíxià	成语	
79	还嘴	huán//zuǐ	动	
80	丧门星	sāngménxīng	名	
81	旋涡○	xuánwō	名	卷入 / 陷入～；◇舆论 / 政治 / 战争～
82	破碎○	pòsuì	动	岩石 / 玻璃～；◇家庭 / 心灵～
83	积攒	jīzǎn	动	～钱 / （负面）情绪
84	蚊子○	wénzi	名	
85	脸庞	liǎnpáng	名	
86	面具	miànjù	名	戴 / 摘～；防毒～；◎假～；人格～
87	浅薄	qiǎnbó	形	思想 / 知识 / 阅历～
88	极致	jízhì	名	达到 / 发挥到～
89	喜悦○	xǐyuè	形	感到 / 充满～
90	伪装○	wěizhuāng	名 / 动	卸下～；善于～；～成……

07–07

佯攻是为了战略的需要，佯动是为了迷惑敌人，佯哭是为了获取同情，佯笑是为了什么呢？当我探求的时候，发现在我们周围浮动着那么多的佯笑。如果佯笑是出现在一位中年以上的人脸上，我还比较能理解，因为生活和经历给了他们太多的苍凉，但我惊奇地看到很多年轻人也被佯笑的面具所俘获，人们看不到他们真实的心境。

其实，这不是佯笑者的错，但需要佯笑者来改变。我想，每一个婴儿出生之后，都会放声啼哭和由衷地微笑，那时候，他们是纯真和简单的，不会伪装自己的情感。

由于成长过程中的种种不如意，孩子们被迫学会了迎合和讨好。他们知道，当自己微笑的时候，比较能讨到大人的欢心，如果表达了委屈和愤怒，也许会招致更多责怪。特别是那些在不稳定不幸福的家庭中长大的孩子，他们幼小的大脑还无法分辨哪些是自己的责任，哪些不过是成人的迁怒。孩子总善良地以为是自己的错，是自己惹得大人不高兴了。由于弱小，孩子觉得自己有义务让大人高兴，于是开始练习佯笑。久而久之，佯笑几乎成了某些孩子的本能。所以，佯笑也不是一无是处，它可掩饰弱小者的真实情感，在某些时候为自己赢得片刻安宁。

可是佯笑带来的损伤和侵害，却是潜在且长久的。你把自己永远钉在了弱者的地位，不由自主地仰人鼻息。在该愤怒的时候，你无法拍案而起。在该坚持的时候，你无法固守原则。在该合理退让的时候，你表现了谄媚。在该意气风发的时候，你难以潇洒自如……这样的例子还可以举出很多。很多年轻人以为自己的风度和气质是一个技术操作性的问题，但其实那背后是一个顽固的心结。那就是你能否流露自己的真实情感。

我们常常羡慕有些人那么轻松自在、收放自如，我们不知道怎样获得这样的自由。其实，最简单的方法就是全面地接受自己的情绪，做一个率真的人，学会和自己的心灵对话。你不可要求自己的脸上总是阳光灿烂。你不能掩盖和粉饰心情，你必须承认矛盾和痛楚。只有这样，我们才是真正驾驭自己的主人。

说到那位被背叛的男子，后来他终于收起了微笑，开始抽泣，我觉得这是他的大进步、大成长。他的眼泪比他的笑容更显示坚强。当他和自己的内心有了深刻的接触之后，新的力量和勇气也就油然而生了。

现代商战把微笑也变成了商品，我以为这是对人类情感的大不敬。微笑不是一种技巧，而是心灵自发的舞蹈。我喜欢微笑，但那必须是内心温泉喷涌出的绚烂水滴，而不是靠机器挤压出的呻吟。

请你不要佯笑。那样的笑容令人心碎。

阅读提示（四）

1. 佯笑的目的是什么？它是怎么产生的？
2. 佯笑的危害在哪里？我们怎样才能做到“轻松自在、收放自如”？
3. 那位遭背叛的男子最后有了怎样的变化？

4. 通过来访者的经历，“我”对于“微笑”的本质有了怎样的认识？

词语表（四）

07–08

序号	词语	拼音	词性	搭配举例
91	佯攻	yánggōng	动	
92	探求○	tànqiú	动	～规律 / 真理 / 奥秘 / 方法
93	浮动	fúdòng	动	物价 / 汇率～；◇人心～
94	苍凉	cāngliáng	形	景色 / 曲调～
95	惊奇○	jīngqí	形	感到 / 令人～
96	俘获○	fúhuò	动	～士兵/武器/物资/恐怖分子；◇～（某人的）心
97	婴儿○	yīng'ér	名	
98	啼哭	tíkū	动	婴儿～
99	如意○	rú//yì	动	对……感到不～；事事 / 万事～；◎称心～；～算盘
100	迎合○	yínghé	动	～观众 / 顾客 / 领导（的口味 / 心理 / 需要 / 需求）；～市场
101	讨好○	tǎo//hǎo	动	～上司 / 领导；◎吃力不～
102	欢心	huānxīn	名	讨……的～
103	招致	zhāozhì	动	～危险 / 灾难 / 失败 / 恶果
104	责怪○	zéguài	动	
105	幼小	yòuxiǎo	形	年龄～；～心灵 / 儿童 / 动物 / 植物
106	分辨○	fēnbiàn	动	～是非 / 正误；～出……；◎～率 / 度
107	迁怒	qiānnù	动	～于……；◎～于人
108	惹○	rě	动	～事 / 祸 / 麻烦；～……生气；◎～人喜爱
109	弱小	ruòxiǎo	形	实力 / 力量 / 国家～
110	久而久之	jiǔ'érjiǔzhī	成语	

111	本能◌	běnnéng	名 / 副	自然 / 生物 / 动物 / 遗传～；～地闭眼
112	一无是处	yìwúshìchù	成语	
113	掩饰◌	yǎnshì	动	～情绪 / 愤怒 / 不安 / 错误
114	片刻	piànkè	名	休息 / 稍等～
115	安宁◌	ānníng	形	社会 / 生活 / 内心～
116	损伤◌	sǔnshāng	动	～自尊心 / 积极性；◎肌肉 / 神经 / 大脑～
117	侵害◌	qīnhài	动	～权利 / 权益
118	潜在◌	qiánzài	形	～危险 / 影响 / 能力 / 原因
119	不由自主◌	bùyóuzìzhǔ	成语	
120	仰人鼻息	yǎngrénbíxī	成语	
121	拍案而起	pāi'àn'érqǐ	成语	
122	固守	gùshǒu	动	～传统 / 观念 / 原则
123	退让◌	tuìràng	动	一再 / 毫不 / 绝不～
124	谄媚	chǎnmèi	动	～上司 / 领导
125	意气风发	yìqì-fēngfā	成语	
126	潇洒◌	xiāosǎ	形	举止 / 动作 / 风度～；～自如
127	自如◌	zìrú	形	运用 / 应对 / 操作～；轻松 / 潇洒～
128	气质◌	qìzhì	名	～高雅 / 优雅 / 成熟 / 高贵；有 / 没有～
129	顽固◌	wángù	形	思想 / 立场～；◎～分子 / 派
130	心结	xīnjié	名	解开～
131	流露◌	liúlù	动	～神情 / 真情 / 情感；～（出）悲伤 / 愤怒 / 喜悦；◇～心声
132	羡慕◌	xiànmù	动	
133	收放自如	shōufàng zìrú		
134	率真	shuàizhēn	形	个性 / 性格～
135	灿烂◌	cànlàn	形	阳光 / 笑容 / 文化～

136	掩盖◎	yǎngài	动	～真相 / 事实 / 错误
137	粉饰	fěnshì	动	～太平 / 现实
138	驾驭◎	jiàyù	动	～全局 / 市场
139	抽泣	chōuqì	动	小声～
140	油然而生	yóurán'érshēng	成语	
141	大不敬	dàbújìng		对……～
142	自发◎	zìfā	形	～组织 / 形成；～行为 / 活动；◎～性
143	温泉◎	wēnquán	名	泡～；～疗养
144	绚烂	xuànlàn	形	灯火 / 鲜花 / 彩霞 / 色彩～；◇～青春 / 文化 / 文明

课文回顾与思考

1. 为什么“我”认为佯笑“令人心碎”？
2. 你认为佯笑对人的性格和处理问题的方式会产生哪些影响？
3. 男子是如何处理妻子背叛事件的？这与他的佯笑和内在性格有什么关系？你认为一个心理基本健康的人，会如何处理配偶出轨事件？
4. 你认为男子妻子的背叛可能有哪些原因？请从多方面进行分析。
5. 一个人学会佯笑，学会戴“面具”，你认为原因可能有哪些？如果想改变，应该怎么做？
6. 你认为一个人在生活中应该学会伪装自己，还是应该让自己的真实感情自然流露？请谈谈你的看法。

词语例释

1. 倒（dào）

副词。用于口语。可在转折复句和让步复句中充当关联词，也可用在一般的句子中表示各种语气。

其一，表示转折关系。语气较强。后面常跟表示积极意义的词。用于后一个分句，相当于

"反倒、却"。可与"虽然……，但……"搭配使用。如：

（1）这姐妹俩相差三岁，妹妹倒比姐姐显得老练。

（2）公园不大，栽种的植物种类倒挺丰富。

（3）虽然我们俩水平差不多，但我第一轮面试就没通过，他倒笑到了最后。

其二，表示让步关系。用在前一个分句中，肯定某一事实，相当于"倒是"，与后面一个分句中"只是、就是、但是、可是、不过"等词配合使用。如：

（4）住在这儿交通倒很方便，只是环境太糟糕了。

（5）这篇文章倒不难写，就是有些观点直接写出来恐怕会得罪不少人。

（6）借口倒是找了不少，但没有一条可以真正解释工作为什么失误。

其三，表示事情不是那样。在"说得 / 想得 + 倒 + 形容词"的句型中，用"倒"否定后面的形容词，形容词限于"容易、简单、轻松、（很）美"等几个词。主语限于第二、三人称。如"你说得倒容易"，意思是"你说得不对，这件事不容易做"。如：

（7）你说得倒容易，电脑坏了怎么可能几分钟就修好？

（8）他想得倒简单，以为太极拳学会了动作就算掌握了。

（9）他说得倒轻松，自己来试试就知道组织一次晚会有多么困难了。

（10）你想得倒（很）美，不努力扩大词汇量，阅读水平就能提高了？

其四，表达各种语气。如：

（11）说实话，我还真没想过这个问题，他这一问，倒让我久久地愣着，不知怎样回答。（表轻微的转折语气。）

（12）作业中有这么多问题我真没想到，不过你能这么快就把错误改过来，倒还不错。（舒缓语气。不用"倒"的话则语气较强。）

（13）你倒说说自己的想法呀！否则什么事都是我们决定也不好。（表示催促，略带不耐烦的语气。）

2. 且

"且"有副词、连词两个用法。

第一，副词。表示暂时先这样，相当于"暂且"。一般情况下，可用"暂且"替换。如：

（1）假期刚结束，大家的心还不能马上回到工作上，且等一等再布置任务！

（2）理论不是不重要，但今天且避开理论问题，谈一点具体的工作。

（3）他最近情绪一直不太稳定，如果有时不能专心工作，且不必怪他。

第二，连词。可以表示并列和递进两种关系。

其一，表示并列关系。相当于"并且"。一般连接两个形容词，如果形容词是单音节，常用“既……且……”格式。如：

（4）可是佯笑带来的损伤和侵害，却是潜在且长久的。

（5）这是一个优良的港口，航道既深且宽，地质情况良好。

（6）他是武林高手，跟人交手，每一招都是既快且狠。

如果连接的是两个单音节动词，则用“且……且……”的格式，表示“一边……一边……”。如：

（7）我没做过管理工作，且干且学吧。

（8）两国开战后，且战且谈，且谈且战，还没有停火的迹象。

其二，表示递进关系。相当于“而且”。用于连接分句。如：

（9）他办事认真负责，且不怕别人的批评。

（10）我现在所搜集到的资料还不系统，比较混乱，且不少带有明显的错误。

（11）中国是人均水资源最贫乏的国家之一。不仅水资源不丰富，且分布不均匀。

成语运用

1. 百思不得其解

百思：多次思考。经过多次、反复地思考，仍然不能理解。也作“百思不解”。使用中相当于动词，多做谓语，有时也做定语。常说“让人 / 令人百思不得其解”。如：

（1）枯死三年的树居然能复活，我百思不得其解，还是来听听植物学家怎么说吧。

（2）我听着她的话，心中非常伤感，但她脸上的表情却让我百思不得其解。

（3）现场的很多证据表明，他就是凶手，但他又有案发时不在现场的证明。这令警察百思不得其解。

（4）他百思不得其解的是，他对同学们都很好，处处关心大家，大家却对他不太友好，从不约他一起玩。

（5）日食、月食曾经是古人百思不得其解的问题，于是就有了天狗吃太阳、天狗吃月亮的传说。

（6）小时候觉得这个世界有许多让人百思不得其解的现象，比如，蝙蝠飞得那么快，却从来不相撞。

2. 不折不扣

一点不打折扣，表示完全的、十足的。常用于判断，表示对某一个事实的肯定。使用中相当于形容词，常做定语和状语。如：

（1）那是不折不扣的笑容，纯真善良，几乎可以说是无忧无虑的。

（2）因为功夫电影的原因，李小龙成了不折不扣的好莱坞巨星。

（3）众所周知，口译是一项不折不扣的高强度脑力劳动。

（4）民间经常会流传“世界末日”的说法，其实都是不折不扣的谣言。

（5）只要是答应了别人的事，他都会不折不扣地完成。

（6）既然我们有文物保护法，那就应该不折不扣地去执行。

3. 无忧无虑

没有任何忧虑，形容心情舒畅，不担心任何事情。成语结构是常见的“无A无B”格式，A、B意义相近。使用中相当于形容词，可以做谓语、状语、定语、补语等句子成分。如：

（1）她的童年，没有课程压力，没有考试排名。无忧无虑，自由自在。

（2）那是不折不扣的笑容，纯真善良，几乎可以说是无忧无虑的。

（3）她平时工作很紧张，但假期可以无忧无虑地享受几天快乐的时光。

（4）在四川蜂桶寨国家级自然保护区内，无忧无虑地生活着近400种野生动物，其中就有大家最熟悉和喜爱的大熊猫、金丝猴、小熊猫等。

（5）在同小伙伴们的嬉戏中，他度过了无忧无虑的童年时光。

（6）从外表看，她是一个无忧无虑的女孩，其实她也常常感到焦虑和不安。

（7）很多人觉得，有了足够的钱就可以生活得无忧无虑了。

4. 锲而不舍

锲：雕刻。不断地雕刻，比喻坚持做某件事情，不放弃。使用中相当于动词，褒义。在句中可充当定语、谓语、状语等成分。如：

（1）从事科学研究需要一种锲而不舍的恒心和毅力。

（2）中国的许多神话或寓言故事都在颂扬一种锲而不舍的奋斗精神，比如“精卫填海”“愚公移山”。

（3）他凭借锲而不舍的干劲和对公司的忠诚，才一步一步走到了今天这个重要的岗位上。

（4）他在艺术上锲而不舍，勇于探索，终于形成了自己独特的风格。

（5）警察锲而不舍，跟踪调查了三个月，终于找到了谋杀案的关键证据。

（6）邻居锲而不舍地说：“你有，你还有一套房子。我们都知道，你怎么能假装不知道？”

5. 无时无刻

没有一个时刻。是“无A无B”格式。在使用中相当于副词，一般与“不”连用，组成“无时无刻不……”的句式，表示“时时刻刻都……”。如：

（1）我要找一面镜子，让你看看自己是不是无时无刻不在笑！

（2）刚离开家到外地求学的日子，他无时无刻不在思念着故乡，思念着亲人。

（3）植物与人类的关系最密切，我们无时无刻不依赖植物。

（4）在我们所生活的环境中，人体无时无刻不受到数以亿计的病菌的侵袭。

（5）现代社会竞争激烈，人们无时无刻不生活在巨大的心理压力之下。

6. 久而久之

经过了相当长的一段时间。常作为插入语放在句首或句中。“久而久之”前面讲述一种情况，后面是这种情况时间长了以后产生的结果。一般情况下，“久而久之”的后面会用逗号与其他句子或句子成分分开。如：

（1）由于弱小，孩子觉得自己有义务让大人高兴，于是开始练习佯笑。久而久之，佯笑几乎成了某些孩子的本能。

（2）如果我们总是羡慕或嫉妒别人拥有的东西，可怜自己一无所有，久而久之，我们便会产生焦虑、失望等种种负面情绪。

（3）人在世界上总要同周围的人和事物接触，久而久之，就形成了对各种事物的看法，即自然观、社会观、人生观等。

（4）营养专家指出，晚餐应尽量避免高糖、高脂肪的食物。如果晚餐摄入大量的糖，久而久之就会令身体发胖。

（5）教养与习惯紧密相连。良好的习惯久而久之会成为一种自觉的行动，从而转化为教养。

7. 一无是处

是：正确。一点对的地方也没有，比喻人或物没有一点正确或有价值的地方。含贬义。使用中相当于形容词。多做谓语，有时也做补语、定语。如：

（1）佯笑也不是一无是处，它可掩饰弱小者的真实情感，在某些时候为自己赢得片刻安宁。

（2）你并不像自己所说的那样一无是处。你身上有许多优点，为什么只拿自己的弱点和别人的长处相比呢？

（3）情人眼里出西施。[1] 一个人纵然一无是处，在恋人的眼里也可能是完美无缺的。

（4）我们不能仅仅因为这一个错误就把他的文章说得一无是处。

（5）这家医院最近医患矛盾比较多，不过也不能因此就把它贬得一无是处。

（6）世界上没有一无是处的人，我们应该多看别人的优点。

---

1 这是一个成语。表示因为爱一个人而觉得他 / 她是最美的。西施：春秋时期越国的美女。“西施”一词后世成了美女的代称。

8. 不由自主

由不得自己做主，形容自己控制不了自己。使用中相当于形容词，一般做状语。如：

（1）你把自己永远钉在了弱者的地位，不由自主地仰人鼻息。

（2）每当看到辽阔的草原风光，我都会不由自主地想起我的故乡。

（3）他是个“书痴”，每次路过书店门口，脚都会不由自主地迈进去。

（4）说起自己的求职经历，她不由自主地流下了眼泪。

（5）明明知道是演戏，但观众的情感还是不由自主地沉浸到剧情中。这就是艺术的感染力。

复句讲解

承接复句

承接复句的各分句按照时间、空间或事理上的逻辑顺序排列，次序一般不能改变。

承接复句常常不用关联词。当按照事情发生的先后顺序介绍一个过程，或者按照由近及远或由远及近、从大到小或从小到大等空间关系介绍一个事物，或者按照内部逻辑关系叙述一件事情时，承接复句不用关联词也不影响叙述的条理和语义的表达。如：

（1）男子走到那个门牌下，看到自己最要好的朋友的车就停在门前。

（2）傍晚时分，门终于打开了，他的朋友走了出来。

（3）孩子大睁着纯洁的双眼，面对着未知的世界，不断地惊奇着，探索着，在惊奇和探索中渐渐长大。

（4）在太阳系中，太阳位于中心，其他八大行星按照固定轨道围绕太阳运转。

（5）图中的这棵大树，地下的是树根，树根与粗壮的树干相连，树干分出无数的树枝，树枝上长满树叶。

（6）（羿射九日[1]之后，天上只留下一个太阳，地面恢复了生机）草木繁茂，百鸟欢唱，人们过上了幸福的生活。

（7）在最佳年龄加强本族语的口语训练，在最佳年龄加强本族语的书面语训练，在最佳年龄加强外语的训练，将可能获得事半功倍的效果。

例（1）—（3）是按时间顺序介绍；例（4）、例（5）是按空间关系与主次关系进行介绍；例（6）、例（7）是按逻辑顺序进行说明。例（6）中的“草木、百鸟、人”从植物到动物，再到人，符合人们描写自然的一般顺序。例（7）中的三个“训练”按照本族语口语、本族语书

1“羿射九日”是中国的神话故事。远古时期，天上出现了十个太阳，大地草木枯焦，人和动物都无法生存。羿（Yì）是位英雄，他射下了九个太阳，只留下一个造福人间。

面语、外语的顺序排列，这也是语言学习由易到难的一般顺序。

承接复句当然也可以用关联词。为了突出时间的先后或事物的主次关系，经常会用到以下关联词，如表时间先后的“先……，再 / 然后……”“首先……，然后……”“一……，就……”等，表主次关系的“首先……，其次……”等。有的关联词可以单用，如“然后、接着、再、于是、便”等。高级阶段还有两组承接复句关联词，下面将重点介绍。

1. **起初……，……才……**

这是表示时间先后的一组关联词。“起初”表示开始的时候，可以换成“开始”。“才”的前面经常会出现“后来”跟“起初”呼应。如：

（8）起初我们都以为他是开玩笑，后来才发现他是认真的。

（9）起初大家普遍认为如今的青少年大多生活优越，无忧无虑，后来才发现，事实正好相反，他们承受的压力很大，有心理疾病的不少。

（10）起初，猿人只是偶尔地使用天然工具，后来才慢慢地开始有意识地制造工具。

（11）起初他觉得抽烟危害有限，直到肺部查出结节，才有了戒烟的念头。

（12）佛教自东汉时传入中国，起初被看作是一种道术，在魏晋时代佛教理论才得到了统治阶级的大力提倡。

“才”也可以单用，表示时间上的承接关系。如：

（13）他从小就练书法，进了大学才知道，练书法也需要文字学的基础。

（14）男子找了一个合适的角度，可以用眼睛的余光罩住别墅所有的出口和窗户。然后他点燃一支烟，狠狠地抽了半天，才发现根本就没有点燃。

2. **……，此后……**

“此后”，名词。表示在某时或某事之后。某时或某事一般会在“此后”前面的句子中交代出来。跟“然后”相比，“此后”表示的时间间隔较长，可以是几年，也可以是几十年、几百年。“然后”是连词，常常跟“首先”合用。如：

（15）我的外祖父因身体原因中年时期就辞去了教师工作，此后便再没能重返讲台。

（16）英国生物学家达尔文（Charles Robert Darwin，1809—1882）的巨著《物种起源》一书第一版于 1859 年出版，此后十几年内又再版了 5 次。

（17）把汉语语法当作一个体系进行全面系统的研究，始于马建忠（1845—1900）1898 年出版的《马氏文通》，此后汉语语法类专著才渐渐多了起来。

（18）唐朝的《唐六典》是中国现有最早的一部行政法典，此后宋明清各代均非常重视这部法典。

练　习

第一部分　词汇、语法

一、解释加点语素的意思，并根据拼音完成新词语，同时说明其词义。

1. 实话（　　　　　　）
   huǎng＿＿＿＿＿＿话
   zhēn＿＿＿＿＿＿话

2. 心痛（　　　　　　）
   心 huāng＿＿＿＿＿＿
   心 suān＿＿＿＿＿＿

3. 外号（　　　　　　）
   chuò＿＿＿＿＿＿号
   yǎ＿＿＿＿＿＿号

4. 困境（　　　　　　）
   shùn＿＿＿＿＿＿境
   nì＿＿＿＿＿＿境

5. 远景（　　　　　　）
   jìn＿＿＿＿＿＿景
   qián＿＿＿＿＿＿景

6. 偷窥（　　　　　　）
   偷 kàn＿＿＿＿＿＿
   偷 tīng＿＿＿＿＿＿

7. 火灾（　　　　　　）
   chóng＿＿＿＿＿＿灾
   hàn＿＿＿＿＿＿灾

8. 苦笑（　　　　　　）
   lěng＿＿＿＿＿＿笑
   kuáng＿＿＿＿＿＿笑

9. 挨打（　　　　　　）
   挨 mà＿＿＿＿＿＿
   挨 pī＿＿＿＿＿＿

10. 弱者（　　　　　　）
    qiáng＿＿＿＿＿＿者
    zhì＿＿＿＿＿＿者

二、选择成语填空并模仿造句。

百思不得其解　不折不扣　无忧无虑　锲而不舍
无时无刻　久而久之　一无是处　不由自主

1. 他的日常教学工作非常繁忙，但在科研方面也取得了突出的成绩，靠的就是＿＿＿＿＿＿的刻苦精神。

＿＿＿＿＿＿＿＿＿＿＿＿＿＿＿＿＿＿＿＿＿＿＿＿＿＿＿＿＿＿

2. 她的传记中让人＿＿＿＿＿＿＿＿的许多问题，在她的日记中都能找到答案。

＿＿＿＿＿＿＿＿＿＿＿＿＿＿＿＿＿＿＿＿＿＿＿＿＿＿＿＿＿＿

3. 我们的合作对双方都有好处，是________的“双赢”。

____

4. 现代人越来越多地住进了高楼，邻居们互不往来，________，人和人的关系越来越淡。

____

5. 最近他的情绪有点反常，工作中出一点小差错就觉得自己________。

____

6. 世间万物________不在变化，包括我们的身体。

____

7. 提到啤酒，很多中国人都会________地想到青岛啤酒。

____

8. 每当看到公园里嬉戏的儿童，我都会回忆起________的童年时光。

____

三、词语搭配与填空。

改善	需求
侮辱	愤怒
迎合	伙食
掩饰	权利
侵害	人格

（1）什么是对他人______的______？这一点法律上是如何界定的？

（2）网络用户的______，比如隐私权，正受到越来越多的______，这个问题应该引起高度重视。

（3）任何场合之下，他都能用礼貌、风度来______他的______或憎恶。

（4）这肉汤现在想吃就可以做，但小时候却是我家______________时才能吃的一道好菜。

（5）在商家眼中，只有______了客户的______，才可能赢得市场。

心情	高贵
举止	灿烂
气质	焦急
思想	潇洒
笑容	顽固

（6）“腹有诗书气自华。”由知识所带来的________的________，是一种超越年龄的永远的美丽。

（7）为什么儿童的________最________，最能感染人，因为他们最天真，最纯洁。

（8）作为话剧演员，他在舞台上________ ________，气质脱俗。

（9）节假日高速堵车是常有的事，有时几小时都无法移动一步，这时，________的________真是无法用语言形容。

（10）改革的过程不可能一帆风顺，那些________保守和________的人一定会设置重重障碍。

◎

实话	寻常
迷惑	如意
不同	不解
家族	实说
称心	观念

（11）如果我们把四合院当作一本书，那么，这本书记载的就是中国人传统的________ ________和生活方式。

（12）2001年6月23日，一场________ ________的音乐会吸引了全球的目光，这就是由世界三大男高音[1]在北京紫禁城午门广场举办的演唱会。

（13）________ ________，要完成这项任务，光有热情不行，还需要有专业知识。

（14）他一毕业就找到了一份________ ________的工作，同学们都十分羡慕。

（15）埃及的胡夫大金字塔究竟是何人以何种方式建造，一直是令人________ ________的问题。

四、用指定词语完成句子或对话。

1. 她今天很不开心，______________________________（逗）
2. 每年的毕业季，校园里都充满了欢乐的气氛，______________________________（伤感）
3. 分别五年后第一次和他见面，______________________________（惊讶）
4. ______________________________，请一定要重视。（察觉）
5. 听到有人喊“抓小偷”，______________________________（下意识）
6. ______________________________，你可不要被他骗了。（假装）

1 世界三大男高音指帕瓦罗蒂（Luciano Pavarotti，1935—2007）、多明戈（Plácido Domingo，1941— ）和卡雷拉斯（José Carreras，1946— ）。

7. 你们早就说要行动了，________________________________（动静）

8. A：20 世纪 80 年代华语流行乐坛的歌星你知道几位？

B：____（陌生）

9. 如果我们决定养宠物，就应该好好照顾它们，________________（遗弃）

10. 校庆的时候我们想做一期节目，邀请一些留学生朋友，________________

____（讲述）

11. 对于辅导我们参加书法比赛的老师，____________________（由衷）

12. 不管是家里还是工作的地方，都会存在很多矛盾，________________

____（委屈）

13. 你就别指责他了，________________________________（善意）

14. 公司如果想要走出一条创新之路，______________________（抛弃）

15. 得知可以到电视台做毕业实习，________________________（喜悦）

16. 要想获得大家的尊敬，______________________________（讨好）

17. 在事情还没有弄清楚之前，____________________________（责怪）

18. 他脾气很不好，____________________________________（惹）

19. 心理疾病不仅影响患者个人，__________________________（潜在）

20. 从小父母就教育我，_______________________________（退让）

21. 这篇散文感情真挚，_______________________________（流露）

22. 由于我自己不够自信，______________________________（羡慕）

23. 他今天在大家面前讲的这些话都不可信，__________________（掩盖）

24. 为了帮助灾区居民渡过难关，__________________________（自发）

五、选择关联词填空并模仿造句。要求：①造句时使用本句所用关联词和括号中的词语；②括号中的词语分别用于两个分句中。

A. 首先……，然后……	B. 起初……，才……
C. ……，才……	D. ……，此后……
E. ……，就 / 便……	

（1）年轻时觉得衰老与自己无关，老了________深刻体会到时光不会倒流。

____________________________________（事业成功；家庭幸福）

（2）老师________要人品好，水平高，________才有资格去教学生。

____（目标；行动）

（3）我________不答应，在朋友的劝说下，________同意参加。

____（厌恶；喜欢）

（4）飞机飞上了蓝天，很快________消失在我们的视线中。

____（走进树林；迷失方向）

（5）1153 年，金朝正式迁都北京，称之为中都，________元朝、明朝和清朝都把都城选在了北京。

____（鸦片战争；中国）

六、排序，并画出各句所用关联词及其他可提示句子顺序的词语。

1. A. 说它有一个很长的过去
B. 说它有一段很短的历史
C. 心理学是一门研究人类和动物的心理现象、意识和行为的科学
D. 是因为它的一部分源于哲学这一古老的学科
E. 它有一个很长的过去和一段很短的历史
F. 是因为它从成为一门科学到今天不过百余年
正确语序：________________

2. A. 有时还包括心理检查和心理测验
B. 广义的心理咨询包括心理咨询和心理治疗
C. 向来访者提供心理救助和咨询帮助
D. 对心理咨询的解释可以分广义和狭义两种
E. 狭义的心理咨询则只局限于通过面谈、书信、网络和电话等手段
正确语序：________________

3. A. 其实，人格面具没有真假之分
B. 说起“人格面具”，人们自然就会想到“假面具”
C. 在独处的时候则使用的是独处面具
D. 在私人场所使用的是隐私面具
E. 只有公开、隐私和独处之别
F. 在公开场合使用的是公开面具
正确语序：________________

4. A. 将心理是否健康也作为“健康”的衡量标准
   B. 其实，已有越来越多的人心理处于“亚健康”状态
   C. 中国人对于讨论心理问题仍存在一定的顾虑
   D. 早在 1989 年世界卫生组织就已修改了“健康”的概念
   E. 但由于种种原因
   正确语序：______________________________

5. A. 也不是一种技术
   B. 在最危急的时刻能保持极端的放松
   C. 之所以这么说
   D. 而是一种修养
   E. 这不是一种本能
   F. 是因为要达到这种境界需要心理素质的长期修炼和提升
   正确语序：______________________________

第二部分 拓展阅读

七、请概括下面这段文字的主要意思。

人生所有的问题，都是关系的问题。在所有的关系之中，你和你自己的关系最为重要，它是关系的总脐带。如果你处理不好和自我的关系，你的一生就不得安宁和幸福。你可以成功，但没有快乐。你可以有家庭，但缺乏温暖。你可以姹紫嫣红宾朋满座，但却不曾有高山流水患难之交。你会大声地埋怨这个世界，殊不知症结就在你自己身上。你爱自己吗？如果你不爱自己，你怎么有能力去爱他人？爱自己是最简单也是最复杂的事情。它不需要任何成本，却需要一颗无畏的灵魂。我们每个人都是不完满的，爱一个不完满的自己是勇敢者的行为。只有处理好了和自己的关系，你才有精力和智慧去研究你的人际关系，去和大自然和谐相处。如果你被自己搞得焦头烂额，就像一个五内俱空的病人，哪里还有多余的热血去濡养他人！

上面这段文字主要说明了（请选择）：

□ A. 人生所有的问题都是关系的问题
□ B. 一个人处理好和自己的关系最重要

□ C. 爱自己是最简单也是最复杂的事情

□ D. 如果你和自己的关系一团糟，就没有多余的精力去帮助他人

八、阅读下面的文章，并完成后面的练习。

流露你的真表情[1]

毕淑敏

学医的时候，老师问过一道题：“人和动物在解剖形态上的最大区别是什么？”

当学生的争先恐后①地发言，都想由自己说出那个正确的答案。

这看起来并不是个很难的问题。

有人说：“是站立行走。”先生说：“不对。大猩猩也是可以站立的。”

有人说：“是懂得用火。”先生不悦道：“我问的是生理上的区别，并不是进化上的。”

更有同学答：“是劳动创造了人。”先生说：“你在社会学上也许可以得满分，但请听清我的问题。”

满室寂然②。

先生见我们混沌不悟，自答道：“记住，是表情啊。地球上没有任何一种生物有人类这样丰富的表情肌。比如笑吧，一只狗再聪明也是不会笑的。人类的近亲猴子勉强算作会笑，但只能做出龇牙咧嘴一种表情。只有人类，才可以调动面部的所有肌群，调整出不同的笑容，比如微笑，嘲笑，冷笑，狂笑……以表达自身复杂的情感。”我在惊讶中记住了先生的话，认为是至理名言。

近些年来，我开始怀疑先生教了我一条谬误。

乘坐飞机，起飞之前，每次都有空姐为我们演示一遍空中遭遇紧急情形时，如何打开氧气面罩的操作。我乘坐飞机凡数十次，每一次都凝神细察③，但从未看清过具体步骤。空姐满面笑容地屹立前舱，脸上很真诚，手上却很敷衍，好像在做一种太极功夫，点到为止，全然顾及不到这种急救措施对乘客是怎样性命攸关的。我分明看到了她们脸上悬挂的笑容和冷淡的心的分离，升起一种被愚弄的感觉。

---

1 文章选自毕淑敏《欣喜是自酿的》，湖南文艺出版社，2020 年版。有删减。

我有一位相识许久的女友，原是个敢怒敢恨、敢涕泪滂沱、敢笑逐颜开的性情中人。几年不见，不知在哪里读了淑女规范言行的著作，同我谈话的时候身子仄仄地欠着，双膝款款地屈着，嘴角勾勒成一个精致的角度。粗一看，你以为她时时在微笑，细一看，你就捉摸不透她的真表情，心里不禁有些发毛④。你若在背后叫她，她是不会立刻回了脸来看你，而是端端地将身体转了过来，从容地瞄着你，说骤然回头会使脖子上的肌肤提前衰老。

她是那样吝啬使用她的表情，虽然她给你一个温馨的外表，却没有丝毫的温度。我看着她，不由得想起儿时戴的大头娃娃面具。

我遇到过一位哭哭啼啼的饭店服务员，说她一切按店方的要求去办，不想却被客人责难。那客人匆忙之中丢失了公文包，要她帮助寻找。客人焦急地述说着，她耐心地倾听着，正思谋着如何帮忙，客人竟勃然大怒了，吼着说："我急得火烧眉毛⑤，你竟然还在笑。你是在嘲笑我吗？"

"我那一刻绝没有笑。"服务员指天咒地对我说。

看她的眼神，我相信是真话。

"那么，你当时做了一个什么表情呢？"我问。恍恍惚惚探到了一点头绪。

"看，我就是这样的……"她侧过脸，把那刻的表情模拟给我。

那是一个职业女性训练有素的程式化的表情，眉梢扬着，嘴角翘着……无论我多么同情她，我还是要说，这是一张空洞漠然的笑脸。

服务员的脸已经被长期的工作，塑造成她自己也不能控制的状态。

表情肌不再表达人类的感情了，或者说它们只是一种表情，就是微笑。

因为快乐和友情，从猿到人，演变出了美妙动人的微笑，这是人类无与伦比的财富。笑容像一只模型，把我们脸上的肌肉像羊群一般驯化了，让它们按照微笑的规则排列，随时以备我们的心情调遣。

无时无刻不在笑……这是一种刑罚，它使"笑"这种人类最美丽最优美的表情，蜕化为一种酷刑。

现代自然没有这种刑罚了。但如果不表达自己的心愿，只是一味地微笑着，微笑像画皮一样黏附在我们的脸庞上，像破旧的门帘沉重地垂着，完全失掉了真诚善良的原始含义，那岂不是人类进化的大退步，大哀痛。

人类的表情肌除了表达笑容，还用以表达愤怒、悲哀、思索、惆怅以至绝望。它就像天空中的七色彩虹，相辅相成，所有的表情都是完整的人生所必需的，是生命的元素。

当然，我绝不是主张人人横眉冷对。经过漫长的时间隧道，我们终于笑起来了，这是一个大进步。但笑也是分阶段，也是有层次的。空洞而浅薄的笑，如同盲目[6]的恨和无缘无故的悲哀一样，都是情感的赝品。

痛则大悲，喜则大笑。只要是从心底流露出的对世界的真情实感，都是生命之壁的摩崖石刻，经得起岁月风雨的推敲，值得我们久久珍爱。

1. 请给文章拟一个新的题目（写在下面的横线上）。

____

2. 解释文中画线词语。

①争先恐后　　②寂然

③细察　　④发毛

⑤火烧眉毛　　⑥盲目

3. 判断下列说法是否符合文章原意（符合画"√"，不符合画"×"）。

（1）对于老师提的问题，学生们都没能正确回答。（　）

（2）在"我"看来，空姐并没有认真给乘客演示急救措施的具体实施步骤。（　）

（3）"我"认识多年的一位女友，已经具有真正的淑女的优雅举止了。（　）

（4）"我"之所以想起了大头娃娃面具，是因为女友和大头娃娃脸很像。（　）

（5）饭店服务员被客人责难，是因为客人认为她在嘲笑自己。（　）

（6）饭店服务员也知道自己在笑，但这是职业需要的，必须这样。（　）

（7）人类进化出了笑，就是为了时时刻刻对着别人微笑。（　）

（8）"痛则大悲，喜则大笑"，文章最后用这两句话说明，表达真实的情感最重要。（　）

4. 回答问题。

（1）作者为什么在文章一开始写多年前老师问过的那个有关人和动物区别的问题？

____

____

____

（2）老师当年告诉学生，人和动物在解剖形态上最大的区别是什么？“我”现在是不是真的怀疑老师说得不对？为什么？

第三部分 写作

九、概括课文中男性来访者的人生经历。（300 字左右）

十、写一篇 600 字左右的短文。主题：影响心理健康状态的因素。题目自拟。要求：有观点，有例证。

语言实践

一、组织一场辩论赛，围绕“微笑面具 / 佯笑”从以下几方面展开，要求有理有据，条理清晰。

A. 生活中应不应该戴“微笑面具”？

B. 什么情况下“微笑面具”会引发心理问题？

C. 如果出现心理问题，应该如何解决？

二、调查你所在城市的学校（大学、中学或小学）是否有心理咨询服务；如果有，请进一步调查它们是怎么工作的。做好调查记录。

第八课　理想动物园

王　珊

课文导览

【作者简介】

王珊（1989— ），安徽人。《三联生活周刊》记者。主要从事新闻事件和社会热点问题的报道，尤其擅长人物采访。编著有《幸福的出路：亲密关系的幻想、真相与抉择》。

【作品出处】

课文选自《三联生活周刊》，2020 年第 46 期。有删减。

【话题归属】

课文可以在动物保护这个中心话题范围内进行学习和讨论。在我们的星球上，动物与人类有着不解之缘。动物是地球大家庭的成员，在生态系统中有独特的定位和作用。保护野生动物和它们的栖息地，就是在维护整个生态系统的健康和稳定。拯救野生动物，保护物种多样性，也是在拯救人类自己。从课文所打开的动物园之窗，我们可以讨论动物福利、动物权利，也可以讨论野生动物与生态平衡的关系、野生动物的生存现状、野生动物保护法、人类对野生动物的研究、人类与野生动物的关系等相关问题。

课前准备——课堂报告选题

1. 动物园的历史和作用 / 一个著名的动物园；
2. 动物园的“丰容”与动物“人道主义”；
3. 野生动物的处境和灭绝原因；
4. 自然保护区的设立和作用；
5. 野生动物保护措施 / 野生动物保护法；
6. 一本研究动物的书。

课　文

08–01

今年7月，南京市红山森林动物园的园长沈志军发表了一场公开演讲:《一个动物园的追求》。这场介绍动物园这个小众行业的演讲观看量高达千万。人们通过沈志军的演讲，看到了一个“理想动物园”的使命和模样。当然，在现实中，通往理想之路仍然漫长。

2022年端午节·红山森林动物园入口处（仲雁铭　摄）

动物的快乐

如果从红山动物园的最高点生态教育楼俯瞰，能看到整个动物园的全貌。动物园分为小红山、大红山、放牛山三片区域，总面积有68公顷。茂密的森林，将动物的场馆掩盖在下面，需要仔细观察，才能够捕捉到绿荫底下的秘密。动物园西边紧挨着南京火车站，南边则是玄武湖，湖水在阳光下闪着光芒。1998年，红山动物园就是从玄武湖公园搬迁过来的。

2008年，沈志军调任到红山动物园，当时才37岁，是全国动物园里最年轻的园长。他学园艺出身，来动物园之前一直跟植物打交道，喜欢观察植物，上大学时经常沿着紫金山一路往上，看到新的植物就对照着植物大典查询。来到动物园后，他依然保持了原来的观察习惯，每天在动物园“巡山”。让他印象最深的是狼馆里的一只狼，待在一个边长两米左右的六边形铁笼子里。第一次去，他发现狼在笼子里顺时针转圈，一圈又一圈；第二次去，它还在转圈，只是方向变成了逆时针。那时，沈志军还不知道“刻板行为[1]”这个词，但能感受到这只狼不开心。他想，自然界中的狼是什么样子？

他去看一档叫《自然传奇》的节目，野外的生机勃勃与狼的居住环境形成了鲜明对比。沈志军心里不舒服，却不知道能够帮这只狼做什么。2010 年，去巴黎动物园的访问让他有了初步的方向。这是他第一次访问国外的动物园，他印象最深的是动物园自然又自由的环境，没有铁笼子，动物场馆之间用玻璃分隔，或者依托动物习性用壕沟或水来做隔离——动物是快乐的。从那时起，沈志军意识到了场馆对动物的重要性，“场馆是动物的家园和主要活动场所，动物园的场馆设计，不仅关系到安全饲养等问题，还关系到动物们的天性培养”。

鹈鹕（tíhú）舒展双翅，享受阳光（孙忠南　摄）

沈志军在园内做的第一次关于场馆的尝试，是在园内建设澳洲[2]动物生活区。和国内其他动物园一样，原来红山动物园的展示都是按照生物学特色简单区分为猛兽区、食草区、鸟类区和两爬区[3]等。如果你去鸟区，能够看到来自全世界各个品种的鸟类，小至鹦鹉，大到秃鹫。现在集中于澳洲动物生活区的几种动物，原来都散落在其他区域：鹤鸵养在猛禽对面，黑天鹅养在水禽湖，袋鼠则生活在食草区。“这种展示没有办法让人们真正了解动物的生物习性。我们想传达的是，如果到了热带或者温带雨林，能够遇到哪些动物。”沈志军告诉我。

改建后的澳洲动物生活区使用了大量红土，以营造出澳洲风情，园区内用混凝土做出特有的“红树林[4]”景观，还把山上的一片杉树林划了进来给动物散步。园区内最有特色的是一片小湖，这是黑天鹅的栖息地。它严格按照澳洲的节水理念设计，利用水生植物和电泵完成了水的自然循环。沈志军告诉我，当时之所以建设澳洲生活区，一是因为园内正好有一块空地，二是这几种“澳洲籍”动物对于地形和场馆硬件的要

---

1 刻板行为：指一种重复的、固定不变的、毫无意义的行为。刻板行为是心理疾病的症状之一。

2 澳洲：一般把澳大利亚大陆称为“澳洲”，有时也指整个大洋洲。

3 两爬区：“两爬”指两栖类爬行动物，包括龟、蛇、蜥蜴（xīyì）等。两栖（liǎngqī）指可以在水中和陆地生活或活动。

4 红树林：指热带海岸泥滩上的常绿灌木和小乔木群落。它们根系发达，能在海水中生长，是陆地向海洋过渡的特殊生态系统。红树林是海岸天然的防御墙，对保持该地生物的多样性极为重要。

求也不高，比较方便完成。让沈志军等人惊喜的是，在他们对环境进行改变后，动物园里的鹤鸵开始繁殖了。这种生活在澳洲东北部丛林里的古老鸟类，在野外也仅剩15,000只左右，被世界自然保护联盟[1]列为濒危物种[2]。“国内的鹤鸵繁殖已经停滞很多年了。从2013年到现在，我们一共繁殖了32只鹤鸵。”沈志军说。同样惊喜的情况还出现在按野外环境改建后的亚洲灵长馆[3]。饲养员将红猩猩放进新的展馆没几天，它开始爬到树上自己筑巢，在这之前，他们也只是在书上看到过红猩猩筑巢的描述。“我想可能是野性的环境唤起了它的原始记忆。”沈志军说。

“森林中的人”——红毛猩猩（王路宪　摄）

在澳洲区之后，动物园的其他场馆陆续进行了改建。

阅读提示（一）

1. 红山动物园的位置有什么特点？
2. 沈志军调任红山动物园园长前，从事什么工作？这对他的新工作有哪些帮助？

1 世界自然保护联盟：International Union for Conservation of Nature，简称IUCN，是世界上规模最大、历史最悠久的非营利环保机构。1948年在法国成立。其工作重心在于保护生物多样性，包括拯救濒危的植物和动物，建立国家公园和自然保护区，评估物种和生态系统的保护现状等。中国于1996年加入。

2 濒危物种：国际自然保护联盟濒危物种红色名录（或称IUCN红色名录）于1963年开始编制，是反映全球动植物保护现状最全面的名录。该名录将物种濒危等级分为七等：绝灭（EX）、野外绝灭（EW）、极危（CR）、濒危（EN）、易危（VU）、近危（NT）、无危（LC）。其中极危、濒危和易危属于受威胁物种。绝灭指完全消失，常说成“灭绝”。

3 灵长馆：灵长（língzhǎng）动物是哺乳动物中的一种。猴子、猩猩和人类都属于灵长类动物。灵长馆是动物园内灵长动物生活的地方。

3. 来到红山动物园之后，沈志军首先关注到动物的什么问题？

4. 哪些因素促使沈志军对红山动物园进行场馆改造？

5. 新场馆跟老场馆有什么不同？住进新场馆后，动物发生了哪些变化？

词语表（一）

08–02

序号	词语	拼音	词性	搭配举例
1	小众	xiǎozhòng	名	～市场 / 景点 / 文化 / 行业
2	使命 ○	shǐmìng	名	～神圣 / 特殊；完成～；◎～感；历史～
3	俯瞰	fǔkàn	动	～大地
4	全貌	quánmào	名	城市 / 事件～
5	公顷 ○	gōngqǐng	量	
6	茂密 ○	màomì	形	森林 / 树木～
7	捕捉 ○	bǔzhuō	动	～动物 / 机会
8	绿荫	lǜyīn	名	
9	则 ○	zé	连	
10	光芒 ○	guāngmáng	名	发出～；～四射 / 万丈
11	搬迁 ○	bānqiān	动	～新居
12	调任	diàorèn	动	
13	园艺	yuányì	名	～产业 / 作物；◎～学 / 师 / 场
14	打交道 ○	dǎ jiāodao		跟……～
15	对照 ○	duìzhào	动	～说明书/标准/（别人的）做法；跟……～；◎古今 / 正反～
16	笼子 ○	lóngzi	名	铁～
17	顺时针	shùnshízhēn	形	～方向；～运行
18	逆时针	nìshízhēn	形	～方向；～运行
19	刻板	kèbǎn	形	做事 / 内容 / 方式～；◎～行为 / 印象
20	野外 ○	yěwài	名	◎～考察 / 调查 / 训练 / 生存

21	生机勃勃	shēngjī bóbó		
22	分隔	fēngé	动	～成……
23	依托○	yītuō	动	～平台 / 手段
24	习性	xíxìng	名	生活～
25	壕沟	háogōu	名	挖～
26	隔离○	gélí	动	～政策；◎种族 / 医学～
27	饲养○	sìyǎng	动	～动物
28	天性○	tiānxìng	名	～善良 / 单纯 / 乐观 / 活泼
29	生物学	shēngwùxué	名	
30	猛兽	měngshòu	名	
31	散落	sànluò	动	～在……
32	水禽	shuǐqín	名	
33	热带○	rèdài	名	～水果 / 植物 / 花卉；◎～雨林
34	温带	wēndài	名	
35	改建	gǎijiàn	动	（建筑物）～
36	风情○	fēngqíng	名	◎异国 / 异域 / 民族 / 热带～
37	混凝土○	hùnníngtǔ	名	
38	景观○	jǐngguān	名	草原 / 自然 / 人文～；◎～大道
39	栖息地	qīxīdì	名	动物～
40	节水○	jiéshuǐ	动	
41	理念○	lǐniàn	名	办学 / 经营 / 文化～；～新颖 / 先进
42	电泵	diànbèng	名	
43	丛林○	cónglín	名	热带～；◇水泥～；◎～法则
44	濒危	bīnwēi	动	动物 / 物种～；◎～动物 / 物种
45	停滞	tíngzhì	动	发展 / 经济～；～不前
46	饲养员	sìyǎngyuán	名	

47	筑○	zhù	动	～路 / 坝 / 巢
48	巢	cháo	名	鸟 / 蜂～
49	野性	yěxìng	名	充满～；～十足

动物福利 08–03

“福利”，在采访中不止一个人跟我提到这个词。“动物福利”产生于人们对动物园角色的思考。动物园是科学理性时代的产物，开办的最初宗旨是为了研究动物。进入20世纪，在动物园中进行科学研究的功能逐渐消匿，一些动物园向娱乐化发展取得了商业成功，于是产生了娱乐至上的趋向，只关注娱乐功能和追求经济效益的动物园越来越多，动物园中圈养动物的福利状况越来越受到关注和诟病。按照国际普遍认可的说法，动物福利被理解为五大基本原则：享有不受饥渴的自由、享有生活舒适的自由、享有不受痛苦和疾病的自由、享有无焦虑与恐惧的自由、享受表达天性的自由。

聪明温顺的亚洲象（姚俊　摄）

红山动物园大象馆的丰容[1]改造工程就是提升动物福利的一种尝试。与已经建成的中国猫科[2]馆和狼馆相比，因为改建一个大象馆既需要大块的土地，造价也高，红山动物园的象馆依然保持了原来场馆的水泥建筑，也没有与之相对应的植物匹配。但在2012年，沈志军等人在场馆里给两只大象装了一个遮阳伞，挖了一个水池，让大象夏天不至于处于烈日的暴晒下无事可干。“我们曾一度想放弃挖水池，这个运动场底下全是岩石，挖个水池既费劲又费钱。但想到好的动物园的大象有游泳池，我们觉得再难也要挖。”这个项目花费了100万元。

与此同时，动物园还引进了给大象修脚的服务——成年象体重有4吨到6吨，这意味着一只大象四肢站在地上时，每只脚要承受一吨的重量。在野外，大象每天要走

1 丰容：动物园用语。简单地说，就是改善动物生活条件，使之尽量符合动物的天性需要。
2 猫科：包括狮子、老虎、豹等动物。“猫科”的“科”是生物学中物种分类用词。从大到小，表示物种类别的专业术语依次为“界、门、纲、目、科、属、种”。

大概几十公里或者上百公里去寻找食物、寻找水源，指甲会直接磨掉，但动物园的大象显然不具备这样的行走条件，身体所有的重量都得由指甲来承受。大象的平均寿命在60—70岁，这意味着它们可能成为忍受痛苦最长的动物。修脚并不是一件容易的事情，涉及对动物的行为训练，需要在食物的帮助下训练大象听从抬脚命令。大象的饲养员说："让大象跷前脚大概用了4个月，跷后脚比较难，大概需要半年时间。"

阅读提示（二）

1. "动物福利"这个概念是在什么情况下提出来的？具体来说，动物福利包括哪些内容？
2. 以大象馆和大象为例，红山动物园对动物福利的关注体现在哪些地方？
3. 跟野外大象相比，为什么动物园中大象的脚要承受更多的痛苦？

词语表（二）

08–04

序号	词语	拼音	词性	搭配举例
50	采访○	cǎifǎng	动	～观众/来宾；对……进行～；接受～
51	理性○	lǐxìng	形/名	～认识/判断/思考；失去～
52	开办○	kāibàn	动	～工厂/学校/医院
53	宗旨○	zōngzhǐ	名	办学/教育/研究～
54	消匿	xiāonì	动	
55	趋向	qūxiàng	名/动	总/发展～；～于
56	效益○	xiàoyì	名	～高/低/好/差；提高～；◎社会/经济/环境/生态～
57	圈养	juànyǎng	动	～动物
58	诟病	gòubìng	动	为人所～
59	饥渴	jīkě	形	
60	恐惧○	kǒngjù	形	对……感到～
61	造价○	zàojià	名	～昂贵/低廉

62	匹配◦	pǐpèi	动	性能 / 型号 /（电子产品）接口 / 条件～；与……～；◎～度
63	遮阳	zhēyáng	动	◎～伞 / 帽 / 棚
64	烈日	lièrì	名	◎～炎炎
65	暴晒	bàoshài	动	烈日～
66	岩石◦	yánshí	名	
67	费劲◦	fèi//jìn	动	毫不～
68	与此同时◦	yǔcǐ-tóngshí		
69	修脚	xiū//jiǎo	动	
70	水源◦	shuǐyuán	名	寻找 / 保护 / 污染～
71	听从◦	tīngcóng	动	～指令 / 命令 / 劝告 / 意见

公众与自然的联结点 08-05

沈志军说，动物园作为一个公众与自然联结的节点，必须要在公众教育和参与环境保护方面做出自己的努力。

早在 2011 年，红山动物园就成为全国第一家取消动物表演的动物园，2014 年又取消了动物投喂。动物表演是传统动物园吸引游客的一个核心点。根据专家对全国 40 余家动物园的调查，有 50% 的城市动物园、91% 的野生动物园和 89% 的海洋馆存在各种类型的动物表演，包括走钢丝、钻火圈、大象倒立、黑熊拳击等。而在此之前，甚至有动物园将东北虎、熊猫出租给企业，供展示使用。

在当时，决定取消表演和投喂时，不管是旅行社还是动物园内部的员工，都有人提出反对，认为这会导致游客数量的下降，影响动物园的收入，毕竟红山动物园是全国省会城市动物园中唯一的自收自支[1]型事业单位，没有政府拨款做保障，营收全靠自己。沈志军当时看到很多国外动物园的经营案例，许多没有政府财政支持，即使没有动物表演、没有投喂，通过门票和公益捐赠、投资收益、科学教育也能达到很好的经营。他就劝大家，“动物园的存在价值是什么？是要体现物种保护和尊重动物的文明。

1 自收自支：事业单位财政管理办法之一。指单位自己收费，然后按规定的比例留出部分资金用于本单位的日常开支和工资发放。收：创收，收费。支：支出。

动物园在整个文明进程中，应该承担什么角色？我们应该是引导，而不是迎合。现代动物园已经不再将展示野生动物作为唯一的使命”。

后来的一些成果证明沈志军的设想是对的，红山动物园的门票收入除了第一年有所下降外，后来都处在增长的状态中，现在每年游客人数达到500万人次。要知道，南京市包括郊县郊区的人口加起来总共才800万——门票收入占据了所有收入的85%左右，改建场馆的钱就来自这里。但取消了动物表演和动物投喂这两项中国民众认知度最高、也最可能带来收入的动物园项目，意味着沈志军和他的同事们选择了一条更艰难的运营道路。2020年之前，动物园的收支一直处于紧平衡的状态。为了补贴动物园收入，2013年他们就将动物园的办公楼租了出去，那是一栋三层的小楼，独门独院。之后他们一直跟其他机构挤在一栋小楼里办公。2020年初，红山动物园曾闭馆51天，损失达2000多万元。这段时间，没有了门票收入，他们通过在网上求助和开展直播活动，勉强渡过了难关。

今年7月，沈志军登上了一席[1]的网络讲坛。他最初的演讲题目叫“动物园——一个生命与生命对话的地方”。他说，上一席这个事情，他想了整整一个月。第一个原因是，他认为动物园是个小众行业，大家对行业的理解是滞后的，“所以我希望通过介绍我们的动物园，让大家知道，动物园在保护动物上做了哪些工作，动物园的使命是什么”。第二个原因，从某种程度上来说，上一席也是一种求助，“我希望大家能来我们的动物园，不管是出于热爱，或是同情”。

阅读提示（三）

1. 红山动物园取消动物表演和动物投喂遇到了什么阻力？沈志军为什么要坚持这样做？
2. 取消动物表演和动物投喂后红山动物园营收情况如何？
3. 2020年初，红山动物园凭借哪些方法渡过了闭馆没有收入的难关？
4. 出于哪些考虑，沈志军登上了一席讲坛？

---

1 一席：现场演讲与网络视频结合的网站。成立于2012年，平均每月举办一次演讲，宗旨在于分享知识、信息和观点。

词语表（三） 08–06

序号	词语	拼音	词性	搭配举例
72	联结	liánjié	动	
73	节点	jiédiǎn	名	时间 / 网络 / 路网～
74	投喂	tóuwèi	动	～动物；给动物～食物
75	钢丝	gāngsī	名	走～
76	火圈	huǒquān	名	钻～
77	倒立	dàolì	动	
78	拳击	quánjī	名	～项目 / 运动员 / 手套
79	事业单位	shìyè dānwèi		
80	拨款 ○	bōkuǎn	动 / 名	政府～（若干万元）；财政～
81	保障 ○	bǎozhàng	名 / 动	生活 / 经济～；～安全 / 权利 / 权益
82	营收	yíngshōu	名	～总额
83	案例	ànlì	名	典型 / 成功 / 重大～
84	财政 ○	cáizhèng	名	～收入 / 状况 / 赤字 / 拨款 / 补贴；～紧张 / 亏损
85	公益 ○	gōngyì	名	热心～；～事业 / 团体 / 活动
86	物种	wùzhǒng	名	生物 / 外来 / 新～；～起源 / 进化 / 灭绝；◎濒危～
87	人次 ○	réncì	量	
88	独门独院	dúmén dúyuàn		
89	闭馆	bìguǎn	动	博物馆 / 图书馆 / 动物园 / 展览馆 / 大使馆 / 领事馆～
90	求助 ○	qiúzhù	动	向……～；～于……
91	勉强 ○	miǎnqiǎng	形 / 动	～同意 / 答应 / 接受 / 维持；～他人做……
92	讲坛	jiǎngtán	名	登上～
93	滞后 ○	zhìhòu	动	观念 / 技术 / 发展～

课文回顾与思考

1. 作为当时中国最年轻的动物园园长，沈志军在管理动物园方面有哪些新理念？
2. 从文章对沈志军的描写，你认为沈志军作为园长有哪些特点？
3. 你对动物福利有什么看法？
4. 你认为动物园搞动物表演和动物投喂等活动可以接受吗？为什么？
5. 你认为作者用《理想动物园》做文章标题，是想说明什么？你认为什么样的动物园可以称得上是理想的动物园？

词语例释

1. 为（wéi）

这里介绍“为”做动词时的用法。

其一，变为，成为。常用在动词后，表示变化的结果。如：

（1）动物园分为小红山、大红山、放牛山三片区域，总面积有68公顷。

（2）和国内其他动物园一样，原来红山动物园的展示都是按照生物学特色简单区分为猛兽区、食草区、鸟类区和两爬区等。

（3）（鹤鸵）这种生活在澳洲东北部丛林里的古老鸟类，在野外也仅剩15,000只左右，被世界自然保护联盟列为濒危物种。

（4）按照国际普遍认可的说法，动物福利被理解为五大基本原则。

（5）爬行类动物的演化沿着两个方向发展，一支发展为鸟类，另一支发展为哺乳类。

其二，是。用于书面语。可以独立做谓语，也可以跟单音节动词或名词构成相对稳定的短语，如“视为、称为、名为、题为”等，主要做谓语。如：

（6）2022年7月2日，台风“暹芭”（Xiānbā）在广东沿海登陆，登陆时中心附近最大风力为12级（35米/秒）。

（7）能将红、绿、蓝三色辨别清楚者，均可视为色觉正常。如果不能明确辨别这三种颜色，即称为色觉缺陷。对红、绿、蓝三种颜色完全不产生色觉经验的，则为色盲。

（8）墨子创立的学派名为墨家。在春秋战国时代，墨子与孔子享有同等的盛名。

（9）我看过一本名为《我的野生动物朋友》的书。法国小女孩蒂皮·德格雷跟非洲各种野生动物一起生活的故事深深打动了我。

“为”与副词结合所形成的结构如“极为、甚为、尤为、较为、大为”等，现在已成为程度副词，词义由词的第一个语素决定。如：

（10）中国近代史仅百余年，历时不长，但内容极为丰富复杂。

（11）近年来，素食的风气在欧洲甚为流行。一部分人不吃肉的原因是不忍心动物被杀。

（12）湖边水鸟很多，在游客的眼中，成双成对的天鹅、鸳鸯尤为可爱。

（13）一般认为商代的甲骨文是迄今发现最早的、较为成熟、能够识读的汉字。

（14）进入隧道以后，汽车或火车里的手机信号都会大为减弱，甚至消失。

其三，做。多见于成语或俗语中，如“尽力而为、事在人为、为善最乐、为所欲为”以及“若要人不知，除非己莫为”等。其中的“为”都是“做”的意思。“尽力而为”的意思是竭尽全力去做一件事；“事在人为”的意思是事情能否成功取决于人的努力；“为善最乐”指做好事最快乐；“为所欲为”指想做什么就做什么，贬义；“若要人不知，除非己莫为”指如果想要大家不知道自己做的事，除非不去做，意思是做坏事一定会暴露。用法举例如下：

（15）我不知道自己能否演好这个角色，但我一定尽力而为。

（16）不管遇到什么困难，都不要放弃。事在人为，坚持下去，就能取得成功。

（17）为善最乐虽是一句老生常谈，却是很多人的亲身体验。

（18）有些人以为有了钱就可以不受法律约束，就可以为所欲为。

（19）若要人不知，除非己莫为。考试作弊手段越来越先进，但是作弊迟早会被发现的。

2. 则

“则”有连词、助词、量词三个用法。

第一，连词。这里介绍两个基本用法。

其一，表示对比。如：

（1）动物园西边紧挨着南京火车站，南边则是玄武湖。

（2）鹤鸵养在猛禽对面，黑天鹅养在水禽湖，袋鼠则生活在食草区。

（3）不管是乐音还是噪音，声波的振动频率愈高，听到的声音就愈高；反之，则听到的声音就愈低。

（4）他的阅读能力很强，听力、口语则较弱。

“则”有时可与一对反义形容词组合使用。如：

（5）专家认为，地震造成的灾害快则三个月，慢则半年才会减轻。

（6）这些铜器铭文，文简字少，多则数百字，少则只有一两个字。

其二，多用于假设复句的主句。相当于“就”。如：

（7）一个人的生活没有规律，则会影响到健康。

（8）若你不能按时完成任务，则会影响整体工作的进展。

（9）如果课文有插图，则趣味性会增强，学生也更容易理解课文的内容。

（10）学习如逆水行舟，不进则退。

第二，助词。用在数词“一、二、三……”的后面，用于列举原因。如：

（11）外国人愿意到安道尔（Andorra）定居和旅游，一则由于该国环境优美安静，二则由于那里物价低廉。

（12）他没有告诉父亲找工作困难的事，一则不想让父亲担心，二则是觉得还有机会，工作会找到的。

第三，量词。用于表示自成段落的文字的条数，比如广告、新闻、寓言、笑话、故事、日记等。如：

（13）今天看到一则猫救主人的新闻。猫半夜发现冰箱起火，果断叫醒了主人，最终避免了一场火灾。

（14）“精卫填海”是《山海经》中的一则故事。女娃在东海溺亡，化为精卫鸟，每天衔来木石，决心把大海填平。

3. 有所

“有所”需要跟动词结合，形成“有＋‘所＋动词’”的四字结构。“有所”对动词所表示的程度进行限制，表示程度有限。如“有所下降”，表示有一定程度的下降；“有所增加”，表示有一定程度的增加；“有所创新”，表示有一定程度的创新。如：

（1）后来的一些成果证明沈志军的设想是对的，红山动物园的门票收入除了第一年有所下降外，后来都处在增长的状态中。

（2）从2006年1月1日开始，中国废除农业税。农民的负担因此而减轻，收入有所增加。

（3）创新是艺术的生命。京剧只有随着时代发展而发展，在继承传统的基础上有所创新，才能永葆青春。

“无所”也可以跟动词结合，形成“无＋‘所＋动词’”的结构，意思跟“有＋‘所＋动词’”正好相反。这一结构多见于成语，如“无所畏惧、无所作为”等。“无所畏惧”，指没有什么可以惧怕的；“无所作为”，指没有做出什么成绩。“无所”后还常跟否定式，形成“无＋‘所＋不＋动词’”的结构，双重否定。不少成语包含这一结构，如“无所不谈、无所不有、无所不在、无所不知”等。“无所不谈”，表示什么都谈；“无所不有”，表示什么都有；“无所不在”，表示到处都存在；“无所不知”，表示什么都知道。

4. 与此同时

一般用于第二个话题的开始，表示与前面的事情发生在同一个时刻或同一段时间之内。如：

（1）红山动物园给大象挖了一个水池，与此同时，还引进了给大象修脚的服务。

（2）曾经一度在中国绝迹的麋鹿（俗称“四不像”），1985—1991年之间，园林种群从22头发展到100多头。与此同时，中国政府在江苏和湖北建立了两个自然保护区，致力于恢复野生种群。

（3）世界上最大的海洋太平洋正在不断缩小。与此同时，陆地上最长的裂谷带东非大裂谷，却在继续开裂。

（4）一山有四季，十里不同天。这是一句谚语，说高山的气候垂直变化明显。夏季的时候，山脚是夏天，山腰是秋天，与此同时，山顶却是白雪飘飘的冬天。

（5）在如今这个信息时代，人们越来越依赖于电脑和网络系统。与此同时，网络安全问题也显得越来越严峻。

成语运用

自A自B

本课课文未出现成语。这里介绍课文出现的固定格式“自A自B”以及包含此格式的几个常用成语的用法。

课文中有这样一句话：“红山动物园是全国省会城市动物园中唯一的自收自支型事业单位。”其中“自收自支”就是“自A自B”格式，表示自己创收自己支配的意思。“自”指自己。A和B的词义接近或同属一类。含有这一格式的普通四字格有“自娱自乐、自觉自愿、自立自强、自重自爱、自编自导、自导自演”等，“自A”和“自B”构成并列关系。如“自立自强”，表示依靠自己的力量立足，自己努力向上；“自编自导”，表示自己编剧，自己导演。这一格式也出现在很多成语中，如“自给自足、自言自语、自作自受、自生自灭、自暴自弃、自吹自擂、自由自在、自私自利、自高自大”等。其中大部分“自A”和“自B”为并列关系，少量为顺承关系，如“自给自足、自作自受、自生自灭”。

下面就其中的六个常用成语举例说明其用法：

1. 自给自足

靠自己的生产满足自己的需要。给（jǐ），供给。使用中相当于动词。褒义。

（1）四川省的九寨沟，因九个藏族村寨而得名，被誉为“人间仙境”。曾经只有马道和山间小路跟外界沟通，藏民们过着半隔绝的自给自足的生活。

（2）中国的石油资源种类多样，包括常规传统原油、页岩油、致密油等，但石油还是不能自给自足。

2. 自言自语

自己跟自己说话。指人在特殊情况下的一种状态。使用中相当于动词。

（1）精神病人常常自言自语，并伴有很多其他症状。

（2）车祸已经过去很长时间了，她一想起来还是会自言自语：“可怕，太可怕了！”

3. 自作自受

自己做了坏事，自己承担后果。使用中相当于动词。贬义。

（1）如果看到“水深危险，禁止游泳”的牌子，还要下水游泳，那出了问题，就是自作自受了。

（2）你欺骗了朋友，现在被朋友抛弃，完全是自作自受。

4. 自由自在

非常自由。使用中相当于形容词。褒义。

（1）她最喜欢旅行，海阔天空，自由自在。

（2）鸟向往自由自在的天空，人向往自由自在的生活。

（3）累的时候就想象一下，自己来到深山之中，自由自在地在山林漫步，耳边只有林间的微风和小鸟的鸣叫。

（4）减少欲望，就能减少烦恼，活得自由自在。

5. 自私自利

只考虑自己的利益，不顾及他人。形容非常自私。使用中相当于形容词。贬义。

（1）如果父母自私自利，孩子也很容易受影响，变得只考虑自己，不考虑别人。

（2）在公共场所吸烟或大声喧哗也属于自私自利的行为。

6. 自高自大

自己觉得自己很了不起，看不起别人。使用中相当于形容词。贬义。

（1）每个人都有自己的长处，我们应该多向别人学习，不要自高自大，目中无人。

（2）因为上学时一直成绩优异，他养成了自高自大的心理，有点看不起人。

复句讲解

选择复句

分句之间具有选择关系的复句称为选择复句。选择复句可分为未定选择和已定选择两种。高级阶段表未定选择的关联词有“或……，或……”，表已定选择的有“与其……，不如/宁可/宁愿……”和“宁可 / 宁愿……，也不……”。

1. 或……，或……

与“或者……，或者……”的用法基本相同，只是较为书面。如：

（1）从浦东机场去虹桥高铁站，可以坐地铁，或坐机场大巴，或打车。

（2）要改变物体的运动状态，或改变其速度的大小，或改变其速度的方向，或两者同时加以改变。

2. 与其……，不如 / 宁可 / 宁愿……

这里将这一组合写成“与其 + A，不如 / 宁可 / 宁愿 + B”的形式，以便于说明。A、B 表示两个选项。该组合表示放弃前面的 A，选择后面的 B。“不如”在用于对客观情况的判断或对某种说法的评价时，常用“与其说……，不如说……”的表达形式。“宁可 / 宁愿”语气较强，一般表示具体某个人的选择，两个分句的主语一般是相同的。如：

（3）在某些特殊情况下，与其站出来公开反对，不如用沉默表示不满。

（4）与其疲劳的时候工作，不如先休息，体力恢复了再接着做。

（5）人们难以合作的原因与其说是自私，不如说是愚蠢：人们往往没有意识到，自私最大化不等于利己最大化。

（6）正如古老的阿拉伯谚语所言，“与其说人如其父，不如说人酷似其时代”。这是东方的智慧。

（7）与其参加无聊的聚会，我宁愿一个人在家安静地看书。

（8）与其在工作中处处受气，他宁愿被开除。

（9）与其把东西低价卖给别人，我宁可不卖。

（10）与其现在匆匆忙忙开始，他宁可再准备一段时间，等条件成熟再动手。

3. 宁可 / 宁愿……，也不……

在“宁可 / 宁愿 + A，也不 + B”的组合中，选择项在前面，表示选择前面的 A，而放弃后面的 B。如：

（11）鉴于环保工作的重要性，政府官员表示，宁可不投资建厂，也不能再污染河流。

（12）谈判高手的经验告诉我们，宁可高估对手的实力，也不要低估他们。

（13）他们热爱音乐，希望能靠音乐养活自己。宁愿受穷，也不愿去做别的事情。

（14）他的性格很像鸵鸟，宁愿把头埋进沙里，也不愿面对现实。

练　习

第一部分 词汇、语法

一、解释加点语素的意思，并根据拼音完成新词语，同时说明其词义。

1. 俯瞰（　　　　　　）
   俯 chōng ________
   俯 shì ________

2. 全貌（　　　　　　）
   全 jǐng ________
   全 jú ________

3. 热带（　　　　　　）
   hán ________ 带
   wēn ________ 带

4. 改建（　　　　　　）
   改 xiě ________
   改 xuǎn ________

5. 节水（　　　　　　）
   节 diàn ________
   节 néng ________

6. 至上（　　　　　　）
   至 chéng ________
   至 zūn ________

7. 费钱（　　　　　　）
   费 lì ________
   费 shén ________

8. 水源（　　　　　　）
   bìng ________ 源
   rè ________ 源

9. 倒立（　　　　　　）
   倒 guà ________
   倒 liú ________

10. 闭馆（　　　　　　）
    闭 huì ________
    闭 shì ________

二、选择成语填空并模仿造句。

自给自足　自言自语　自由自在　自作自受　自私自利　自高自大

1. 一些家庭对孩子过分宠爱，渐渐让孩子养成了只关心自己、________________的性格。

____

2. 众所周知，死海的水含盐量很高，人在死海里游泳，不但不用担心被淹死，还可以躺在水面上________________地看书。

____

3. 奶奶老了以后，常常________________，完全沉浸在自己的世界里。

____

4. 希望成功能使我们变得更加谦虚，更加清醒，而不是________________。

____

5. 从目前统计的数字来看，我国的小麦和大米基本能够______________，但大豆、大麦等还需要进口。

____

6. 医生多次强调，手术以后不能运动，但他还是很快就去健身房了。现在又进了医院，可以说是______________。

____

三、词语搭配与填空。

饲养	公司
采访	指令
开办	动物
听从	权益
保障	观众

（1）心理学家认为，孩子有时不按父母的要求去做，不________父母的________，这正是幼儿身心发展的特点。

（2）按照动物保护法，人们不应捕捉和________野生________，遇到受伤的野生动物，要及时设法进行救护。

（3）公司必须依照法律，充分________实习生的合法________。

（4）晚会以后，记者________了现场的很多________，大家都表示很满意。

（5）毕业以后，他打算跟同学一起________一家自己的家政服务________。

使命	善良
森林	神圣
天性	昂贵
造价	滞后
技术	茂密

（6）孩子的________是________的，让他们体验真实的生活，会激发起他们的同情心和责任感。

（7）维护法律的尊严和权威是每个公民的________ ________。

（8）这家公司在________方面严重________，跟先进水平比还有很大的差距。

（9）在很多人的印象中，西伯利亚寒冷荒凉，其实这里________ ________，动物资源也十分丰富。

（10）高铁舒适快捷，但________十分________，需要相当的经济条件做支撑。

◎ 热带 生存 异域 大道 景观 法则 丛林 风情 野外 雨林

（11）走出国门感受________ ________，成为一些年轻人度假的首选。

（12）独库公路是新疆最美的公路之一，雪山、峡谷、湖泊、草原，极致美景一一呈现，被称为中国最美的______ ______。

（13）如果你想做危险系数比较高的户外运动，最好先接受一点________ ________训练。

（14）________ ________是自然界的规律，简单地说，就是生存竞争。

（15）南美的________ ________被称为“地球之肺”和“绿色心脏”，对全球的生态平衡起着很重要的作用。

四、用指定词语完成句子或对话。

1. 他有很精明的商业头脑，________________________________（捕捉）
2. 适量的运动有益于身体健康，________________________________（则）
3. 因为洪水冲毁了整个小镇，________________________________（搬迁）
4. 他是一个动物学家，________________________________（打交道）
5. A：打印机买回来了，有说明书，你自己能安装吗？
   B：________________________________（对照）
6. 远程教育是这样一种教育形式，________________________________（依托）
7. 他因病毒性肝炎住院了，________________________________（隔离）
8. 公司要想获得快速的发展，________________________________（理念）
9. 问题越多，矛盾越尖锐，________________________________（理性）
10. 奥林匹克运动会是世界上规模最大的综合性运动会，________________________________
    ________________________________（宗旨）
11. A：你实习的这家公司怎么样？
    B：________________________________（效益）
12. 虽然他会游泳，________________________________（恐惧）
13. 我买的充电器暂时还不能用，________________________________（匹配）
14. 人到了一定年龄，眼睛就会老花，________________________________（费劲）
15. 中国每年都有大量的年轻人出国留学，________________________________
    ________________________________（与此同时）

16. 当非洲草原的旱季来临，对野生动物来说，____________________（水源）

17. ____________________，所以我们有足够的资金购买新的设备。（拨款）

18. 随着社会的进步，____________________________________（公益）

19. 登山时如果遇到突发情况，______________________________（求助）

20. 我们劝了他很长时间，__________________________________（勉强）

五、选择关联词填空并模仿造句。要求：①造句时使用本句所用关联词和括号中的词语；②括号中的词语分别用于两个分句中。

A. 或……，或……	B. 与其……，宁可 / 宁愿……
C. 与其说……，不如说……	D. 宁愿……，也不……

（1）________一个人旅游，他________跟一个吵吵闹闹的旅游团，至少不用自己安排食宿。

____（坐缆车；爬山）

（2）他________自己的人身安全遇到威胁，________会见死不救。

____（啃老；工作）

（3）心理出现亚健康状态的时候，________自我调节，________寻求医生帮助，都是有效的手段。

____________________________________（独立完成；与人合作）

（4）他这次的失败________是被对手战胜，________是被自己打败了。

____（运气；实力）

六、排序，并画出各句所用关联词及其他可提示句子顺序的词语。

1. A. 当然，这对熊猫夫妇特别相亲相爱也是显而易见的
   B. 熊猫夫妇龙徽和阳阳 2003 年从中国来此定居
   C. 不少人将这罕见的现象归功于优美宜居的环境和良好的饮用水质量
   D. 奥地利首都维也纳的美泉宫动物园（建于 1752 年）是世界上最古老的动物园
   E. 并在这里自然交配生下了 5 只健康的熊猫宝宝
   正确语序：____________________

2. A. 但有一点应该看到
   B. 云南的一群野生亚洲象在外“旅行”了约 21 个月的时间
   C. 从 2020 年 3 月离开原生栖息地到 2021 年 12 月返回

D. 但与此同时，人类的生产活动也侵占了它们的栖息地

E. 目前还不清楚什么原因促使这群大象离开家园

F. 虽然近年来国家对大象进行了大力保护

正确语序：________________________

3. A. 此外，902个物种已灭绝，80个物种在野外灭绝

B. 在2021年世界自然保护联盟（IUCN）评估的13.8万余个物种中

C. 因此实际数量可能更多

D. 有超过3.8万个物种面临灭绝的危险

E. 由于并非所有物种都经过评估

正确语序：________________________

4. A. 长江白鲟已经灭绝

B. 长江特有物种白鲟被誉为"中国淡水鱼之王""水中大熊猫"

C. 2022年7月21日，世界自然保护联盟正式宣布

D. 是距今1.5亿年前的白垩纪[1]残存下来的极少数远古鱼类之一

E. 但令人痛心的是

正确语序：________________________

5. A. 在欧洲国家中，使用狮子和鹰作为纹章图案的比例最高

B. 动物的灭绝都会使自己的文化传承出现缺损

C. 用动物代表国家、民族的传统不管在东方还是西方都有

D. 从这一点来说，无论东方还是西方

E. 在中国，很多动物也都有它们的象征意义

正确语序：________________________

第二部分 拓展阅读

七、请概括下面这段文字的主要意思。

"丰容"是一个动物园术语，简单来说就是根据圈养动物种类的不同，为之设置最合适的生存区域，使环境丰富，从而满足动物的生理需求和心理需求，提高它们的生

1 白垩纪：Bái'è Jì。地质年代，中生代的最后一个纪，约1.45亿年至0.66亿年前。中生代约始于2.52亿年前，分为三叠纪、侏罗纪、白垩纪三个纪。

活质量。在人工圈养条件下，动物的生存已经不是奢侈的事了，“养活”已经不难，而“养好”成了更重要的事情。

动物园的丰容大致可以分为两个方面：环境丰容和行为丰容。环境的丰容非常重要，即便不为了动物，也要满足游客的观赏体验，毕竟大家来到动物园是为了欣赏动物和风景的，环境丰富、景色优美的动物园肯定比只有大铁笼子的动物园更受欢迎。动物们在野外的生存环境不一样，如果只是把它们关在小笼子里定时投喂，它们无疑也能活命，但是那种状态一是对动物极其不好，二是毫无观赏性，所以现在基本上大部分动物园都很追求环境的丰容，尽量去还原动物们原生地的生活环境。

对于这些动物来说，只有环境丰容还不够，动物园还要为它们进行日常行为方面的丰容，例如在它们各自的栖息区域添置一些娱乐设施，包括攀爬杆、漂浮球、磨牙棒、智力玩具等物品，让动物们能有东西可以玩。还有就是投活食，让动物们锻炼捕猎能力。所以行为丰容一方面能让动物们的生活丰富多彩，也能促使它们展示自身的天性和行为习惯；另一方面还能增加观赏性，满足游客前来动物园参观游玩的需求。

上面这段文字主要说明了（请选择）：

☐ A. 丰容的目的在于养好动物

☐ B. 丰容的概念和动物园丰容的具体内容

☐ C. 动物园丰容给动物带来的好处

☐ D. 动物园的丰容可以给游客带来更强的观赏性

八、阅读下面的文章，并完成后面的练习。

北京多种措施为 300 万只候鸟保驾护航[1]

杜　娟

黑鹳（hēiguàn）、大鸨（dàbǎo）、天鹅、䴙䴘（pìtī）、鸿雁（hóngyàn）、鸳鸯（yuānyang）、灰鹤（huīhè）、秋沙鸭……，北京此时变成了候鸟的天堂，它们有的悠然地享受着好客①的北京专门提供的“饕餮（tāotiè）盛宴”，或在京城各处安心地中转

1 文章来源：中国日报网，2021 年 12 月 2 日。

休息，或四处觅食“加油”；有的贪恋北京良好的生态环境，干脆“反客为主”，以京城为家安然过冬；更有的在这里筑起“爱巢②”，有滋有味地过起了日子。

记者从市园林绿化局了解到，进入候鸟迁飞季以来，北京的10个国家级、33个市级监测站密切监测候鸟迁飞情况。监测数据显示，9月各监测站累计③上报野生鸟类232,591只，上报记录6361条；10月累计上报野生鸟类255,014只，上报记录6723条；11月截至16日累计上报野生鸟类155,874只，上报记录3483条。随着秋冬迁徙高峰的到来，鸟类监测数量正逐步上升。

鸟类专家表示，根据以往的监测报告和目前的监测数据分析，今冬京城候鸟有300万只左右。北京在园林绿化建设中统筹考虑动物“居民”的吃、喝、住、行需求，本市包括候鸟在内的野生动物种群逐步增长，北京已经成为世界上生物多样性最丰富的首都之一。

副中心[1]来了3只大鸨　园林绿化部门与志愿者共同守护

这一阵，3只出现在城市副中心的大鸨成了北京观鸟圈的“明星”。北京麋鹿苑研究员，也是资深观鸟爱好者郭耕告诉记者，大鸨是鸨形目鸨科鸨属[2]的鸟类，是国家一级保护动物[3]，国际自然保护联盟确定其为世界易危物种[4]，这与大熊猫级别一样。统计数据显示，大鸨在世界上的数量只有数千只。所以，能看见大鸨，特别是在首都看见大鸨绝对是一个小概率事件，更何况还有3只。据了解，大鸨已经是连续6年出现在通州。资深观鸟爱好者李辉告诉记者，根据他去年拍的相片，今年的3只大鸨中有2只极有可能是去年来过的，而今年又新增加了1只，但它们到底是父母带来了孩子，还是1只雄鸟配2只雌鸟，这尚需观察。

---

1 副中心：即北京城市副中心，位于北京市通州区。

2 鸨形目鸨科鸨属：表示大鸨在动物学分类中的类别。其中的“目、科、属”是类别专用词。

3 一级保护动物：根据《国家重点保护野生动物名录》，中国对珍贵、濒危野生动物的保护级别分为一级和二级。一级高于二级。

4 易危物种：物种濒危等级的第五等。

鸟类明星——大鸨（安妮摄于北京）

为减少观鸟人群对鸟类的影响，市、区园林绿化部门提前安排，除密切监测外还制作了三四十块宣传标语，张贴在可能拍摄大鸨的位置，提醒大家不要惊扰、投喂、影响动物，给它们营造一个安静舒适的生活环境。爱鸟志愿者们也行动起来，副中心爱鸟会组织了 200 多名志愿者，和其他爱鸟组织共同守护大鸨。现在，每天至少有 8 名志愿者分成上下午两组劝导大家文明观鸟。得益于④专业部门和志愿者的共同努力，这几只大鸨在迁徙途中享受到了一段难得的惬意时光。

绿心生态保育核一年就招来 70 多种飞禽走兽

坐落于城市副中心的城市绿心森林公园面积达 11.2 平方公里，相当于 3 个纽约中央公园[1]。在城市副中心“一核、两环、三带、五片区”的绿化布局中，“一核”指的就是它，而这个“核”中还有一个“核”——生态保育核。

为了恢复生物多样性，绿心率先探索建设了生态保育核，局部保留荒野状态，并设置本杰士堆[2]、动物迁徙廊道，在保育核内混合播种了先锋抗性强的树种[3]、灌木草种以及慢生植物，渐次形成荒草、灌草、疏林、密林的风貌，其中食源蜜源植物占到了 38%。城市绿心栽种乡土树种达到 44.3 万株，占总株树的 88.1%，形成了完整的小动物美食供应链，春天有甜美的花粉、花蜜；夏天有多汁的桑葚，甜脆的李子、杏子；

1 中央公园：Central Park。位于纽约市，是美国接待量最大的城市公园，也是全球著名的旅游景点。公园面积约为 3.41 平方公里，其中设有野生动物保护区。

2 本杰士堆：Benjeshecken，即人造灌木丛，是为动物构建的一个接近自然的生存空间。名字来自德国园艺师赫尔曼·本杰士（Hermann Benjes，1937—2007）。这是他在 20 世纪 80 年代初的一项发明。

3 先锋抗性强的树种：“先锋”这里指“先锋物种”。在生态被破坏、原有动植物丧失的环境中，先锋物种较早出现并且相对容易生存。“抗性”，即“植物抗性”，指植物对不利环境的抵抗能力。

秋天有吃不完的山楂、海棠、柿子，各类饱满丰腴的种子；就连萧瑟的冬季，也有大量坚果可寻。据城市绿心森林公园管理单位统计，在开园的短短一年中，他们已经监测到了70多种飞禽走兽，绝大多数在生态保育核范围内被发现，其中包括国家二级保护动物雀鹰（quèyīng）、灰脸鵟鹰（huīliǎn kuángyīng）、纵纹腹小鸮（zòngwénfù xiǎoxiāo）、短耳鸮（duǎn'ěrxiāo），刺猬（cìwei）、黄鼬（huángyòu）等，近自然的栖息环境使绿心内的野生动物种群越来越壮大。

短耳鸮

纵纹腹小鸮

灰脸鵟鹰

雀鹰

（珍禽四图，安妮摄于北京）

园林绿化部门多措并举　保护北京生物多样性

市园林绿化局在10月公布的全市陆生野生动物名录显示，北京市共有596种陆生野生动物，其中两栖爬行类30种、兽类63种、鸟类503种。北京拥有503种野生鸟类，占中国鸟类物种数的比例超过三分之一，在二十国集团（G20）国家首都中排名第二，北京已成为世界上生物多样性最丰富的大都市之一。市园林绿化局野生动植物和湿地保护处张志明处长介绍，在2018年北京市启动新一轮百万亩绿化造林时，明确提出构建互联互通的森林湿地生态系统，为提高生物多样性奠定基础。在植物选择方面，提出了“乡土、长寿、抗逆、食源、美观⑤”的植物选择标准，除考虑景观和绿化效益外，植物配置还要重视动物取食、栖息生态环境的营建。2020年6月1日，北京实施

《北京市野生动物保护管理条例》，将全市所有野生动物纳入保护范围，该条例还从出售、购买、运输、寄递、生产经营、消费等多个环节，建立了较为完备的禁食[6]制度体系，从供给和需求“双向[7]发力”，从根源上遏制滥食野生动物的行为。近年来，市园林绿化局修复野生动物栖息地，加强野生动物救护和疫源疫病监测，与公安、市场监管、城管执法等部门密切配合，严厉打击非法[8]猎捕和买卖野生动物的违法犯罪行为，不断加大对野生动物的保护力度，目的就是要营造健康稳定的森林生态系统，形成完整的生态链，为建设国际一流和谐宜居之都奠定坚实的绿色生态基础。

1. 请给文章拟一个新的题目（写在下面的横线上）。

____

2. 解释文中画线词语。

①好客　　②爱巢

③累计　　④得益于

⑤美观　　⑥禁食

⑦双向　　⑧非法

3. 判断下列说法是否符合文章原意（符合画“√”，不符合画“×”）。

（1）按照一般规律，11 月全月的鸟类监测数量应该超过 9 月或 10 月。（　）

（2）郭耕告诉记者，在北京看到大鸨是一件非常难得的事情。（　）

（3）李辉可以肯定，今年来的 3 只大鸨是三口之家——父母和孩子。（　）

（4）北京城市副中心布局中的“一核”指的是城市绿心森林公园。（　）

（5）绿心生态保育核中主要部分是果园，目的在于为人和鸟提供水果。（　）

（6）北京是世界上生物多样性最丰富的首都之一，野生鸟类数量在全球首都中排名第二。（　）

4. 回答问题。

北京从官方到民间，具体采取了哪些措施保护野生动物，特别是在保护候鸟方面？

____

____

____

____

第三部分 写作

九、写出课文的内容提要（中心为沈志军在红山动物园的改革措施）。（300 字左右）

十、写一篇 600 字左右的短文。主题：人类应该如何保护野生动物。题目自拟。要求：有观点，有例证。

语言实践

一、参观你所在城市的动物园。了解动物园的特点，并重点选择一种动物，为它做一张信息卡，注明它的学名、分布区域、种类（用生物学分类法）和基本习性。

二、收集有关自然保护组织的资料，官方组织、民间组织均可。选择一个，了解该组织的宗旨、工作重点和保护成果，以表格形式展示收集到的资料。

第九课　UFO 谈资指南

江晓原

课文导览

【作者简介】

江晓原（1955— ），上海人。上海交通大学教授。主要从事古代中西方天文学交流史、古代中国天学之性质与功能等领域的研究。学术著作有《天学真原》《12 宫与 28 宿——世界历史上的星占学》《中国古代技术文化》《天学外史》《西神的黄昏》等。江晓原长期在报刊上开设个人专栏，发表书评、影评、随笔、文化评论等，在科学知识的普及和传播方面做了大量有益的工作，产生了良好的社会反响。

【作品出处】

课文选自江晓原《科学外史》，复旦大学出版社，2013 年版。

【话题归属】

课文对 UFO 现象所做的社会学观察，其重心指向了一个严肃的科学话题，UFO 研究是科学还是伪科学？我们应该如何看待神秘现象、未知事物？由此也引发了我们对于什么是科学、什么是科学精神以及科学、伪科学判断标准的思考。在“科学”这一话题之下，科技史的重要阶段与成就、人类历史上杰出的科学家、科技发展现状、科技与人类未来命运的关系等问题，都可以讨论。与之相关的文学作品、影视作品，也可以作为话题选择。

课前准备——课堂报告选题

1. 中外目击 UFO 的著名事件 / 有关 UFO 现象的调查报告；
2. UFO 研究团体及其活动、著作；
3. 有关 UFO 的著名文学作品、影视剧；
4. 超自然现象及其研究举例；
5. 什么是科学，什么是伪科学，什么是科学精神；
6. 人类科技史上划时代的成就 / 改变人类命运的科学家；
7. 人类探索太空的历史 / 探索太空技术手段的进步 / 太空探索的最新成就。

课　文

09–01

UFO[1] 已经被人们谈论半个多世纪了，照理说早已成为老生常谈，然而奇怪的是，一直有许多人乐此不疲，不仅在日常生活中会遇到许多这样的人，媒体也不停地做着各种关于 UFO 的报道和采访。

外星飞船拜访地球？

1 UFO：全称是 Unidentified Flying Object，中文译作“不明飞行物”。早期的名称 Flying Saucer 中文译作“飞碟”。“飞碟”一词现常指 UFO。

在几乎所有谈论UFO的人的心目中，它其实并不是字面上的“不明飞行物”这个意义，而是“智慧外星人的宇宙飞船”。事实上，只有后面这个意义才会让它具有被谈论的价值。本文也始终使用这一意义。

什么人不谈论UFO？

半开玩笑地说，世界上的人可以分成两类——谈论UFO的和不谈论UFO的。我更愿意先分析不谈论UFO的人群。

第一，以我在中国科学院上海天文台工作十五年的经历，我可以很有把握地说，“主流科学共同体”不谈论UFO。事实上，他们羞于谈论UFO，耻于谈论UFO。一方面，当然是因为谈论UFO无助于他们拿到科研经费和项目——不仅无助，反而有害。一个科学家如果经常谈论UFO，他甚至在申请别的课题时也会因此而受到消极影响。另一方面，也是更为重要的，是因为“主流科学共同体”通常认为，UFO这类话题有着浓厚的“伪科学”色彩，“严肃的科学家”谈论它是不适宜的。

第二，政府官员从来不在公开场合谈论UFO。但这并不排除他们在私下场合，以一个普通人的身份和朋友聊天时，也会问“UFO到底有没有啊？”“你相信UFO吗？”这样的问题。政府官员不谈论UFO是有原因的，因为这后面有一条暗含的推理链条：

以人类今天的科技能力，只能在地球附近活动；

我们没有在地球附近乃至整个太阳系发现别的智慧生物；

所以UFO如果是智慧外星人的宇宙飞船，它们必定来自更远的星球；

它们既能从地球人还无法到达的远方来到地球，它们的科技能力必定大大超越人类；

想想看，一个拥有超越人类科技能力的天外来客意味着什么？它必然意味着对现有政府权威的挑战，或至少是潜在的挑战。

所以，政府官员不在公开场合谈论UFO，这一点国内外都是一样的。因为从维护政府权威、保持社会稳定等角度来看，政府官员谈论UFO都是不适宜的。

第三，像我这样曾受过严格科学训练但如今已不在科学前沿工作的人，通常也不谈论UFO，因为觉得这个话题既没意思，也乏趣味。不过——哈哈，写专栏时例外。

阅读提示（一）

1. 在谈论 UFO 的人心目中，UFO 具体指什么？
2. 不谈论 UFO 的人，作者把他们分为几类？
3. 什么是“主流科学共同体”？他们为什么“羞于”或“耻于”谈论 UFO？
4. 作者认为政府官员不谈论 UFO 的原因是什么？如何理解这些原因中所含的“推理链条”？
5. 第三种不讨论 UFO 的是什么样的人？如何理解“不在科学前沿”的意思？

词语表（一）

09–02

序号	词语	拼音	词性	搭配举例
1	谈资	tánzī	名	茶余饭后的～
2	指南 ○	zhǐnán	名	行动 / 旅游 / 生活 / 购物～
3	照理	zhàolǐ	副	◎～说
4	老生常谈	lǎoshēng-chángtán	成语	
5	乐此不疲	lècǐ-bùpí	成语	
6	心目 ○	xīnmù	名	在……的～中 / 当中
7	字面	zìmiàn	名	～意义 / 含义；从～上（看 / 理解）
8	外星人 ○	wàixīngrén	名	
9	宇宙 ○	yǔzhòu	名	～起源 / 演变；◎～飞船 / 空间 / 空间站 / 大爆炸
10	天文台	tiānwéntái	名	
11	共同体 ○	gòngtóngtǐ	名	◎经济/文化/政治/科学/命运～
12	耻于	chǐ yú		～求人 / 开口 / 承认
13	无助于	wúzhù yú		～问题的解决；～解决问题
14	伪科学	wěikēxué	名	反对 / 抵制 / 揭露～
15	适宜 ○	shìyí	形	气候 / 温度 / 环境 / 条件～
16	官员 ○	guānyuán	名	政府 / 地方 / 外交～

17	私下◯	sīxià	名	～交易 / 议论 / 交流 / 商议 / 调解；◎～里
18	暗含	ànhán	动	～（某种）意思 / 口气 / 情绪
19	推理◯	tuīlǐ	动	逻辑 / 归纳～；◎～小说
20	链条	liàntiáo	名	◇产业 / 加工 / 逻辑～
21	乃至◯	nǎizhì	连	
22	星球	xīngqiú	名	外～
23	天外来客	tiānwài láikè		
24	权威◯	quánwēi	名 / 形	树立 / 维护～；◎学术～；～机构 / 人士 / 著作；～性
25	前沿◯	qiányán	名	科学 / 技术 / 理论～；◎～科学 / 技术 / 理论 / 领域

到底有没有 UFO 的证据？ 09–03

谈论 UFO 的人，也可以分成几类。他们在某种意义上可以成为上述不谈论 UFO 的三类人的镜像。

第一类，是民间科学爱好者。他们很不喜欢“主流科学共同体”对待他们和他们的 UFO 话题的傲慢态度。当然，他们也很不喜欢“主流科学共同体”所颁布、所奉行的所谓“科学标准”——这种标准之一，是要求实验可重复。而民间科学爱好者宣称自己所看见、所经历的 UFO 事件，通常都无法进行科学家所要求的重复。

第二类，有着愤青情怀的人，他们希望挑战一切权威。当科学权威认为谈论 UFO 没有意义或者是“伪科学”时，他们就更要谈论。当政府官员让媒体上的 UFO 讨论“刹车”时，他们就在网上谈论得更加热烈。由于他们通常对现实不够满意，渴望变革的发生，所以在他们的潜意识里，也许期盼着某种外星超级力量的降临。对这种潜意识想象到极致，就成为刘慈欣[1]小说《三体》中的叶文洁[2]。

第三类，又是像我这样的人。虽然感到 UFO 话题没什么意思，但并不拒绝与媒体打交道，所以也不时被动地谈论 UFO——通常都是接受报刊采访或做电视节目。

---

1 刘慈欣：1963 年生，科幻作家。作品被翻译成多国文字，并在国内外多次获奖。代表作《三体》2015 年获第 73 届世界科幻大会颁发的雨果奖（Hugo Award）最佳长篇小说奖。

2 叶文洁：《三体》中一个改写人类命运的人物。

关于UFO我始终强调两点：

1. 迄今为止，尚无被科学共同体公开正式认可的UFO证据。

2. 不能排除UFO存在于宇宙中，或降临到地球上的可能性。

这第二点颇有些“两边不讨好”，UFO的爱好者感到太软弱乏力，又不能与“主流科学共同体”的立场相一致。

国内的“主流科学共同体”倾向于认为，除了地球人类，宇宙中并无其他智慧生命。比如我的老上级、中国科学院上海天文台前台长赵君亮[1]教授，在一次天文学会年会的报告中就是这样认为的。这让我联想起北京大学哲学教授吴国盛[2]的观点：外星人只是现代人发明的一种神话，为的是可以在“外星人”旗帜的掩护下谈论各种超自然能力和现象——没有这个掩护而谈论超自然能力和现象就会被视为“伪科学”。他的见解和赵台长的见解相配合，倒是颇有异曲同工之妙。

至于那些UFO爱好者所提供的大量“证据”——UFO目击报告（包括文字、照片、录像）、被UFO劫持的经历叙述等，因为始终无法满足“实验可重复”的科学标准，况且其中还充斥着虚假的陈述，“主流科学共同体”是不会认真对待的。

但是在UFO爱好者看来，这些“证据”早已足够证明UFO的存在，足够证明外星智慧生命的存在，也足够证明这些文明曾经到达过地球。他们和“主流科学共同体”的分歧，主要在判别标准上。从终极的意义上来说，“实验可重复”也未必就是放之四海而皆准的永恒标准。况且“主流科学共同体”也从来没有给出过“外星智慧生命不存在”的任何证明。所以我们当然不能排除UFO存在于宇宙中，或降临到地球上的可能性。虽然目前国家尚无必要用纳税人的钱去资助UFO研究，但对于民间的自发研究则应持宽容态度。

记得有一次记者问我：“你说在今天，‘主流科学共同体’到底要怎样才肯承认UFO的存在？”我说，按照今天的情形，除非有一艘UFO飞船大白天降落在华盛顿广场上，长期停留，万众目睹——这正是电影《地球停转之日》[3]（*The Day the Earth Stood Still*,

---

1 赵君亮：1942年生，上海天文台研究员。长期从事天体物理研究。同时，他也利用各种渠道对公众进行科普教育。

2 吴国盛：1964年生，现为清华大学教授。1999—2016年曾在北京大学任教，主要从事科学史和科学哲学的研究。

3 这部电影由美国导演罗伯特·怀斯（Robert Wise，1914—2005）执导。2008年美国导演斯科特·德瑞克森（Scott Derrickson）执导的同名电影就翻拍自该片。

1951）中的场景，“主流科学共同体”才肯承认。

阅读提示（二）

1. 喜欢谈论 UFO 的群体是不喜欢谈论 UFO 的人的“镜像”。如何理解这里的“镜像”？
2. 作者把喜欢谈论 UFO 的人分为哪几类？
3. 民间科学爱好者为什么不喜欢“主流科学共同体”和他们所颁布的“科学标准”？
4. “愤青”是什么意思？在喜欢谈论 UFO 的人身上，“愤青情怀”有什么表现？
5. 作者对 UFO 话题没有兴趣，但在什么情况下也会谈论这一话题？
6. 对于 UFO，作者坚持自己的哪些看法？哪一点看法“两边不讨好”？为什么？
7. “主流科学共同体”所坚持的科学标准“实验可重复”，指的是什么意思？
8. 作者对于“实验可重复”的科学标准有什么看法？他认为在什么情况下 UFO 会被“主流科学共同体”所承认？

词语表（二）

09–04

序号	词语	拼音	词性	搭配举例
26	镜像	jìngxiàng	名	
27	傲慢○	àomàn	形	态度～；～无礼 / 无知
28	颁布○	bānbù	动	～法律 / 法令 / 法规；～试行 / 实施
29	奉行	fèngxíng	动	～政策 / 原则
30	宣称○	xuānchēng	动	公开 / 对外 / 明确～
31	愤青	fènqīng	名	
32	情怀○	qínghuái	名	抒发～；爱国 / 高尚～
33	刹车○	shāchē	动 / 名	急 / 紧急～；◇（某事）需要～；踩～
34	变革○	biàngé	动	社会 / 历史 / 观念～；～深刻 / 彻底
35	潜意识	qiányìshi	名	
36	期盼○	qīpàn	动	热切～；充满～

37	降临○	jiànglín	动	夜色/幸福/危险/灾难~
38	颇○	pō	副	
39	软弱○	ruǎnruò	形	性格/意志~；~无能
40	乏力	fálì	形/动	浑身/四肢~；◇（经济）发展/增长~
41	旗帜○	qízhì	名	◇高举/打着……~；~鲜明
42	掩护○	yǎnhù	动	在……~下；为……打~
43	超自然	chāozìrán	形	~现象/能力
44	见解○	jiànjiě	名	发表~；~独到/深刻
45	异曲同工	yìqǔ-tónggōng	成语	
46	目击	mùjī	动	◎~者/证人
47	劫持○	jiéchí	动	~飞机/人质
48	叙述○	xùshù	动	~（某事的）经过/过程；详细/简要~
49	况且○	kuàngqiě	连	
50	充斥	chōngchì	动	
51	虚假○	xūjiǎ	形	~信息/证明/文件/材料
52	陈述○	chénshù	动	~意见/理由/事实/观点
53	分歧○	fēnqí	名/形	存在/减少/消除~；意见/观点（有）~
54	判别	pànbié	动	~是非/优劣；~……的标准/方法
55	终极	zhōngjí	名	~目标/目的；◎~追求/关怀
56	放之四海而皆准	fàng zhī sìhǎi ér jiē zhǔn	成语	
57	纳税人○	nàshuìrén	名	
58	目睹○	mùdǔ	动	亲眼~；◎耳闻~

UFO 影视作品提要 09–05

相关的影视作品本来是UFO话题最重要的谈资之一，但UFO爱好者往往不太注意。这里略谈几部比较重要的。

六十年前的《地球停转之日》当然是相当重要的一部，因为其中有 UFO 的典型形象。不过该片的主题实际上是警告人类可能因核武器而毁灭。2008 年的同名翻拍片也没有将主题集中在 UFO 问题上。直接将主题集中在 UFO 问题上的影片，有这样几部值得注意：

《夜空》[1]（*Night Skies*, 2007），讲述六个人遇见 UFO 的故事，最后被证明只是他们的幻觉——这种现象在实际出现的大量 UFO 报告中占有重要位置。

《第三类接触》[2]（*Close Encounters of the Third Kind*, 1977），讲述美国军方以“毒气泄漏”欺骗民众转移清场，然后秘密设立基地与 UFO 联络。最终一位 UFO 痴迷者被外星人选中而“升天”。

《第四类接触》[3]（*The Fourth Kind*, 2009），认为人类与 UFO 的接触分为四类：①看见飞碟；②看见证据（比如麦田圈[4]之类）；③与外星人有交往；④被外星人劫持。影片利用故事情节，悲愤控诉了那种拒绝考虑任何超自然力量可能性的、僵化死硬的唯科学主义立场。

关于 UFO 最权威、最集大成的影视作品，当数斯皮尔伯格监制的十集电视连续剧《劫持》(*Taken*, 2002)，因为每集长达 90 分钟，所以也可以被视为系列电视电影。影片采用史诗形式，通过美国三个家族四代人——其中有人是人类与外星人的混血——之间的恩怨情仇，呈现了几乎所有传说中与 UFO 有关的情景和猜想。影片中外星人来地球的动机，是想通过与地球人混血来改良它们自己的“人种”。《劫持》在一般影视观众中知名度很小，但实为 UFO 爱好者必看作品。

1《夜空》：由美国导演罗伊·克尼里姆（Roy Knyrim）执导。

2《第三类接触》：由史蒂芬·斯皮尔伯格（Steven Allan Spielberg）执导。斯皮尔伯格是美国著名导演、编剧和制片人。他凭借《辛德勒的名单》(*Schindler's List*) 和《拯救大兵瑞恩》(*Saving Private Ryan*) 两次获得奥斯卡最佳导演奖（Academy Award for Best Director）。

3《第四类接触》：由美国导演奥拉顿德·奥逊山米（Olatunde Osunsanmi）执导。

4 麦田圈：也称麦田怪圈，指在麦田或其他农田上，通过把农作物压平而产生的各种几何图案。有人认为这是外星人留下的记号。

阅读提示（三）

1. 电影《地球停转之日》的主题是什么？作者为什么认为这部影片对于UFO话题很重要？
2. 主题为UFO的电影，文章中提到了哪几部？分别讲述了怎样的故事？
3. 电视连续剧《劫持》讲述了一个怎样的“史诗”故事？作者为什么说它是关于UFO“最权威、最集大成”的作品？

词语表（三）

09–06

序号	词语	拼音	词性	搭配举例
59	提要	tíyào	名	内容/论文～
60	略◎	lüè	副	◎～知一二
61	该◎	gāi	代	～国/地区/作品
62	核武器◎	héwǔqì	名	研制/使用/禁止/销毁～
63	毁灭◎	huǐmiè	动	～证据/人类/文明；◎～性
64	翻拍	fānpāi	动	～照片/文件/电影
65	幻觉◎	huànjué	名	产生/出现～
66	军方	jūnfāng	名	～机构/代表/背景
67	毒气	dúqì	名	～泄漏；◎～室/弹
68	泄漏◎	xièlòu	动	煤气/毒气/原油～；～机密/秘密/信息[1]；◎核～
69	欺骗◎	qīpiàn	动	～民众/消费者；～手段/行为；◎～性
70	民众◎	mínzhòng	名	本国/全体～；教育/鼓舞/欺骗～
71	清场	qīng//chǎng		
72	痴迷◎	chīmí	动	～（于）艺术/书法/音乐；对……～；◎～不悟
73	选中	xuǎnzhòng		

1 该义项在《现代汉语词典》（第7版）中推荐词形为“泄露”。

74	飞碟	fēidié	名	
75	悲愤	bēifèn	形	无比 / 极度～；满怀～
76	控诉	kòngsù	动	～罪行 / 罪恶；提出～
77	僵化 ◦	jiānghuà	动	思想 / 头脑 / 机制～
78	死硬	sǐyìng	形	态度～；◎～派 / 分子
79	主义 ◦	zhǔyì	名	◎现实 / 浪漫 / 唯物 / 唯心 / 理想 / 英雄～
80	集大成	jí dàchéng		◎～者 / 之作
81	监制	jiānzhì	动	～商品 / 影片；◎～人
82	长达 ◦	cháng dá		～ 2 小时 / 5 米 / 10 页 / 5000 字
83	史诗	shǐshī	名	英雄 / 民族～
84	混血	hùnxuè	动	◎～儿
85	恩怨 ◦	ēnyuàn	名	个人 / 历史～；不计～
86	猜想 ◦	cāixiǎng	动	
87	改良 ◦	gǎiliáng	动	～土壤 / 品种 / 社会；◎～派 / 主义
88	人种	rénzhǒng	名	◎蒙古 / 欧罗巴～
89	知名度 ◦	zhīmíngdù	名	国际～；～高；提高 / 扩大～

课文回顾与思考

1. 作为一篇科普文章，作者从哪几个方面对 UFO 进行了介绍？各部分之间是什么关系？
2. 对于“主流科学共同体”和民间 UFO 爱好者在认识智慧外星人这一问题上的分歧，你有什么看法？你认为对待 UFO 现象的科学态度是怎样的？
3. 什么是超自然现象？你认为一个科学家应该怎样对待超自然现象？请举例说明。
4. 科学与伪科学的界限在哪里？请举例说明。
5. 结合科幻电影，谈谈人类对哪些未知事物抱有极大的好奇心。人类对未知领域的好奇心对人类未来的科技发展又具有怎样的意义？

词语例释

1. 乃至

连词。表示“(从……)一直到……”。一般用在一组词、短语或句子的最后一项的前面，突出最后一项的内容。

连接词或短语时，“乃至”连接的前后部分是一个句子成分。如果要增加一点强调的意味，也可以用“乃至于”。如：

(1) 我们没有在地球附近乃至整个太阳系发现别的智慧生物。

(2) 如何应对高油价危机，是各国政府当前乃至今后一个时期面临的艰巨任务。

(3) 从根本上说，科技的发展、经济的振兴乃至整个社会的进步，都取决于人才的培养和劳动者素质的提高。

(4) 人在运用语言进行交际时，不但动嘴，而且会运用非语言的交际工具：脸部的表情、手的动作乃至整个躯体的姿态等。

(5) 从过去到现在，乃至于将来，散步均为一种理想的健身方式。

“乃至/乃至于”连接的词或短语(句中用下画线标示)，在例(1)中做“在”的宾语，在例(2)中做“一个时期”的定语，在例(3)中做主语，在例(4)中做“非语言的交际工具”的同位语，在例(5)中做状语。

如果“乃至”连接的是句子，则这组句子构成递进复句，递进复句是本课“复句讲解”的重点。“乃至”常说成“乃至于”。如：

(6) 高血压严重的时候可能导致病人出现严重的健康问题，乃至于死亡。

(7) 人际关系的复杂让她感到不理解，乃至于为此深深地忧虑。

(8) 经过努力，男女不平等的社会现象可以改变，乃至于最终被消除。

2. 颇

副词。意为“很”。用于书面语。后面多跟单音节形容词。如：

(1) 谈起在中国南方的实习，同学们感受颇深。

(2) 关于汉语初学者要不要同步学习汉字的问题，争议颇多。

“颇”也常跟单音节动词结合形成比较固定的搭配，如“颇为(意为‘很’)、颇有、颇具”等，后常接双音节词或短语。如：

(3) 网课导致教学质量严重下滑，这一情况颇为普遍。

(4) 这位作家好像一位隐士[1]，要想联系到他颇为不易。

---

1 隐士：yǐnshì。古代指不愿做官而隐居的人。

（5）朋友的话对我颇有启发，我终于认识到健康饮食的重要性了。

（6）他的见解和赵台长的见解相配合，倒是颇有异曲同工之妙。

（7）这第二点颇有些“两边不讨好”。

（8）2011 年，南京红山动物园取消了动物表演项目。这是一项颇具勇气的改革。

（9）关于艺术的起源，我想给大家介绍几种颇具代表性的说法。

3. 皆

副词。意为“都，全”。

“皆”常见于书面语。如“皆有”，都有；“皆然”，都这样；“皆为”，都是。固定短语“老少皆宜”指某事或某物对老人和儿童都适宜。如：

（1）万事万物，皆有阴阳。阳中有阴，阴中有阳；阴阳互动，相反相成。

（2）人人爱美，古今皆然。

（3）化学跟物理一样，皆为自然科学的基础学科。

（4）乒乓球深受中国人民的喜爱，被称为“国球”。这与该运动便于普及、老少皆宜有关。

“皆”构成的成语有“皆大欢喜、比比皆是、四海之内皆兄弟、放之四海而皆准”等。“皆大欢喜”指人人都很高兴。“比比皆是”指到处都是这样。“四海之内皆兄弟”指天下的人都像兄弟一样。“四海”指全国各处，后也指世界各处。这个成语出自《论语》。“放之四海而皆准”见本课“成语运用”，其他三个成语用法举例如下：

（5）考试结果出来了，皆大欢喜。不仅没有人不及格，而且高分的还不少。

（6）因写作态度极不认真，他论文中的错误比比皆是。

（7）“四海之内皆兄弟”，不同历史文化背景的人也可以相爱互助，和睦相处。

4. 略

副词。意为“稍稍，略微，简略地”。具有一定的书面语色彩。一般修饰单音节的形容词或动词。如：

（1）研究发现，10 岁以前男孩比女孩略高、略重，不过两者的差别很小。

（2）今年的经济形势略好于去年，但还没有走出低谷。

（3）大部分的双胞胎长得几乎一模一样，但细看还是略有不同。

（4）相关的影视作品本来是 UFO 话题最重要的谈资之一，但 UFO 爱好者往往不太注意。这里略谈几部比较重要的。

（5）这几天工作太忙，太劳累，他的脸色略显苍白。

（6）初学写作时，就会接触到“详写”“略写”的概念。哪些内容应该详细地写，哪些内容应该简略地介绍，这是需要特别注意的。

固定短语“略知一二”表示对某事稍微知道一点。常表示谦虚。如：

（7）我不是专家，对于中国传统建筑的特点，只是略知一二。

（8）她说自己在红十字救援队工作过，对急救知识略知一二，可以帮助这位晕倒的病人。

5. 该

指示代词。意为“这”。后常接单音节的语素或词，指上文提到的人或事物。“该生”，这个学生；“该校”，这个学校；“该国”，这个国家；“该片”，这部影片。如：

（1）要想获得优秀毕业生称号不容易，他们的评语里常常能看到这样一句话：“该生学习刻苦。”

（2）北京一零一中学的位置有些特别，该校就坐落在圆明园遗址之上。

（3）一个国家义务教育时间的长短，大体由该国的经济发展水平和文化教育程度决定。

（4）六十年前的《地球停转之日》当然是相当重要的一部，因为其中有UFO的典型形象。不过该片的主题实际上是警告人类可能因核武器而毁灭。

如果一个多音节名词或名词性短语没有单音节形式，那么，“该”也可以直接放在这个名词或名词性短语前。如：

（5）圣女果是一种小型的西红柿，该品种原产于南美洲。

（6）Windows 11是微软公司于2021年推出的电脑操作系统，该系统主要有家庭版和专业版两个版本。

（7）阅读一篇小说时，我常常会不自觉地想象该作品的创作背景是怎样的。

（8）《山海经》中记载了一个叫“三身国”的地方，这里的人有一个头三个身体。该三身之人究竟是什么形象，我们可以想象一下。

成语运用

1. 老生常谈

老生：老书生。书生，指读书人。老书生经常讲的话。比喻没有新意的议论或理论，含有轻视的意味。口语色彩较浓。使用中相当于名词，常做宾语。也有动词用法，可以做谓语、定语。如：

（1）“读万卷书，行万里路”，这句古语虽是老生常谈，但到现在都不过时。

（2）英国谚语“不要为打翻的牛奶而哭泣”是一句老生常谈，却是人生的智慧。

（3）UFO已经被人们谈论半个多世纪了，照理说早已成为老生常谈，然而奇怪的是，一直有许多人乐此不疲。

（4）不思考，没有自己独立的见解，只会老生常谈，文章就写不出新意、深意。

（5）教学研讨会上，他谈了一个老生常谈的问题——“把”字句的用法。不过，研究方法有所创新。

（6）只要努力，就能成功——有人认为这是一句老生常谈的空话，改成“只有努力，才能成功”，还有一定的道理。

2. 乐此不疲

乐：喜欢做……。此：这。疲：疲倦。对某事特别爱好而一直做，并不感到疲倦。使用中相当于动词，在句中多做谓语，也可做状语、定语。

有时含褒义，强调虽有困难，仍能坚持。如：

（1）很多人每天到公园晨练，不管刮风下雨，一日不缺，乐此不疲。

（2）她是一位文学爱好者，热衷于儿童文学创作，虽然业余时间全被占用了，但依然乐此不疲。

（3）他热爱公益活动，这也是他乐此不疲地多次报名做志愿者的原因。

有时含有轻微的讽刺或善意的玩笑意味。如：

（4）UFO 已经被人们谈论半个多世纪了，照理说早已成为老生常谈，然而奇怪的是，一直有许多人乐此不疲。

（5）儿童爱玩游戏，而且可以长时间乐此不疲地重复玩同样的游戏。

（6）英雄救美是很多电影乐此不疲的主题。

有时含有贬义。如：

（7）他是一个有网瘾的人，打起游戏来可以通宵不睡。虽然身体很受影响，却乐此不疲。

（8）在背后说别人的坏话是一种恶劣的行为，为什么有的人却乐此不疲呢？

（9）最近受批评的这些导游，总是想尽办法把自己的客人带到定点商店，乐此不疲地为他们推荐商品，逼他们购物。

3. 异曲同工

异：不同的。曲：乐曲，曲调。工：精致，巧妙。曲调不同，但表演得同样精彩。比喻采用不同的方法却取得了同样的效果。褒义。使用中相当于动词，可以做谓语，也可以做定语。做定语时，常与“之妙”“之处”搭配，构成名词性短语“异曲同工之妙”“异曲同工之处”，做动词“有”的宾语。如：

（1）为了提高学生的学习效率，老师们想出了各种不同的办法，不过，做法异曲同工，都是从调动学生的学习兴趣入手。

（2）这两座花园布局不同，但设计异曲同工，都巧妙地利用了假山和池塘等元素。

（3）他的见解和赵台长的见解相配合，倒是颇有异曲同工之妙。

（4）国外营养学界提出，“饮食清淡、热量平衡是长寿的关键”，这一观点与我国“粗茶淡饭保平安”的说法有异曲同工之妙。

（5）传统戏曲与流行音乐也有异曲同工之处，年轻人只要用心体会，也能发现戏曲之美。

（6）诗酒有缘。好诗与美酒都能使人产生灵魂的愉悦，所以欣赏好诗与品尝美酒确有异曲同工之处。

4. 放之四海而皆准

放：推行，运用。准：准确，正确。指一个道理推行到什么地方都是正确的。使用中相当于动词。多做谓语和定语。如：

（1）谦虚使人进步，骄傲使人落后。这个道理放之四海而皆准。

（2）书上写的解决心理问题的方法，也未必放之四海而皆准。

（3）世界上不存在放之四海而皆准的审美标准，因为审美标准跟民族、社会、历史等众多因素有关。

（4）从终极的意义上来说，“实验可重复”也未必就是放之四海而皆准的永恒标准。

复句讲解

递进复句

分句之间呈现逐步递进的关系，这样的复句称为递进复句。高级阶段的递进复句关联词很多，可以分单用和合用两种情况。

其一，关联词单用。单用的关联词有“何况、况且、且、进而、乃至、甚至于”，其中“何况、况且”和“且”已分别在第五课和第七课的“词语例释”中做了解释。“乃至”作为连词，更多的是连接词语而不是分句，因此在本课“词语例释”中做了讲解。这里重点介绍“进而、甚至于”两个单用关联词的用法。

“进而”，连词，用于后一分句，表示在已有基础上更进一步。“进而”的前面有时有“并”与之配合。如：

（1）教育的目的之一在于培养人良好的性情，进而形成健全的人格。

（2）人总是不满足于已经获得的东西，进而也对自己不满。

（3）他一个人在异地他乡，思念亲人，进而又思念起家乡和家乡的朋友来。

（4）如果你一定要用模特的身材标准来要求自己，你就会强烈地感觉到自己与理想标准的距离，并进而讨厌自己的身体。这是不必要的。

（5）不知道未来世界是不是这样，电脑取代人脑，并进而超越人脑，统治人类。

“甚至于”与连词“甚至”用法相同。引导递进复句的后一分句，强调该分句的内容在意义上比前一分句更进一层。如：

（6）好的散文最接近于诗，甚至于就等于诗。

（7）中医认为，人体如果阴阳失去平衡，就会患病，甚至于死亡。

（8）他的论文不仅结构混乱，缺乏逻辑，甚至于连最基本的数字统计也有错误。

（9）经济状况不好的企业，不仅不再招聘新员工，甚至于老职工的位置也不稳。

其二，关联词合用。合用关联词在高级阶段也有几组。主要是“别说……”与“连……也/都……”或“即使……，也……”的组合。

第一种情况，“别说……”位于“连……也/都……”或“即使……，也……”之前。如：

（10）春运期间的火车票在没有高铁的年代，别说坐票了，连站票也很难买到。

（11）在写论文的那段时间，别说白天工作时间了，连吃饭睡觉的时候他都在思考。

（12）我们的城市非常安全，别说是白天，即使是深夜，一个人外出也没有任何问题。

（13）这家旅馆条件好，服务也好。别说在这个小镇了，即使在大城市，也算是高档旅馆了。

第二种情况，“别说……”位于“连……也/都……”或“即使……，也……”之后，句末常有“了”。这时，“别说”也可以说成“更不用说/更别说”。用前一分句的情况来衬托后一分句，表示前面的情况既然成立，后面的情况更应如此。如：

（14）受伤以后，他连基本的运动都不能坚持了，别说是参加比赛了。

（15）这座立交桥，连老司机开上去也会迷路，更别说是新手了。

（16）他很爱惜他的书，即使朋友来了也不让看，更不用说借了。

（17）即使是动物，也有丰富的情感，更别说是人了。

练　习

第一部分 词汇、语法

一、解释加点语素的意思，并根据拼音完成新词语，同时说明其词义。

1. 照理（　　　　　　）

照 cháng ____________

照 lì ____________

2. 共同体（　　　　　　）

hùnhé ____________ 体

yǒujī ____________ 体

3. 科研（　　　　　）

科 huàn________

科 pǔ________

4. 太阳系（　　　　　）

xīng________系

yínhé________系

5. 前沿（　　　　　）

前 bèi________

前 rèn________

6. 叙述（　　　　　）

jiǎng________述

chén________述

7. 核武器（　　　　　）

核 diànzhàn________

核 néng________

8. 同名（　　　　　）

同 bù________

同 lèi________

9. 幻觉（　　　　　）

zhí________觉

cuò________觉

10. 知名度（　　　　　）

tòumíng________度

néngjiàn________度

二、选择成语填空并模仿造句。

老生常谈　乐此不疲　异曲同工　放之四海而皆准

1. 这两篇散文都是描写故乡，写作方法虽不同，但________，都能以浓烈的情感打动读者。

____

2. 广场舞带来的噪声扰民问题很严重，但舞者却________。

____

3. 有钱不一定能幸福，这是________，但并没有影响人们赚钱的热情。

____

4. 人不讲信用，就无法在社会上立足。这是________的道理。

____

5. 他不仅通过“云认养”的方式在动物园认养了几只动物，还经常到动物园去看它们，多年来________。

____

三、词语搭配与填空。

颁布	飞机
劫持	理由
陈述	艺术
痴迷	品种
改良	法律

（1）奖学金获得者如果开学不能按时到校报到，需要书面________ ________，否则奖学金可能会被取消。

（2）1986 年，中国________了有关义务教育的________，这就是《中华人民共和国义务教育法》。

（3）当________被________时，机长和其他机组人员会利用一切可能首先向地面报告。

（4）我们的水果基地近几年一直在探索如何________桃子和苹果的________。

（5）对________佛教________的人来说，敦煌石窟是一生必到之处。

态度	僵化
性格	虚假
见解	傲慢
信息	深刻
头脑	软弱

（6）如果不关注社会变化，不接受新的观念，一个人的______就会逐渐________，从而与社会脱节。

（7）要成为一名优秀的球员，除了提高自己的球技，还要战胜________中________的一面，培养斗志。

（8）按照中国的传统观念，一个有道德的人对待别人应该彬彬有礼，________温和而不是粗暴________。

（9）人和动物的本质区别在哪里？两千多年前的古人对此已有了非常________的________。

（10）广告虽然难免夸张，但不能用________ ________欺骗消费者，否则就违法了。

◎ 宇宙　共同体　经济　技术　推理　人士　权威　小说　前沿　空间站

（11）天宫空间站是中国建设的________ ________，是中国航天事业的重要成就。

（12）她虽然是一名年轻演员，但深厚的表演功力已经得到了________ ________的肯定。

（13）翻译杂志《世界之窗》选译了一批国外的________ ________，以满足读者追求惊险刺激的心理需求。

（14）星地计算是一项值得关注的________ ________，指卫星和地面一体化的通信和计算。它将促进太空、天空、地面、海洋（简称"空天地海"）的全面数字化。

（15）珠江三角洲位于广东省的中南部，是中国改革开放的先行地区。该地区各市县现已成为密不可分的________ ________。

四、用指定词语完成句子或对话。

1. 爱因斯坦无人不知，________________（心目）
2. 对于古人所创造的奇迹，比如埃及大金字塔，________________（外星人）
3. A：可可豆是制作巧克力最主要的原料。你知道可可豆对生长环境的要求吗？
   B：________________（适宜）
4. 事情的调查结果公布以后，________________（私下）
5. ________________，我相信都不会出现这么伟大的演员。（乃至）
6. 明明是他多次欺负同学，________________（宣称）
7. 目前公司的各项改革推进过快，________________（刹车）
8. 我们小学每年都会邀请消防员给学生讲解火灾逃生知识，________________________________（降临）
9. 这件事情几句话也讲不清楚，________________（颇为）
10. 这篇回忆童年生活的散文有一个特点，________________（叙述）
11. 双方虽然对这个问题进行了多次讨论，________________（分歧）
12. ________________，他决定为灾区捐款。（目睹）
13. ________________，这给警察破案带来了极大的困难。（毁灭）
14. 当人有精神疾病或心理问题时，________________（幻觉）
15. ________________，给公司造成了不可挽回的损失。（泄漏 / 泄露）

16. 诚信是人最重要的品德，________________________________（欺骗）
17. 最近我正在忙着整理一个系列讲座的录音，____________________（长达）
18. 最近他除了上课，就是去图书馆，__________________________（猜想）

五、选择关联词填空并模仿造句。要求：①造句时使用本句所用关联词和括号中的词语；②括号中的词语分别用于两个分句中。

1. A. ……，进而…… B. ……，况且……
C. ……，甚至于…… D. ……，且……

（1）大家都有比赛的热情，______信心很足。
______________________________（令人愉快；难以忘记）
（2）周末我们去爬山吧，天气好，______我们也好久没有出去了。
______________________________（没有钱；没有时间）
（3）我们可以通过改变生活态度来改变自己的行为，______改变自己的命运。
______________________________（加强交流；提高水平）
（4）当你喜欢一个人时，眼睛里都是他的优点，______他的缺点也会被你当成优点。
______________________________（恶意；好意）

2. A. 别说……，连……也 / 都…… B. 连……也 / 都……，别说 / 更不用说……
C. 别说……，即使……也…… D. 即使……也……，别说 / 更不用说……

（1）近期出现的一些奇怪的社会现象，______是阅历丰富的人______没见过，______年轻学生了。
城市里最热闹的商场现在空空荡荡，回想以前，____________________
______________________________（平时；节假日）
（2）一到正式场合讲话我就紧张，就______精心准备好的内容______讲不出来，______现场回答观众的提问了。
这座城市的道路非常复杂，______________________（本地人；外地人）
（3）在干旱地区，______动物了，______是人的饮用水______成问题。
在我最忙的时候，__________________________（运动；睡觉）
（4）______是普通家庭，就______富裕家庭______付不起这么高的学费。
______________________________（HSK 高级；HSK 中级）

六、排序，并画出各句所用关联词及其他可提示句子顺序的词语。

1. A. 可促进对地球乃至太阳系起源和演化的研究
   B. 并帮助人类了解自身在宇宙中的地位和最终的命运
   C. 探测火星生命的起源和演化
   D. 火星上是否曾经有水、有生命是人类特别关心的问题
   E. 这是因为火星与地球最为相似
   正确语序：____________________

2. A. 他于1447年编制完成了当时世界上最高水平的天文表
   B. 乌鲁伯格[1]是15世纪最伟大的天文学家和数学家之一
   C. 表中记载了太阳和行星的运行与1018颗恒星的位置
   D. 1830年，德国天文学家梅德勒[2]把月亮上的一座环形山命名为乌鲁伯格
   E. 为了纪念他对天文学的杰出贡献
   正确语序：____________________

3. A. 中国是世界上最早进入农耕社会的国家之一
   B. 这一点出乎很多现代人的意料
   C. 所以上古时代先民们精于观测天象
   D. 而农业生产要求有准确的农事季节
   E. 当时连普通的农夫农妇也具有一定的天文学知识
   正确语序：____________________

4. A. 这里的约30万件藏品展示了人类生活的各种发现和发明
   B. 该馆因此又被称为“工业革命博物馆”
   C. 伦敦科学博物馆始建于1857年
   D. 特别是反映英国工业革命时期科技成果的展品更具特色
   E. 是集自然科学、技术、农业、工业和医学为一体的综合性博物馆
   正确语序：____________________

---

1 乌鲁伯格：1394—1449年。帖木儿帝国的第三任统治者。帖木儿帝国是十四到十六世纪存在于中亚地区的一个大帝国。

2 梅德勒：Johann Heinrich Mädler（1794—1874）。也译作“马德勒”。德国杰出的天文学家。月球上的马德勒陨石坑和火星上的马德勒撞击坑都是以他的名字命名的。

5. A. 被认为是世界第一部真正意义上的科幻小说
B. 英国作家玛丽·雪莱（1797—1851）在 1818 年创作的小说《弗兰肯斯坦》[1]
C. 更不用说她还有多部著作问世
D. 她因此被誉为科幻小说之母
E. 仅凭这部小说她已成为文学史上不可忽视的人物
正确语序：________________________

第二部分 拓展阅读

七、请概括下面这段文字的主要意思。

科幻小说是基于想象力的文学，而最早给我留下深刻印象的是亚瑟·克拉克（Arthur C. Clarke，1917—2008）的作品。除了儒勒·凡尔纳（Jules Verne，1828—1905）和乔治·威尔斯（H. G. Wells，1866—1946）外，克拉克的作品是最早进入中国的西方现代科幻小说。在二十世纪八十年代初，中国出版了他的《2001：太空漫游》（*2001: A Space Odyssey*）和《与拉玛相会》（*Rendezvous with Rama*）。这两本书第一次激活了我的想象力，使我思想豁然开阔许多，有小溪流进大海的感觉。读完《2001：太空漫游》的那天深夜，我走出家门仰望星空。那时中国的天空还没有太多的污染，能够看到银河。在我的眼中，星空与过去完全不一样了，我第一次对宇宙的宏大与神秘产生了敬畏感，这是一种宗教般的感觉。而后来读到的《与拉玛相会》，也让我惊叹人类竟可以用想象力构造一个如此栩栩如生的想象世界。正是克拉克带给我的这些感受，让我后来成为一名科幻作家。

上面这段文字主要说明了（请选择）：

☐ A. 科幻小说是基于想象力的文学
☐ B. 最早进入中国的西方现代科幻小说
☐ C. 克拉克的科幻小说如何影响作者成为一名科幻作家
☐ D. 如何用想象力构造丰富的想象世界

1《弗兰肯斯坦》：*Frankenstein*。书名又译作《科学怪人》《人造人的故事》。小说讲述了这样一个故事，一个名叫弗兰肯斯坦的科学家创造了一个怪物，自己最后却被这个怪物所杀。小说从一个侧面反映出人类对自己所创造的科技的思考。

八、阅读下面的文章，并完成后面的练习。

地球的未来[1]

叶培建　曲少杰　马继楠　等

人类社会在飞速①发展的同时，也在对地球自然环境产生着重大影响。现代科技是一把双刃剑，人类不断获得更多的改造地球的新能力和手段，也在不断创造出自我毁灭的方法。

能够造成人类社会毁灭的因素有很多种，总的来说可以归结为两大方面：天灾和人祸。地球自身变化产生的地震、火山、海啸、极端天气造成人类生存环境恶化；小行星或彗星撞击地球；人类活动产生温室气体，造成全球变暖，冰川融化，海平面上升；核战争造成生物灭绝；生化武器和人造病毒造成大规模传染病；等等。

天灾虽来自大自然，却与人类的行为不无关系。人类善待自然，它就会给我们丰厚的回报；人类破坏自然，它就会让我们痛苦不堪。人与自然，和谐共生。

人祸，首先便是战争。从某方面来说，战争给人类带来创伤的同时，也在某种程度上推动了社会和科技进步，因为要生存就得快速发展。历史上的世界大战，其后果虽然让人类伤痕累累，满目疮痍，但还不足以毁灭人类。不过在核武器时代，如果再发生世界大战，其后果大家可想而知②。你也许听说过“史前③核反应堆”“发现某某史前文明”等传闻，这些都是按照人类发展的进程无法解释的现象，如果我们假设人类文明在发展到某一高度的时候，爆发了核战争或者由于其他原因突然毁灭了，那么这些问题就都迎刃而解了。

其次是瘟疫和疾病。目前人类的医学水平已经较为发达，但仍存在着众多尚未攻克的医学难题，如艾滋病、癌症、血液病等。不仅如此，各种类型的病毒也无时无刻不在威胁着人类的生存。2003 年爆发的严重急性呼吸综合征（SARS）和 2020 年席卷全球的新冠肺炎令全世界为之震惊和恐慌。如果说慢性传染病犹如温水煮青蛙，不知不觉④中改变了人类，那么烈性传染病就是无数颗超级原子弹，短时间就可能摧毁整个

---

1 文章选自《征程：人类探索太空的故事》第十八章“地球的未来”，科学出版社，2021 年版。有删减。主编叶培建，中国科学院院士，中国航天领域成就杰出的科学家。

人类世界。

根据当前的地球环境状况，关于地球的未来，我们可以设想两种可能。一是地球资源被开发殆尽，但人类依然没有研发出新能源替代，也没发展出新的科技实现超长距离的光速飞行进行星际⑤移民，也没有解决人类在光速和超光速下的种种不适。最后全人类科技停滞，能源衰竭，困在地球上，然后逐渐灭绝。二是在地球资源被开发殆尽前，人类解决了能源和光速飞行问题，开始大量星际移民，并且地球因为过度开发，不再适合人类居住，只能进行“自愈、保护、维修”计划。人类将最原始的母星变成了“博物馆”，开始大举向宇宙各处进发，并且发现了各种各样适合人类居住的星球，人类开始大量繁衍，占领宇宙各个星球，或友善，或征服，与当地土著生物一起生活。

两种可能性比较下来，我们一定宁愿选择第二种。但是，从地球向其他星球移民，并不像 14—15 世纪的大航海时代那样简单，甚至还可能给地球和人类带来灾难。英国物理学家霍金[1]曾发出警告，称外星高级生物可能真的存在，但是人类与他们接触可能会带来毁灭性的后果。在纪录片《与霍金一起了解宇宙》中，霍金指出，外星高级生物在耗尽自己星球的资源后，便会乘坐大型飞船到它们能够到达的星球掠夺资源，并将那里开拓成殖民地。如果真有外星生物到访地球，很大可能将会像当年意大利航海家哥伦布[2]登陆美洲大陆一样，给地球人类带来毁灭性的灾难。

霍金认为外星生命很可能存在，而且可能存在于宇宙的许多其他地方——不仅存在于行星上，还可能存在于恒星中心，甚至是飘浮于行星间的广阔宇宙空间。他认为外星人存在的理论依据超乎寻常的“简单”。他指出，宇宙有超过 1000 亿个银河系，每个都包含数以亿计⑥的恒星，在这样一个庞大空间里，地球不可能是唯一演化出生命的行星。

那么，外星人到底在哪里呢？

1. 请给文章拟一个新的题目（写在下面的横线上）。

____

1 霍金：即斯蒂芬·威廉·霍金（Stephen William Hawking，1942—2018）。世界杰出的物理学家。他的著作《时间简史》（*A Brief History of Time*）是畅销全球的科学读物。

2 哥伦布：Cristoforo Colombo（1451—1506）。

2. 解释文中画线词语。

①飞速　　②可想而知

③史前　　④不知不觉

⑤星际　　⑥数以亿计

3. 判断下列说法是否符合文章原意（符合画“√”，不符合画“×”）。

（1）第 1 段中“双刃剑”的意思是现代科技对人类既有利也有弊。（　　）

（2）天灾虽然来自大自然，但也与人类的行为有一定关系。（　　）

（3）战争最大的问题是严重阻碍人类的科技发展和进步。（　　）

（4）第 5 段中的“温水煮青蛙”比喻慢性传染病对人类的威胁不大。（　　）

（5）人类在地球资源用尽之前，一定能够制造出超光速的飞行器，用于星际移民。（　　）

（6）英国物理学家霍金认为很可能存在外星高级生物，并指出了原因。（　　）

4. 回答问题。

（1）作者认为可能导致人类社会毁灭的因素有哪些？为什么？

____

____

____

____

____

（2）作者认为星际移民存在哪些困难？

____

____

____

____

____

第三部分 写作

九、写出课文的内容提要。（300 字左右）

十、写一篇 600 字左右的短文。主题：科学探索与人类的进步。题目自拟。要求：结合最新的科技成果来谈。

语言实践

一、参观一座科技主题的博物馆，如中国科学技术馆、中国航天博物馆、北京天文馆、中国地质博物馆、北京自然博物馆等，了解博物馆的主题展厅、馆藏特色，并选一个感兴趣的主题进行深入了解，也可以重点了解一件展品。制作 PPT，在班级内部交流。

二、设计调查问卷，了解同学们对最新科技成就的了解情况。可以从电脑技术、医学技术、太空探索等方面准备问题，并对调查结果进行整理和分析。

第十课　我心归处是敦煌

樊锦诗口述，顾春芳撰写

课文导览

【作者简介】

樊锦诗（1938— ），浙江人。生于北京，长于上海。1958 年考入北京大学历史系考古专业，1963 年毕业后到敦煌文物研究所（1984 年扩建为敦煌研究院）工作。长期从事石窟考古、保护与管理等方面的工作。1998—2014 年任敦煌研究院院长。出版的学术著作有《莫高窟第 266—275 窟考古报告》《敦煌石窟全集·佛传故事画卷》等，还主持编写了 26 卷本的《敦煌石窟全集》。1984 年 1 月《光明日报》发表了文章《敦煌的女儿》，樊锦诗开始走进公众的视野。曾获多项荣誉，2019 年获“文物保护杰出贡献者”国家荣誉称号。

顾春芳，北京大学艺术学院教授。主要研究领域为美学、艺术学、戏剧学和电影学。著有《戏剧学导论》《意象生成：戏剧和电影的意象世界》《呈现与阐释》《她的舞台——中国戏剧女导演创作研究》《戏剧交响——演剧艺术撷萃》等学术论著。2016 年暑假完成对樊锦诗的访谈。经过三年的时间，由樊锦诗口述、顾春芳撰稿的《我心归处是敦煌：樊锦诗自述》一书于 2019 年出版。

【作品出处】

课文选自《我心归处是敦煌：樊锦诗自述》（译林出版社，2019 年版）第三章“敦煌是我的宿命”和第四章“千年莫高窟”。课文根据需要对内容做了删减并调整了顺序，在敦煌历史的大背景下，介绍青年樊锦诗从大学实习到毕业重返敦煌的一段重要经历。课名仍用书名，但课文内小标题有所改动。

【话题归属】

课文可以围绕中外文化交流和学者精神境界两个主题进行学习和讨论。漫长的中外文化交流史留下了无数值得我们探索的珍贵篇章，学者们呕心沥血传承文明之功也将永远为历史所铭记。交流史所涉及的经济、军事、艺术、宗教、民族、语言等方面的问题，也都可供讨论。

课前准备——课堂报告选题

1. 敦煌或丝绸之路上其他重要城市介绍；
2. 莫高窟藏经洞的发现和世界敦煌学的诞生；
3. 常书鸿和莫高窟的保护；
4. 樊锦诗和莫高窟的保护；
5. 莫高窟壁画、雕塑的艺术成就；
6. 中外（双向）交流实例介绍（经济、文化、艺术等方面均可）。

课　文

一　石窟艺术圣地——千年莫高窟[1]　10-01

敦煌，位于中国甘肃省河西走廊[2]西端，北有马鬃山，南有祁连山，是由党河冲积而成的绿洲。绿洲周围多戈壁和沙丘。敦煌是个盆地，它的地理位置十分重要，东接中原，西邻新疆，自汉代以来，一直是丝绸之路[3]上的重镇。

两千多年前，汉王朝就在此设立了敦煌郡。汉唐时期敦煌处于丝绸之路的十字路口，向东经过河西走廊可到长安、洛阳，继续向东延伸，可到朝鲜和日本；向西经过

1 莫高窟：位于甘肃省敦煌市的佛教石窟。莫高窟的开凿从十六国时期（304—439）的前秦建元二年（366）开始，到元代基本结束，前后延续约1000年。莫高窟集各个历史朝代的建筑、石刻、壁画、彩塑为一体，是珍贵的佛教艺术宝库。

2 河西走廊：位于甘肃省，是一个西北－东南走向的狭长平原，因形似走廊、地处黄河以西而得名。东西长约1000公里，南北宽约30—120公里。河西走廊自古就是沟通中国中原地区与西域的交通要道。

3 丝绸之路：一般认为，这一概念最早由德国地理学家李希霍芬（Ferdinand von Richthofen，1833—1905）于1877年出版的《中国：亲身旅行及以旅行为基础进行研究的成果》第一卷中提出。一般指陆上丝绸之路，即以长安（今西安）为起点，经甘肃、新疆，到达中亚、西亚，并连接地中海各国的陆上贸易通道。广义的丝绸之路还包括海上丝绸之路。海上丝绸之路的概念由法国杰出的汉学家沙畹（Édouard Chavannes，1865—1918）提出，指古代中国与外国交通贸易和文化交往的海上通道，分东海航线和南海航线两条线路，以南海航线为主。南海航线的起点主要是广州和泉州，经中南半岛和南海诸国，穿过印度洋，进入红海，最终抵达东非和欧洲。

古代西域，翻过帕米尔高原，可进入中亚、西亚和南亚诸国；经西亚，继续向西，还可远达地中海。所以，史书上称敦煌是丝绸之路上的一个“咽喉之地”。

公元前6世纪至前5世纪，释迦牟尼在古印度创建了佛教。原始佛教没有偶像崇拜，没有佛教造像艺术。约公元前1世纪，印度大乘佛教[1]发展起来，掀起了神化佛陀的造神运动，将佛陀变成神圣偶像。出于大乘佛教的需要，还出现了许多佛和菩萨的偶像。公元前1世纪末，贵霜王朝[2]在印度西北部（今巴基斯坦）兴起。早在公元前334年希腊马其顿国王亚历山大[3]东征时期，就曾经占领过这个地区，并使该地区濡染了希腊文化。贵霜王朝受希腊文化的影响，逐渐在印度西北部的犍陀罗（今巴基斯坦白沙瓦地区）和北部的马图拉，首创了受希腊文化影响的犍陀罗和马图拉佛教艺术，这两种佛教艺术对中国北方地区石窟寺的佛教艺术产生了较大的影响。

千年莫高窟（张晓亮　摄）

敦煌作为丝绸之路战略要地，伴随古丝绸之路兴盛和繁荣的一千年，既是东西方贸易的中转站，也是宗教、文化和知识的交汇处。东西方文明长期的荟萃交融，催生

1 大乘佛教：佛教教派。“大乘”指以成佛为目标而修行的教法。

2 贵霜王朝：即贵霜帝国（Kushan Empire），是1—3世纪曾存在于中亚和南亚的一个强大帝国，鼎盛时期的疆域从今天的塔吉克斯坦一直到里海、阿富汗及恒河流域。

3 亚历山大：前356—前323年，马其顿国王。世界古代史上杰出的军事家和政治家。在其对小亚细亚、埃及、波斯、两河流域、阿富汗和印度西北部的征服过程中，希腊文化也传播到了这些地区。

了公元4—14世纪的莫高窟艺术和藏经洞[1]文物的硕果。莫高窟创建于公元366年，迄至14世纪，其间连续建造时间达千年之久。莫高窟是世界上现存规模最大、保存最完好的佛教石窟艺术圣地，至今在1700米长的断崖上保存了735个洞窟，45,000平方米壁画，2000多身彩塑。此外，1900年在莫高窟藏经洞出土了公元4—11世纪初的50,000多件文献和艺术品。敦煌西千佛洞保存了公元5—14世纪的22个洞窟，818平方米壁画，56身彩塑。安西榆林窟保存了公元7—14世纪的43个洞窟，近5200平方米壁画，200多身彩塑。世界上没有另一处佛教遗址能如莫高窟般绵延千年持续建造，又保存有如此丰厚博大的艺术和文献珍宝。

莫高窟的艺术是以中国文化为基础吸收了印度文化、希腊文化、波斯文化和中亚地区的文化而融汇成的多元文化艺术宝库。古代工匠留在莫高窟的珍贵艺术展现给世人一部立体的绘画史、雕塑史和佛教史。

阅读提示（一）

1. 敦煌为什么能成为丝绸之路上的重镇？
2. 中国北方地区的佛教艺术受到了哪些外来佛教艺术的影响？
3. 莫高窟的出现与敦煌有什么关系？它的艺术价值体现在哪些方面？

词语表（一）

10–02

序号	词语	拼音	词性	搭配举例
1	石窟	shíkū	名	～艺术 / 造像 / 壁画
2	圣地	shèngdì	名	宗教～
3	绿洲	lùzhōu	名	沙漠～；～农业 / 生态
4	戈壁○	gēbì	名	～荒漠 / 沙漠 / 草原；◎～滩

1 藏经洞：即莫高窟第17窟，1900年被偶然发现。洞里藏有从公元4世纪到11世纪的历代文物（宗教典籍、文书、绢画、法器等）约5万件，为研究中国及中亚古代历史、宗教、经济、民族、语言、文学、艺术等提供了数量巨大、内容丰富的珍贵资料。这是20世纪中国考古学上的一次重大发现。以藏经洞发现的文献和文物为主要研究对象的学科称为“敦煌学”。

5	盆地	péndì	名	
6	重镇	zhòngzhèn	名	军事 / 经济 / 工业 / 商业～
7	十字路口◌	shízì-lùkǒu	成语	
8	咽喉◌	yānhóu	名	～肿痛；◎～要道 / 要地 / 之地
9	造像	zàoxiàng	名	佛教 / 石窟 / 菩萨～
10	神化	shénhuà	动	把……～；被～
11	菩萨◌	púsa	名	◎～心肠；活～；观音～
12	要地	yàodì	名	战略 / 军事～
13	伴随◌	bànsuí	动	～左右；～在身边
14	兴盛	xīngshèng	形	事业 / 国家～
15	交汇	jiāohuì	动	河流 / 铁路 / 文化～；◎～处 / 点
16	交融	jiāoróng	动	情景 / 文化～；◎水乳～
17	硕果◌	shuòguǒ	名	结出 / 取得～；◎～累累（léiléi）
18	其间◌	qíjiān	名	
19	完好◌	wánhǎo	形	保存 / 包装～；～无损
20	洞窟	dòngkū	名	佛教～
21	壁画◌	bìhuà	名	～剥落；临摹 / 修复 / 保护 / 抢救～
22	彩塑	cǎisù	名	
23	出土◌	chū//tǔ	动	◎～文物 / 文献
24	绵延	miányán	动	～不断 / 千里
25	丰厚◌	fēnghòu	形	利润 / 回报 / 礼物～
26	博大	bódà	形	胸怀～；（文化）～精深
27	珍宝	zhēnbǎo	名	◎视若～；稀世～
28	工匠	gōngjiàng	名	技术 / 建筑～；◎～精神
29	世人	shìrén	名	为～瞩目 / 称道；令～震惊；受～关注

二　敦煌是我的宿命 10–03

毕业实习到敦煌

我常说自己几次想离开敦煌都没有离成，敦煌是我的宿命。

现在想起来，我和敦煌的关系开始于年少时的一种美丽的幻想。我小时候曾在中学课本上读到过一篇关于莫高窟的课文。那篇课文说莫高窟是祖国西北的一颗明珠，有几百个洞窟，洞窟里面不仅有精美绝伦的彩塑，还有几万平方米的壁画，是一座辉煌灿烂的艺术殿堂……我对这篇课文的印象很深，后来就比较留意和敦煌有关的信息。特别是念了大学以后，凡是和敦煌有关的展览，包括出版的画片和明信片，我都格外关注。因此，我早就知道常书鸿[1]、段文杰[2]这些人，始终很向往那个地方。敦煌是我少年时代的一个梦，我把她想得特别美妙。

我与敦煌的结缘始于我的毕业实习。如果1962年的毕业实习，宿白[3]先生没有选我去敦煌，也许就不会有后来我在敦煌的命运。

按照北大历史学系考古专业的惯例，毕业班学生可以选择洛阳、山西和敦煌等若干文化遗产地参加毕业实习。当时有不少同学都想选择敦煌，因为莫高窟在大家心目中是中国佛教石窟寺遗迹的典型。对我而言，敦煌同样是内心格外向往的地方。敦煌那么远，如果能趁着毕业实习的机会去看一看，正好可以了却一桩心愿。所以我也梦想着去敦煌参加实习。

最终系里决定我和另外三个同学去敦煌，当时别提有多开心了。我把敦煌之行想得格外美妙，那些敦煌的图片为我勾画了一个格外美好的世外桃源。结果没想到跑到敦煌一看，除了令人震撼的石窟艺术，其他各方面都难以尽如人意。尤其是当地的生活条件，对来自北京、上海的我们而言，简直是想象不到的艰苦。

但窟内的壁画和彩塑吸引了我们。我们一到敦煌就迫不及待地想进洞参观，负责

---

1 常书鸿：1904—1994年。浙江人。画家。早年留学法国学习绘画，因偶然接触到敦煌艺术，受到强烈震撼，决心回国。1936年回到祖国，1944年国立敦煌艺术研究所成立，担任首任所长。常书鸿一生致力于敦煌艺术的研究和保护工作，被誉为“敦煌守护神”。

2 段文杰：1917—2011年。四川人。画家，考古学家。1984—1998年担任敦煌研究院院长。在敦煌壁画的临摹方面有特殊贡献，在敦煌艺术理论研究方面也取得了杰出的成就。

3 宿白：1922—2018年。辽宁人。北京大学教授。长期从事考古学的教学研究，在宗教考古、建筑考古、印刷考古等领域均有很高的造诣，被誉为中国考古学泰斗、中国佛教考古的开创者。

给宿白先生和我们几个讲解的是大名鼎鼎的史苇湘[1]先生。史先生是四川人，说着一口四川话，我听不太懂。但是史先生讲起敦煌来，非常有激情，很吸引人。洞中的温度远比我想象的要低，我感到有一股刺骨的寒气从地层蔓延上来。然而看着洞窟四壁色彩斑斓的壁画，我就忘记了寒冷。

毕业实习，与同学、莫高窟工作人员合影

（在莫高窟“石室宝藏”牌坊前。1962 年 10 月）

（此图像资料由敦煌研究院提供）

那次实习没有结束，我就离开了敦煌，最后的实习报告也是在上海的家里整理写出来的。

为什么我会提前离开敦煌？原因是敦煌白天晚上温差大，气候干燥，我的体质本来就差，根本无法适应敦煌的天气。严重的水土不服，加上营养也跟不上，我几乎每天晚上都失眠，经常到三四点钟就醒了。上洞实习的时候，也经常走不动路。宿先生怕我出事，让我提前离开敦煌。所以，还没到三个月，我就只能带着实习考察的资料回了上海。

阅读提示（二）

1. 读大学前，樊锦诗对敦煌有哪些了解？在大学里，她对敦煌又增加了哪些认识？
2. 哪件事把樊锦诗的命运开始跟敦煌联结在一起？她在敦煌被什么所震撼？她对敦煌的其他方面又有什么评价？
3. 樊锦诗为什么提前离开了敦煌？

---

1 史苇湘：1924—2000 年。四川人。长期从事敦煌壁画的临摹、壁画内容与时代的考证等工作。

词语表（二） 10–04

序号	词语	拼音	词性	搭配举例
30	宿命	sùmìng	名	◎～论
31	明珠	míngzhū	名	◎夜～；掌上～
32	精美绝伦	jīngměi juélún		
33	殿堂○	diàntáng	名	艺术 / 音乐 / 科学 / 婚姻～
34	留意○	liú//yì	动	对……多加 / 稍加～；～到……
35	结缘	jié//yuán	动	跟……～
36	考古	kǎogǔ	名 / 动	～专业；田野 / 水下～；～发掘；◎～队 / 遗址
37	惯例○	guànlì	名	国际 / 外交 / 商业～；按照 / 符合～
38	若干○	ruògān	代	～种类 / 问题 / 错误
39	遗迹	yíjì	名	历史 / 文化 / 地质～
40	趁着○	chènzhe		～机会
41	了却○	liǎoquè	动	～心愿 / 心事
42	勾画○	gōuhuà	动	～轮廓 / 形象；◇～前景 / 蓝图
43	世外桃源	shìwài-táoyuán	成语	
44	震撼○	zhènhàn	动	～人心 / 心灵；令人～
45	迫不及待○	pòbùjídài	成语	
46	讲解○	jiǎngjiě	动	～知识 / 道理 / 原理；◎～员
47	大名鼎鼎○	dàmíng-dǐngdǐng	成语	
48	刺骨○	cìgǔ	动	寒风 / 寒气～
49	寒气	hánqì	名	～逼人 / 刺骨
50	地层	dìcéng	名	
51	蔓延○	mànyán	动	火势 / 病毒 /（某种）情绪～
52	斑斓	bānlán	形	五彩 / 色彩～
53	温差	wēnchā	名	～大 / 小；昼夜 / 年～

54	体质○	tǐzhì	名	增强～；～强/弱
55	跟不上○	gēn bu shàng		体力～；学习～

三 苏秉琦[1]先生的召见 10–05

我其实并没有想到，最后的毕业分配，把我分配去了敦煌。

毕业离校前，发生了一件令我很难忘的事情。

有一天，苏秉琦先生突然派人来找我，专门把我叫到他在北大朗润园[2]的住处。苏先生当时是北大历史学系考古教研室主任，是与夏鼐[3]先生齐名的考古学界的泰斗，为新中国考古学做出了杰出的贡献。在我们这一代学生心目中，苏秉琦先生是考古学界的一个重要人物。那苏先生找我究竟有什么事呢？

在校期间，我虽然没有很多机会向苏先生请教，但心里一直对苏先生充满敬意。此次苏先生专门找我去，令我既倍感幸运，也有点忐忑。到了苏先生的住处，他很客气地请我坐下，亲自为我冲了一杯咖啡，慈祥地对我说："你去的是敦煌。将来你要编写考古报告，这是考古的重要事情。比如你研究汉代历史，人家会问，你看过《史记》[4]没有？看过《汉书》[5]没有？不会问你看没看过某某的文章。考古报告就像二十四史[6]一样，非常重要，必须得好好搞。"我突然意识到学校把我分配去莫高窟，其实是要赋予我一项考古的重任，那就是完成对敦煌石窟的考古研究。苏先生临走前的这一番叮咛，现在回忆起来我才真正明白其中的分量。

---

1 苏秉琦：1909—1997 年。河北人。中国社会科学院考古研究所研究员，北京大学教授。对北大考古专业的创立和发展做出了突出贡献。在中华文明起源的研究方面提出了不少有广泛影响的观点。

2 朗润园：北京大学校园的一部分，在清代曾是亲王的园林，1957 年以后建有教职工住宅。

3 夏鼐：1910—1985 年。浙江人。考古学家、历史学家。新中国考古工作的主要指导者和组织者，中国现代考古学的奠基人之一。

4《史记》：西汉历史学家司马迁撰。记载了自黄帝至汉武帝太初年间约 3000 年的历史。《史记》对后世史学和文学的发展均产生了深远影响。

5《汉书》：东汉历史学家班固撰。记载了上起汉高祖元年（前 206），下至新朝王莽地皇四年（23）共 230 年的历史。

6 二十四史：中国古代二十四部正史的统称，包括《史记》《汉书》《后汉书》《三国志》《晋书》《宋书》《南齐书》《梁书》《陈书》《魏书》《北齐书》《周书》《隋书》《南史》《北史》《旧唐书》《新唐书》《旧五代史》《新五代史》《宋史》《辽史》《金史》《元史》《明史》。编写时间始于西汉，止于清代，跨度为 1800 多年。记录了从黄帝时代到明代崇祯十七年（1644）的历史。总计 3213 卷，约 4000 万字。

话剧《敦煌的女儿樊锦诗》

（背景为敦煌连环壁画《舍身饲虎》）（蒋启明　摄）

每每回忆此情此景，我总忘不了苏先生和蔼可亲的鼓励和语重心长的教诲。和他的那次会面，好像就在昨天，让我倍感亲切，又觉得这个使命沉甸甸的。但是我并不知道，自己究竟有没有能力完成这个使命。在步出朗润园的那个时刻，我是恍惚的，我反复问自己："我能完成吗？"我没有想到这一去，就是半个多世纪。我更没有想到，敦煌石窟考古报告的任务，我竟然长期未能交卷。经过曲曲折折，反反复复，历经近半个世纪，我才得以完成其中的第一卷。我想象不到敦煌石窟考古报告是何其重要，而又是何其艰巨浩大的工程，也是很少有人能够坚持下去的历史重任。我更想象不到，有一天敦煌研究院会让我走上领导管理岗位。之后，我把自己有限的生命和精力，几乎全都倾注到了敦煌石窟的保护、研究、弘扬和管理工作中。

阅读提示（三）

1. 樊锦诗毕业前，苏秉琦先生为什么要她到家中见一面？
2. 樊锦诗当时有没有理解苏先生的用意？离开时她为什么觉得"恍惚"？
3. 在后来的工作中，樊锦诗有没有完成老师交给她的重任？

词语表（三）

10–06

序号	词语	拼音	词性	搭配举例
56	召见	zhàojiàn	动	～下属
57	教研室	jiàoyánshì	名	考古 / 古代汉语 / 现代文学～
58	齐名	qímíng	动	与……～
59	泰斗○	tàidǒu	名	◎学术 / 医学 / 诗坛 / 京剧～
60	敬意○	jìngyì	名	充满 / 怀有 / 表达～
61	忐忑	tǎntè	形	◎～不安
62	慈祥○	cíxiáng	形	笑容 / 面容 / 目光～
63	赋予○	fùyǔ	动	～使命 / 重任
64	重任○	zhòngrèn	名	承担 / 肩负～
65	叮咛	dīngníng	动	一再 / 反复 / 再三～
66	分量○	fènliàng	名	有 / 没有～；～很重
67	和蔼可亲	hé'ǎi-kěqīn	成语	
68	语重心长	yǔzhòng-xīncháng	成语	
69	教诲	jiàohuì	动	聆听～；谆谆～
70	沉甸甸○	chéndiàndiàn	形	行李箱～；◇责任 / 金牌～
71	恍惚	huǎnghū	形	精神～
72	交卷	jiāo//juàn	动	◇交白卷
73	曲折○	qūzhé	形	道路 / 情节 / 过程～
74	历经○	lìjīng	动	～磨难 / 战火 / 考验；◇～风雨
75	何其	héqí	副	～幸运 / 相似 / 艰难 / 不幸
76	艰巨○	jiānjù	形	任务～
77	浩大	hàodà	形	工程 / 声势～
78	倾注	qīngzhù	动	～心血 / 情感

四　重回莫高窟　10-07

火车行驶在河西走廊，经过武威、张掖、酒泉，在茫茫的戈壁中偶尔可以看到远处的绿洲，越接近敦煌就越感到荒凉寂寥。

我记得经过三天三夜的长途跋涉，火车抵达了柳园这个地方。当时敦煌没有火车站，离敦煌最近的就是柳园火车站。从柳园到敦煌还有一百三十多公里的路程。这段路没有火车，只能坐汽车，路途颠簸。记得第一次去敦煌的时候，也途经柳园。这一次到了柳园后，我们坐上敦煌文物研究所拉煤的卡车沿着公路继续往南，一路上只能看见一望无际的沙丘和戈壁。

卡车开进一个南北长两千多米、东西宽三百米左右的山谷时，就接近了莫高窟。等到了敦煌文物研究所的时候，我已经是两腿发麻，两眼发晕，几乎是摇摇晃晃地下了车。这两次去敦煌，是截然不同的心情。唯一相同的是再次来到莫高窟时，我还是急切地想进洞看看洞窟里的壁画。

那时我刚步出校门，学的又是考古专业，对佛教艺术还是知之甚少。史苇湘先生第一次给我们介绍洞窟的印象还留在我的记忆里，那些早期壁画狂放热烈的土红色调，唐代金碧辉煌的经变画[1]和青绿山水[2]，那各种各样的极富想象力的构图造型，斑斓瑰丽的色彩光影，这都是在北大上考古课时，从来没有见到过的。只要我一想到，迄今为止只有少数人才能够看到这么多不同朝代的壁画和塑像，我就感到一种莫名的兴奋和喜悦。

第45窟的塑像精美绝伦，那是整个莫高窟最精美的菩萨造像。站在这些塑像前，你会感到菩萨和普通人面前的那道屏障消失了。菩萨像的表情温柔而亲切，就像是一位美好而又纯真的少女，梳着双髻，秀眉连鬓，微微颔首，姿态妩媚，面颊丰腴，双目似看非看，嘴角似笑非笑。菩萨像袒露上身，圆领无袖的纱衣，在肩部自然回绕下垂，纱衣上的彩绘花朵，色彩依旧鲜亮如新。菩萨赤足站于圆形莲台，仿佛就是有血有肉、有世俗感情的人。

第112窟的《反弹琵琶》，这是大家都知道的敦煌的标志性壁画，是最能代表敦煌艺

---

1 经变画：表现佛经内容或释迦牟尼生平事迹的画。

2 青绿山水：中国山水画的一种形式，画面大量使用青绿色。

术的图像。以前在画册上看到过，现在近在咫尺，感觉完全不同。画面表现的是伎乐天[1]神态悠闲雍容、落落大方，一举足一顿地，一个出胯旋身凌空跃起，使出了“反弹琵琶”的绝技，仿佛能听到项饰臂钏在飞动中叮当作响的声音……这个反弹琵琶的舞女表演的是唐代的乐舞，这是最生动的一个瞬间。画工的技艺高超，站在壁画前，仿佛感觉有音乐从墙体里流出来。这一刻被天才的画工永远定格在墙壁上，整个大唐盛世也好像被定格在这一刻，时间和空间也仿佛被色彩和线条凝固起来，成为永恒的瞬间。还有一个个散花的天女，婀娜多姿的飞天[2]，让我忘记了自己正身处距离北京千里之遥的大西北。

大型民族舞剧《丝路花雨》(潘旭临　摄)

初到莫高窟的时候，我常常想，为什么在被世人遗忘的沙漠里会产生如此辉煌的石窟艺术？为什么敦煌仿佛被遗弃在此长达几个世纪？在这里曾经发生过什么事情？在这个丝绸之路曾经的重镇，莫高窟担负着什么使命？那些金碧辉煌的壁画和彩塑，究竟是如何被创作出来的？那些精美绝伦的壁画是什么人画的？这些洞窟最初是谁建立的？以后又是怎样发展起来的？她又是怎样湮没在了历史的记忆中？……这些问题每天都萦绕在我的心头。

1 伎乐天：jìyuètiān。天宫奏乐的天神，是飞天的形象之一。

2 飞天：apsarā，故乡在印度，是佛教中所说的能飞翔的天神，他们用歌舞、音乐、鲜花、食物供养诸佛。敦煌壁画中的飞天则是一个多种文化的复合体，是印度文化、西域文化、中原文化共同孕育出来的形象。他们的形象特征是不长翅膀，不生羽毛，衣裙飘飘，彩带飞舞，凌空翱翔，千姿百态。飞天已成为敦煌艺术的标志。

“此生命定，我就是个莫高窟的守护人”

（1963 年）

与恋人彭金章[1]毕业后第一次见面

（摄于敦煌鸣沙山，1965 年秋）

（此图像资料由敦煌研究院提供）

所有种种，都在向我传递着一种强烈的信息，那就是敦煌的空间意义非同凡响，这里封存的是丝绸之路上东西方文化交流的奥秘，这里是一个独一无二的人类艺术和文化的宝库。也许，我倾注一生的时间，也未必能穷尽它的谜底。

阅读提示（四）

1. 从交通方面来看，那个年代到敦煌最大的困难是什么？
2. 初到莫高窟工作，什么事让樊锦诗感到说不出的“兴奋和喜悦”？
3. 从艺术方面来看，第 45 窟塑像的特色表现在哪里？
4. 第 112 窟的《反弹琵琶》为什么能够成为敦煌的标志性壁画？
5. 初到莫高窟，樊锦诗思考最多的问题是什么？从这里能够看出，她能一辈子守护莫高窟，最根本的原因是什么？

---

1 彭金章：1937—2017 年。考古学家。樊锦诗在北京大学的同班同学。1967 年与樊锦诗结婚。1986 年，为支持妻子的工作，放弃亲手创办的武汉大学考古专业，到敦煌研究院工作。在莫高窟北区考古方面取得重要成就，专著有《敦煌莫高窟北区石窟》《敦煌石窟全集·密教画卷》《神秘的密教》等。

词语表（四） 10–08

序号	词语	拼音	词性	搭配举例
79	茫茫	mángmáng	形	～大海 / 沙漠 / 宇宙 / 人海
80	荒凉 ○	huāngliáng	形	土地 / 沙漠 / 月球 / 火星～
81	寂寥	jìliáo	形	山川 / 荒漠～
82	长途跋涉	chángtú-báshè	成语	
83	路程 ○	lùchéng	名	（若干）公里 / 分钟 / 小时 / 天～
84	颠簸	diānbǒ	动	汽车 / 海船 / 飞机～；剧烈～
85	一望无际	yíwàng-wújì	成语	
86	摇晃 ○	yáohuàng	动	～瓶子；大地 / 楼房 / 身体～；轻轻 / 左右～
87	截然不同 ○	jiérán-bùtóng	成语	
88	急切	jíqiè	形	心情 / 语调 / 目光～
89	知之甚少	zhī zhī shèn shǎo		对……～
90	狂放	kuángfàng	形	性格 / 风格～
91	色调	sèdiào	名	～淡雅 / 鲜艳 / 柔和 / 灰暗 / 协调 / 单一
92	金碧辉煌	jīnbì-huīhuáng	成语	
93	构图	gòutú	动	～严谨 / 呆板 / 新颖
94	瑰丽	guīlì	形	色彩～；◇～人生 / 诗篇 / 画卷
95	光影	guāngyǐng	名	～柔和 / 模糊
96	莫名	mòmíng		～兴奋 / 恐惧
97	屏障	píngzhàng	名	天然 / 地理 / 绿色 / 生态～；◇心理～
98	温柔 ○	wēnróu	形	性格 / 声音 / 眼神～
99	姿态 ○	zītài	名	身体 / 走路 / 舞蹈～；～优美 / 端庄 / 从容 / 妩媚；◇摆出～；◎高～
100	妩媚	wǔmèi	形	笑容 / 姿态～；～动人

101	面颊	miànjiá	名	～红润
102	丰腴	fēngyú	形	体态 / 土地～
103	袒露	tǎnlù	动	～胸膛；◇～真情 / 心声
104	回绕	huírào	动	声音 / 歌声～
105	下垂	xiàchuí	动	树枝 / 头发 / 手臂～
106	花朵	huāduǒ	名	～鲜艳
107	赤足	chìzú	动	～行走 / 奔跑
108	莲台	liántái	名	
109	有血有肉	yǒuxuè-yǒuròu	成语	
110	图像 ○	túxiàng	名	电视 / 电脑 / 立体～；～清晰 / 模糊
111	画册 ○	huàcè	名	摄影 / 连环 / 大型～
112	近在咫尺	jìn zài zhǐchǐ		
113	神态 ○	shéntài	名	～悠闲 / 安详
114	悠闲 ○	yōuxián	形	生活 / 神态～
115	雍容	yōngróng	形	～华贵 / 典雅
116	落落大方	luòluò-dàfāng	成语	
117	凌空	língkōng	动	～飞舞
118	绝技 ○	juéjì	名	身怀～；祖传 / 独门～
119	舞女	wǔnǚ	名	
120	乐舞	yuèwǔ	名	唐代 / 敦煌～
121	技艺 ○	jìyì	名	～精湛 / 高超 / 超群
122	高超 ○	gāochāo	形	技艺 / 医术 / 武艺～
123	定格	dìnggé	动	～在 / 为……
124	线条 ○	xiàntiáo	名	～优美 / 简洁 / 流畅；◎～化
125	凝固 ○	nínggù	动	血液/豆浆/牛奶/火山熔岩～；◇空气～
126	婀娜多姿	ēnuó duōzī		
127	遗忘 ○	yíwàng	动	……被～；把……～

128	担负○	dānfù	动	～责任 / 使命 / 工作 / 任务 / 费用
129	湮没	yānmò	动	◎～无闻
130	萦绕	yíngrào	动	～（在）心头 / 耳畔
131	非同凡响	fēitóng fánxiǎng		
132	封存	fēngcún	动	～非法物品 / 伪劣商品 / 秘密档案
133	奥秘○	àomì	名	生命 / 宇宙 / 自然 / 长寿～；探索～
134	独一无二○	dúyī-wú'èr	成语	
135	宝库○	bǎokù	名	艺术 / 知识 / 资源～
136	穷尽	qióngjìn	动 / 名	无法～；没有～

课文回顾与思考

1. 从敦煌莫高窟来看，一个地区或一个时代出现艺术文化繁荣的原因可能有哪些？
2. 作为一个考古专业的学生，樊锦诗对自己的专业怀有什么样的感情？从课文的哪些地方可以看出来？
3. 樊锦诗从大城市来到一个生活条件最艰苦的地方工作，并能最终坚持下来，一辈子献身于莫高窟的保护和研究工作，你认为外在的原因和内在的动力分别是什么？（可以通过阅读其他资料比如《我心归处是敦煌：樊锦诗自述》的其他章节对课文进行补充。）
4. 从课文所举第 45 窟、第 112 窟的例子来看，佛教艺术在千年之后还能感动我们，原因在哪里？
5. 本文是口述材料整理加工后的文字，你觉得在语言上有什么特点？

词语例释

1. 其间

方位名词。用于书面语。有两个意思。

其一，意为"其中，那中间"。主要从空间和事物之间关系的角度来说。常用于动词之后做补语，也可以做定语。如：

（1）城市中的“口袋公园”虽然很小，但散步其间，还是有一种心旷神怡的感觉。

（2）北京的中华民族园是集中展示各民族传统文化的公园，56个民族的传统村寨分布其间，参观者能充分领略到浓郁的民族风情。

（3）金钱和幸福，其间关系一言半语说不清楚。

（4）文字不是语言，只是记录语言的符号。用何种文字系统去记录某一语言，其间没有必然的联系。

其二，指某一段时间。如：

（5）莫高窟创建于公元366年，迄至14世纪，其间连续建造时间达千年之久。

（6）从1899年甲骨文被发现，到1979年《甲骨文合集》出版，其间80年，人们整理出甲骨文单字约有4500个，其中能够识读的有1000个左右。

（7）他留学8年才回国，其间，他拿到了博士学位，还出版了一本小说。

2. 趁着

“趁着”由介词“趁”加“着”构成，口语中常用。趁：利用（机会、时间）。“趁着……机会”表示利用某个机会。当“趁”后面所接成分至少两个音节时，“趁”也常常说成“趁着”。下面的句子都是用“趁着”，换成“趁”也可以。“趁 / 趁着”后面可以跟名词、形容词、短语或小句。如：

（1）她想趁着节假日，集中时间把平时没时间看的书好好研究研究。

（2）上班族平时很难有完整的时间锻炼，你不妨趁着午休时间做一点简单的运动。

（3）水果变质快，要趁着新鲜赶紧吃。

（4）他总想趁着年轻到处找赚大钱的机会。

（5）猫头鹰是夜间的王者，总是趁着黑暗捕捉猎物。

（6）我决定趁着最近比较空闲，到郊区的森林公园走一走。

（7）趁着太阳未下山，他们在湖边又走了一段。

（8）趁着大家都有兴致，他提议再换个地方继续喝茶聊天。

当后接单音节词时，只能用“趁”。“趁+单音节词”的组合很多，其中有些已经固定成词，不过词义仍可以通过语素义来理解。如副词“趁机、趁早、趁便”，分别表示“利用机会（多含贬义）、早一点做某件事、顺便”。其他组合有“趁热、趁乱、趁势”等。成语有“趁热打铁、趁虚而入”。用法举例如下：

（9）市场管理混乱的那几年，他趁机赚了不少钱。

（10）抽烟严重影响健康，趁早戒掉比较好。

（11）我去书店的时候，趁便也帮朋友买了一本词典。

（12）汤药要趁热喝下。

（13）警察赶到之前，行凶者已经趁乱逃走了。

（14）比赛刚开始，对手一时不适应我们的打法，我们趁势猛攻，很快就拿下了第一局。

3. 别提（有）多 + 形容词 / 动词 + 了

这是高级阶段语法点中的一个口语格式。表示程度很高，非常，特别。“有”可以省略。形容词或动词可以是积极意义的，也可以是消极意义的。

“别提（有）多……了”与形容词或形容词短语合用。如：

（1）这篇小说别提有多精彩了！

（2）最终系里决定我和另外三个同学去敦煌，当时别提有多开心了。

（3）这家饭馆的杂鱼炖豆腐，味道别提多鲜美了。

（4）第一次在全班同学面前演讲，心里别提多紧张了。

（5）有的人从外表看不出来，但心里别提有多阴暗肮脏了。

“别提（有）多……了”结构，也可以跟动词或动词短语合用。如：

（6）看到大家对他那么亲热，我心里别提有多羡慕了。

（7）他这个人，对朋友别提多关心、多照顾了。

（8）他这次没来参加聚会，别提多让人失望了。

（9）他那张嘴，别提多能骗人了。

成语运用

1. 十字路口

两条路纵横交叉的地方，道路通往四个方向。可用来表示某地地理位置重要，四通八达，也比喻面临重大问题必须做出选择的关键时刻。使用中相当于名词。如：

（1）从前面的十字路口右转，你就能看到我们出版社的大楼。

（2）马六甲海峡地处欧洲、亚洲、非洲和大洋洲航道的“十字路口”，是太平洋和印度洋之间的重要通道。

（3）汉唐时期敦煌处于丝绸之路的十字路口。

（4）青少年正处于人生的十字路口，他们面临着升学和就业的各种选择，内心常充满激烈的冲突。

（5）站在人生的十字路口，有多条路可以选择——不同的道路通往不同的终点，这是决定命运的时刻。

（6）当改革来到了又一个新的十字路口，每个人都会思考，下一步应该走向何方。

2. 迫不及待

急迫得不容等待。形容心情急切，恨不得马上做某事。使用中相当于形容词。多做状语，也可以做谓语或定语。如：

（1）我们一到敦煌就迫不及待地想进洞参观。

（2）学期还没有结束，不少父母已经迫不及待地想带孩子出去旅游了。

（3）显示屏刚刚显示飞机到达，接机口的人们已经迫不及待地向里张望了。

（4）就算三天没玩游戏，也不用这么迫不及待吧？

（5）终场的哨声还没有响起，一部分球迷已经迫不及待，准备欢庆胜利了。

（6）糕点买回来，立刻就会分给这些迫不及待的孩子。

3. 和蔼可亲

性情温和，态度亲切，让人容易亲近。使用中相当于形容词。可以做谓语、定语，偶尔也做状语。如：

（1）张医生医术精湛，对病人也和蔼可亲。

（2）因为他教法得当又和蔼可亲，学生们听课时都感到很轻松，并敢于提问。

（3）每每回忆此情此景，我总忘不了苏先生和蔼可亲的鼓励和语重心长的教诲。

（4）他是一位和蔼可亲的长者，遇到晚辈请教，从来不摆半点架子。

（5）老教授从不严厉地批评学生。遇到学生犯错，他总是和蔼可亲地指出问题，让学生自己思考。

4. 语重心长

言辞恳切而有分量。一般指劝导别人时，态度十分恳切，说出来的话大多具有指导性。在使用中相当于形容词，多做状语和定语，也可直接做谓语。如：

（1）毕业时，老师们语重心长地勉励我们，大学毕业以后要继续学习，努力提高专业水平。

（2）看到儿子因失败而很失落，母亲语重心长地说：“什么时候也不能丢了信心。能战胜自己的人才能成功。”

（3）他始终记得父亲临别时那句语重心长的话：“你是一个教师，不能误人子弟。”

（4）每每回忆此情此景，我总忘不了苏先生和蔼可亲的鼓励和语重心长的教诲。

（5）朋友鼓励我要坚强，不能太脆弱。虽寥寥数语，但语重心长。

5. 一望无际

际：边际。一眼看不到边，形容非常辽阔。使用中相当于形容词。多做定语，也可做谓语。如：

（1）这一次到了柳园后，我们坐上敦煌文物研究所拉煤的卡车沿着公路继续往南，一路上只能看见一望无际的沙丘和戈壁。

（2）地球是一个多姿多彩的生物世界。陆地上，有茂密的森林、参天的大树、一望无际的草原，栖息着各种各样的动物。

（3）过了湖北宜昌往东，就进入一望无际的长江中下游平原了。

（4）汽车在公路上飞驰，两边青青的麦田一望无际，金黄色的菜花点缀其间，仿佛一张绿色绣花地毯。

6. 截然不同

截然：完全分开的样子。形容事物之间毫无共同之处。使用中相当于形容词。多做谓语和定语。常用的格式是“与 / 和……截然不同”。如：

（1）“民主”的概念很早就出现于中西文化中，但不同时期、不同社会所说的“民主”，其含义可能截然不同。

（2）地质学研究表明，地球表面早期的状态与今天截然不同。那时火山活动频繁，原始大气层没有氧气。

（3）同是面食，和西方面包类食品的高温烹食方法截然不同，中国人发明的面条、馄饨等属于低温烹食。

（4）这两次去敦煌，是截然不同的心情。

（5）对于同一件事情，立场不同的人会有截然不同的反应和评价。

（6）中医学所说的心和现代医学所说的人体器官心脏是两个截然不同的概念。

7. 金碧辉煌

金：金黄色。碧：青绿色。辉煌：充满光辉。形容建筑物或其内部陈设华丽精致，光彩夺目。使用中相当于形容词，多做定语，也可做谓语。如：

（1）那些金碧辉煌的壁画和彩塑，究竟是如何被创作出来的？

（2）当人们看到蜿蜒起伏的万里长城、金碧辉煌的北京故宫和由各种亭台廊阁组成的园林时，想到的自然是中国文化。

（3）随着旅游业的发展，全国各地出现了一座座风格各异、金碧辉煌的豪华饭店。

（4）在缅甸旅行，感觉到处都能见到大大小小、金碧辉煌的佛塔，“佛塔之国”名副其实。

（5）每年的 1 月 1 日上午，奥地利首都维也纳金色大厅金碧辉煌的装饰和无与伦比的音响效果都会随着新年音乐会展现在全世界观众的面前。

（6）福建湄州岛上的妈祖祖庙是世界上第一座妈祖庙。整个建筑群规模宏伟，金碧辉煌。

8. 独一无二

只有这一个，没有第二个。比喻风格、特点、个性等极少见，很突出，没有什么可以与之相比。褒义。使用中相当于形容词，多做定语、谓语。如：

（1）这里封存的是丝绸之路上东西方文化交流的奥秘，这里是一个独一无二的人类艺术和文化的宝库。

（2）“女书”指起源于湖南省江永县的一种专由女性使用的文字，是世界现存的独一无二的妇女文字。

（3）在火山灰下沉睡千年的庞贝古城是现存独一无二的古罗马城市遗址，考古工作从18世纪开始延续至今。

（4）海豚是智商最高的动物之一，并且睡眠也是独一无二的。海豚大脑的两个半球可以交替睡眠，时间间隔是十几分钟，难怪人们称海豚是“不眠的动物”。

（5）云南省地处云贵高原，气温随地势高低垂直变化异常明显，同时具有寒带、温带、热带三种气候，这种现象在我国独一无二。

复句/句群讲解

1. 多重复句

根据结构层次的多少，复句可以分为一重复句和多重复句。只有一个结构层次的叫一重复句，有不止一个结构层次的叫多重复句。多重复句按照层次的多少，又可分为二重复句、三重复句等。

在层次分析法中，可以借助符号清楚地标出层次关系。首先分出第一层，用单竖线“|”分开。第二层用双竖线“||”分开，依此类推。再根据句意，确定各层之间的关系。如：

（1）世人往往将“文化”和“娱乐”这两个根本不同甚至截然相反的词连在一起说成“文化娱乐”，| 须知一个地方若没有知识分子，|| 便可能只有娱乐，||| 没有文化。
（转折）（假设）（并列）

例（1）中，第一层为转折关系，第二层为假设关系，第三层为并列关系。

下面的两个例句，可以用同样的方法划分层次，并标出分句关系。

（2）鹳鸟请求捕鸟人不要杀他，| 说他对人类不仅没有害处，|| 而且还非常有益，||| 因为他可以捕捉和杀死蛇及其他爬行动物。
（承接）（递进）（因果）

（3）水有很高的热容量，‖加之水体浩大，| 任凭夏季烈日曝晒，||| 冬季寒风扫荡，‖ 海水的温度变化却比较小。
（并列）（因果）（并列）（转折）

2. 句群

句群由前后连贯共同表示一个中心意思的几个句子组成。这里的“句”包括单句，也包括复句。根据句际关系，句群可以分成并列、承接、解说、选择、递进、条件、假设、因果、目的、转折等类。一般也会用表示相应关系的关联词。根据结构层次的多少，句群也可以分成一重句群和多重句群两类。下面是几个一重句群的例子。需要注意的是，有句号（或问号、感叹号）[1] 的地方就是划分句群层次的地方。如：

（1）与生命权不同，身体权主要以保护人的肢体、器官、组织的完整性为目标。| 同时公民的身体权又与其生命权、健康权密切相关。（并列句群）

（2）一座城市也像一个人一样，是有气质的。| 而所谓城市的气质，也会影响到生活在这个城市里的人。（承接句群）

（3）绝大部分同义词，意义上不是一般地互相接近，而是基本相同。| 即在基本的、主要的方面上一致，只存在细微的差别。（解说句群）

（4）在你的银行卡被锁住的情况下，你可以等 24 小时后再交易。| 或者带着你的身份证和银行卡到柜台解锁。（选择句群）

（5）我没有想到这一去，就是半个多世纪。| 我更没有想到，敦煌石窟考古报告的任务，我竟然长期未能交卷。（递进句群）

（6）我们一定会成功。| 只要我们抓住时机，努力工作。（条件句群）

（7）屈原的《离骚》虽然优美但可能比较难领悟。| 如果你没有细腻的情感和丰富的想象力。（假设句群）

（8）基本词汇作为词汇中最稳固的核心部分，其界限和特征还需要做深入的研究才能很好地确定。| 因此还很难谈基本词汇与一般词汇的具体对应关系。（因果句群）

（9）夏天，把昙花搬到大树下。| 为的是既有阳光，又不至于被太阳暴晒。（目的句群）

（10）我企图思考一下生活、爱情、未来这些远大而严肃的问题。| 但越思考，我的头脑便越混乱。（转折句群）

下面是多重句群的例子，同时标明了层次关系。

---

1 在划分句群时，句号、问号、感叹号是句与句分隔的标志。下面提到句群划分问题时，说“句号”兼指问号和感叹号。

（11）狐狸回来后，知道了孩子被鹰吃掉的事实。‖他不仅为自己的儿女之死而悲痛，也为
（承接）
自己无法报复而伤心，因为他是走兽，无法追逐飞禽。| 于是，他只好站在远处诅咒
（因果）
敌人，这是缺乏能力的弱者尚可以做到的事情。

（12）藏北高原多山多湖。‖牧民的自然崇拜心理就集中于对神山神湖的崇拜之中。| 在这
（因果）（解说）
里，山、湖已被赋予生命和灵魂，全被人格化了。‖山族中不仅有神山、鬼山之分，
（解说）
神山又被分为男神山、女神山、文神山、武神山、文武双全的神山，等等。||| 湖也
（并列）
被划分为神湖和鬼湖。

例（11）是二重句群。内部结构是：单句 + 复句 + 复句。例（12）是三重句群，内部结构是：单句 + 单句 + 复句 + 复句 + 单句。在分析句群关系时，复句内部分句之间的关系就不再讨论了，因为这不属于句群的层次。一个句群围绕一个中心，搞清第一层的关系对把握句群的中心意思有直接的影响。

句群和复句既有联系，也有区别。联系主要表现在，句群中句子之间的关系和复句中分句之间的关系类型基本相同。因此有些句群和复句可以互相转换。在形式上，就是把句号改成逗号，或把逗号改成句号。不过，采取哪一种形式，要根据语境和表达的需要来决定。

句群和复句的根本区别是构成单位不同：句群的构成单位是句子，复句的构成单位是分句。从形式上看，一重句群至少有两个句号，一重复句只能有一个句号。另外，二者关联词的使用情况略有不同：很多成对使用的关联词，只能出现在复句中，不能出现在句群中，比如“不仅……，而且……”“即使……，也……”“之所以……，是因为……”等。只有少量成对的关联词可以用于句群，如“一方面……，另一方面……”“首先……，其次……”“或者……，或者……”等。关联词单用时，则常常可以用于句群，如“因此、但是、而且、只要”等。

练 习

第一部分 词汇、语法

一、解释加点语素的意思，并根据拼音完成新词语，同时说明其词义。

1. 首创（ ）
 chū______创
 dú______创
2. 要地（ ）
 要 dào______
 要 rén______
3. 壁画（ ）
 shànmiàn______画
 yán______画
4. 惯例（ ）
 tè______例
 xiān______例
5. 温差（ ）
 sè______差
 shí______差
6. 敬意（ ）
 huǐ______意
 qiàn______意
7. 长期（ ）
 hòu______期
 qián______期
8. 山谷（ ）
 hé______谷
 xī______谷
9. 发麻（ ）
 发 suān______
 发 yǎng______
10. 盛世（ ）
 luàn______世
 mò______世

二、选择成语填空并模仿造句。

十字路口	迫不及待	和蔼可亲	语重心长
一望无际	截然不同	金碧辉煌	独一无二

1. 看待一个问题，角度不同，思维方式不同，得出的结论也会______。

______

2. 他时常帮助别人，那______的态度，常使大家很感动。

______

3. 北京有800多年的建都史，是一座城市布局________的大城市，南北中轴线贯穿全城。

____

4. 12岁到15岁的少年正走向人生的________，这一时期是身心充满矛盾的时期，也是教育的关键时期。

____

5. 父亲________的教诲，我永远不会忘记，那就是待人要宽，对己要严。

____

6. 南美亚马孙河两岸是________的热带丛林，各种树木交错生长，大大小小的河流成了一条条林中水道。

____

7. 一到北京，他就________地给朋友们打电话，约大家晚上去吃烤鸭。

____

8. 拉萨老城区的中心有一座具有1300多年历史的藏传佛教寺院，这就是________的大昭寺。

____

三、词语搭配与填空。

寒风	曲折
面容	高超
情节	悠闲
神态	刺骨
技艺	慈祥

（1）老师________的________、亲切的声音，30多年过去了，还深深地印在我的心里。

（2）如果山脉海拔特别高，即使在赤道地区，山脉的峰顶也可能是白雪皑皑，________ ________。

（3）玛雅人是古代印第安人的一支，他们生活的区域就在今天的中美洲。玛雅人不仅在数学、天文学和农业等方面有很高的成就，同时也是建筑________极为________的艺术大师。

（4）传统的京剧剧目，一般说来主题都很鲜明，但________都算不上________。

（5）我很佩服他，不管遇到什么样的困境，他总是________ ________。

按照	体质
了却	心愿
讲解	重任
增强	知识
赋予	惯例

（6）她从小就对古埃及文化很痴迷，当她第一次来到尼罗河畔，看到被称为世界七大奇迹之一的胡夫金字塔，终于________了一桩多年的________。

（7）语法课上，老师首先会________某一语法点的基础________，之后会通过各种练习帮助我们掌握该语法点。

（8）运动能________ ________，提高机体的抵抗力和对环境的适应能力，从而起到预防疾病的作用。

（9）珍惜文物，保护古迹，是历史________我们这一代人的________。

（10）每场学术报告结束，________ ________，愿意跟报告人继续讨论相关问题的听众可以一起去吃饭，以便有更多的时间充分交流。

◎

咽喉	泰斗
菩萨	累累
硕果	要道
出土	心肠
学术	文物

（11）改革开放的40多年，中国的交通事业获得了迅猛发展，高速铁路、高速公路、特大桥梁、大型机场建设等方面________ ________。

（12）我虽然知道他从来没有什么________ ________，但也没有想到他这么心狠。

（13）王国维（1877—1927）是中国近、现代相交时期的杰出学者，研究领域涉及史学、考古、古文字学、文学、戏剧等，是无可争议的________ ________。

（14）青铜大立人、青铜面具、青铜神树等都是四川三星堆遗址最著名的________ ________。

（15）海南岛地处南海的________ ________，自古以来就是中国“海上丝绸之路”的必经之地。

四、用指定词语完成句子或对话。

1. A：你觉得城市化对中国古建筑的影响大不大？

   B：____（伴随）

2. 暑假两个月我是在家乡度过的，________________________________（其间）

3. 虽然经历了一场地震，____________________________________（完好）

4. 由于投资眼光长远，____________________（丰厚）
5. A：____________________（留意）
   B：我也注意到了，是这样。
6. 老师让我再检查一遍实习报告，____________________（若干）
7. “少壮不努力，老大徒伤悲”，这两句古诗____________________（趁着）
8. 如果有机会，我希望能参观每个国家的世界文化遗产，____________________
   ____________________（震撼）
9. 所谓流行病，____________________（蔓延）
10. 对于那些为人类的科学进步做出杰出贡献的科学家，____________________
    ____________________（敬意）
11. 每次讨论，虽然他的话都不多，____________________（分量）
12. 这座城市的历史很长，____________________（历经）
13. 汉语中的常用成语有1500个左右，____________________（艰巨）
14. 天文学上有一个概念叫“光年”，____________________（路程）
15. 提到“母亲”这个词，____________________（温柔）
16. A：去面试的时候，你觉得我应该注意哪些问题？
    B：____________________（姿态）
17. 每次看完杂技表演，____________________（绝技）
18. 在学习的过程中，我们不能忽视复习的重要性，____________________
    ____________________（遗忘）
19. 父母不仅需要照顾孩子的生活，____________________（担负）
20. 读大学时他选择了生物科学专业，____________________（奥秘）
21. 海洋不仅有无数的美景可以欣赏，____________________（宝库）

五、找出关联词，划分并指出多重复句或句群的层次关系，同时请在括号中注明该句属于多重复句还是句群。

（1）热爱生活，敏锐地观察生活，然后用高度的兴趣和热情去反映和表现它，从而获得一种创造的愉快，于是产生了人类最早时期的这些动人的艺术品。
（　　　　）

（2）人为什么要从事艺术活动？是天意？是神授？是精力过剩的发泄，还是无目的的游戏？（　　　　）

（3）艺术上所有的问题都是节奏的问题，不管是绘画、雕刻、音乐，还是建筑，只要美是运动（“美感便是律动感”），每种艺术形式就有隐含的节奏。

（　　　　　）

（4）中国画非常讲究虚实藏露，就是为了用“虚”和“藏”来激发欣赏者的想象力，让欣赏者在作者的“实”和“露”的引导、启发下，调动自己的生活经验和形象储备，进行补充和再创造，从而达到以简胜丰、以少胜多的艺术效果，使欣赏者在这种再创造中得到极大的审美满足。（　　　　　）

（5）苏东坡一生的经历，就是他本性的自然流露。在玄学上，他是个佛教徒，他知道生命是某种东西刹那之间的表现，是永恒的精神在刹那之间存在躯壳之中的形式，但是他却不肯接受人生是重担、是苦难的说法——他认为那不尽然。至于他本人，不放弃享受人生的每一刻时光。（　　　　　）

（6）文艺复兴三杰之一的拉斐尔（1483—1520）不像达·芬奇（1452—1519）那样经验丰富、博学深思，也没有米开朗琪罗（1475—1564）那样雄强伟健的英雄气概。可是他虽然只活了37岁，却成为文艺复兴鼎盛期最红的画家。他的风格代表了当时人们最崇尚的审美趣味——“秀美”。（　　　　　）

六、排序，并画出各句所用关联词及其他可提示句子顺序的词语。

1. A. 不过，如果真的还有来世

   B. 我不是佛教徒

   C. 还要去完成我想为敦煌所做而尚未做完的工作

   D. 不相信轮回转世

   E. 我将还是常书鸿[1]

   正确语序：________________________

2. A. 既大大提升了游客的参观体验

   B. 它将数字化资料制作成影片《千年莫高》和《梦幻佛宫》并循环播放

   C. 又缓解了旅游开放与文物保护之间的矛盾

   D. 2014年，敦煌莫高窟数字展示中心建成

   E. 这使游客在进入洞窟之前就能与莫高窟亲密接触

   正确语序：________________________

1 这段话来自常书鸿与日本作家、宗教活动家池田大作的问答。池田大作曾问常书鸿：“如果来生再到人世，你将选择什么样的职业呢？”常书鸿这样回答他。

3. A. 如果要研究印度、尼泊尔、巴基斯坦、孟加拉国、斯里兰卡等地古代的历史地理

B. 作者是唐代高僧、佛学理论家与翻译家玄奘（602—664）

C.《大唐西域记》是关于西域的一部历史地理著作

D. 我们至今仍离不开它

E. 该书为玄奘西行求法17年的游历见闻录

正确语序：________________

4. A. 与中国汉代及其以前金属器皿的造型、纹饰都截然不同

B. 却与同一时期波斯[1]一带的器皿风格极为接近

C. 它有着新颖而独特的蒜头凸纹

D. 1983年，在广州西汉南越王墓[2]中出土了一件精美的银盒

E. 所以专家称它是岭南[3]最早的"舶来品[4]"

正确语序：________________

5. A. 从艺术来看，则以细腻、画面工整、色彩艳丽著称

B. 波斯细密画[5]盛行于13—17世纪，主要作为书籍插图

C. 细密画在其盛行之初即受到中国绘画方法与风格特点的影响

D. 从内容来看，细密画以描绘波斯和印度的寓言、传说以及帝王、英雄传记为主

E. 直到17世纪，画中的山川、云彩、花卉、动物甚至人物都还能看到中国绘画的影子

正确语序：________________

第二部分　拓展阅读

七、请概括下面这段文字的主要意思。

丝绸之路分陆上丝绸之路和海上丝绸之路。广州是海上丝绸之路的重要节点城市。

1 波斯：伊朗的古名。

2 据专家考证，墓主人是西汉时期南越国的第二代国王赵眜（mò）（前137—前122在位）。

3 岭南：中国南方五岭以南地区的概称。五岭由越城岭、都庞岭、萌渚岭、骑田岭、大庾岭五座山组成。

4 舶来品：指从外国进口的东西。

5 细密画：一种精细刻画的小型绘画，是伊朗传统艺术中最重要的门类之一。

第一，海丝文化起始年代早，具体的年代就是以南越国宫署遗址和南越王墓为重要的支撑点和标志。在西汉南越王博物馆出土的文物中，来自古波斯的银盒、产自西亚或红海的珍贵乳香、出土但因破碎无法展出的五根非洲象牙、具有典型西方特色的焊珠金花泡以及目前中国设计较早的海船图案，这些都是2000多年前广州面向海洋、成为古代海上丝绸之路重要节点的重要佐证。第二，广州海丝文化延续时间长，也就是说从秦汉时代一直延续到现在，2000年以来没有中断过。现在的南沙港、广交会都可以作为"海上丝绸之路"大概念的延续。第三，文献的记载丰富，有司马迁的《史记》、班固的《汉书》、晚清广州十三行[1]的资料等。第四，遗迹和史迹点众多。比如南越王墓、南海神庙及其古码头，海上丝绸之路同时也是传播宗教文化交往之路，印度禅宗二十八祖菩提达摩[2]从海上泛舟抵达广州，让光孝寺[3]扬名世界。

上面这段文字主要说明了（请选择）：

☐ A. 丝绸之路分陆上丝绸之路和海上丝绸之路

☐ B. 海上丝绸之路的重要性

☐ C. 广州成为海上丝绸之路节点城市的证明

☐ D. 广州是一个历史悠久、文化繁荣的城市

八、阅读下面的文章，并完成后面的练习。

中德科技合作破解出土文物保护难题[4]

马　烈

自2009年6月13日秦兵马俑一号坑第三次考古发掘以来，秦兵马俑博物馆考古队的工作人员至今已发现了114件"新兵"，为进一步研究秦兵马俑、秦始皇陵及中国

---

1 广州十三行：清政府指定的专营对外贸易的机构。乾隆二十二年（1757）至道光二十二年（1842）广州十三行是清政府唯一对欧美通商的"特区"。

2 菩提达摩：Bodhidharma。简称达摩，南天竺人，经海路将大乘佛教带入中国，为中国禅宗之开创者，被尊称为达摩祖师。

3 光孝寺：全称为报恩光孝禅寺，是广州最古老的寺院，已有1700多年的历史。传说达摩到中国时，就曾在该寺中住过。

4 文章来源：中国日报网，2010年9月9日。有删减。作者马烈为《中国日报》记者。

古代军制史等提供了重要资料，也为出土文物的保护工作提出了更多的研究课题。

在以前秦兵马俑的考古发掘过程中，陶俑彩绘的保护一直是困扰考古人员的一个难题。在秦兵马俑一号坑的前两次发掘中，一些出土时带有彩绘的陶俑因没有有效的保护手段，彩绘很快就脱落、脱色了。第一次发掘工作从1978年开始到1984年结束，共发掘出1087件陶质兵马俑。第二次发掘从1985年开始，但由于一些技术原因，一年后就被迫停了下来。

据秦始皇兵马俑博物馆馆长吴永琪介绍，当年随着发掘工作的迅速展开，地下散发出大量湿气[①]，霉菌开始了大面积蔓延。在霉菌消退后，又因地表[②]干燥产生了其他问题。另一个问题是兵马俑的彩绘。从发掘的一开始，便在俑身上发现了大面积残余[③]的彩绘并对彩绘做了记录，然而在出土之后不久，彩绘便几乎全部消失。

为了解决在考古发掘中出现的文物保护的诸多问题，陕西省文物局从1989年就开始向国外寻求先进的文物保护技术。在国家有关部门的支持下，陕西省文物局先后与德国巴伐利亚州文物保护局和德国美茵兹的罗马日耳曼中央博物馆签订了文物保护技术合作研究项目。在中德合作的项目中，很重要的一项就是秦兵马俑的彩绘保护技术研究。

据中德文物保护技术研究项目的德方负责人、来自德国美茵兹的罗马日耳曼中央博物馆的文物专家苏珊娜介绍，德国方面选择合作伙伴是经过深思熟虑[④]的。陕西省的面积相当于原德意志联邦共和国的国土面积，陕西及省会城市西安在古代历史上曾是13个朝代的都城与权力中心，因此在西安及周边地区留下了数以万计的地面遗迹和大量的墓葬群。她说："伴随考古发掘文物的出土，大量残损[⑤]文物的修复与保护是考古界从业人员面临的严峻问题，而当时中国国内还没有一所现代化的修复专科学校及与之相配套的职业培训体系。"

1991年4月，在陕西省考古研究所和德国美茵兹罗马日耳曼中央博物馆的共同努力下，陕西省考古研究所文物保护修复实验室（现陕西省考古研究院文物保护研究部）正式启用。实验室配备有专业化的保护修复仪器设备、修复工具、工作台及配套设备，包括X光机、各种规格的显微镜、微型打磨机、微型喷砂机、超声清洗仪、大型去离子水处理设备、低压吸力多功能操作台、回潮箱、可升降专用修复工作台、滤紫外线光源、专业吸尘器、数码相机，等等。

在过去近20年的合作中，中德文物保护专家不仅解决了大量文物保护方面的难题，同时，德国方面还为陕西培养、培训了许多文物保护方面的专业人才。

据秦始皇兵马俑博物馆的文物保护专家容波说，他是在1996年加入到这个项目中来的，在过去的近15年里，他去了德国五六次，每次在那里待3个月到半年。

容波最大的感受是："一开始我方本着请教的心态，去了解世界上最先进的文保⑥科技方向，在资金和技术上都依靠德国。这其中我们不断提问并且进行试验，彩绘的颜料结构、成分、工艺等全部都成了有解的答案。虽然他们发展早，但是东西少，我们从信息需求转而到了理念的接纳。样品当时我们还要带到德国去试验，因为国内文物领域的科技检测还非常落后，检测单位只有工农业的图谱和标准，那种大众化的判断不是我要的。到了1996年左右，中德双方已经进展成为平等交流，我们在技术、设备上都积累了能量，2000年以后，国内大手笔投资文物保护，这种合作开始转向以我为主的局面。现在国内实验室水平已经很高，在陶器彩绘保护方面，我们已经开始向国外输出技术。"

过去近20年在文物保护技术研究方面的国际合作，不仅帮助中国在出土文物保护的技术和研究方面取得了令人瞩目的成绩，更让中国的文物保护技术得到了世界各国专家的认可和赞誉。

1. 请给文章拟一个新的题目（写在下面的横线上）。

____

2. 解释文中画线词语。

①湿气　　②地表

③残余　　④深思熟虑

⑤残损　　⑥文保

3. 判断下列说法是否符合文章原意（符合画"√"，不符合画"×"）。

（1）在秦兵马俑一号坑的前两次发掘中，霉菌的处理一直是困扰考古人员的一个难题。（　　）

（2）在中德合作项目中，研究彩绘保护技术是很重要的一项。（　　）

（3）陕西有丰富的地下文物，但在中德合作之前中国还没有文物修复的现代化学校和职业培训体系。（　　）

（4）德方帮助中国培养、培训专业人才，包括邀请他们到德国短期共同工作。（ ）

（5）容波发现，德方文物保护起步早，技术好，但是设备较少。（ ）

（6）容波认为，2000年以后，中方不管在技术、设备还是资金上，都开始在合作中占据主要的地位。（ ）

4. **回答问题。**

中德双方的合作包括哪些内容？在长达20年的合作中，中国的文物保护技术取得了哪些进步？

____

____

____

____

____

第三部分 写作

九、写出课文第二部分“敦煌是我的宿命”中“重回莫高窟”的内容提要。（300字左右）

十、写一篇600字左右的短文。主题：艺术对人的影响。题目自拟。要求：有观点，有例证。

语言实践

一、观看中国中央电视台 2015 年拍摄的大型历史纪录片《河西走廊》中的第 7 集《敦煌》，并记录其主要内容。

二、登录“数字敦煌”资源库平台，按时代选择洞窟或壁画参观，对一个洞窟或一幅壁画进行重点了解，并记录其基本信息（年代、风格、壁画内容等）。

附录（一）词语总表

A

哀号	āiháo	动	7
哀伤	āishāng	形	7
安宁	ānníng	形	7
安心	ānxīn	形	5
案例	ànlì	名	8
暗含	ànhán	动	9
傲慢	àomàn	形	9
奥秘	àomì	名	10

B

八卦	bāguà	名 / 形	1
把	bà	名	6
霸道	bàdào	形	6
颁布	bānbù	动	9
斑斓	bānlán	形	10
搬迁	bānqiān	动	8
伴侣	bànlǚ	名	5
伴随	bànsuí	动	10
帮衬	bāngchèn	动	6
包容	bāoróng	动	2
宝库	bǎokù	名	10
保暖	bǎo//nuǎn	动	3
保障	bǎozhàng	名 / 动	8
报社	bàoshè	名	2
报账	bào//zhàng	动	5
暴晒	bàoshài	动	8
悲愤	bēifèn	形	9
背叛	bèipàn	动	7
奔放	bēnfàng	形	5
本能	běnnéng	名 / 副	7
本体	běntǐ	名	4
逼迫	bīpò	动	1
笔直	bǐzhí	形	6
必定	bìdìng	副	1
闭馆	bìguǎn	动	8
闭合	bìhé	动	3
壁画	bìhuà	名	10
编剧	biānjù	名	5
变革	biàngé	动	9
便装	biànzhuāng	名	6
标点符号	biāodiǎn fúhào		5
表述	biǎoshù	动	1
别处	biéchù	名	2
别墅	biéshù	名	7
濒危	bīnwēi	动	8
冰川	bīngchuān	名	6
并非	bìngfēi	动	2
拨款	bōkuǎn	动 / 名	8

博大	bódà	形	10
不济	bújì	形	7
不屑	búxiè	动	1
捕捉	bǔzhuō	动	8
不妨	bùfáng	副	1
布局	bùjú	名 / 动	3

C

猜想	cāixiǎng	动	9
财政	cáizhèng	名	8
采访	cǎifǎng	动	8
采光	cǎiguāng	动	3
采摘	cǎizhāi	动	1
彩塑	cǎisù	名	10
惨烈	cǎnliè	形	7
灿烂	cànlàn	形	7
苍凉	cāngliáng	形	7
操心	cāo//xīn	动	6
察觉	chájué	动	7
缠	chán	动	6
谄媚	chǎnmèi	动	7
长达	cháng dá		9
敞开	chǎngkāi	动	6
敞亮	chǎngliàng	形	3
超常	chāocháng	动	6
超脱	chāotuō	动 / 形	1
超自然	chāozìrán	形	9
巢	cháo	名	8
尘嚣	chénxiāo	名	3
沉甸甸	chéndiàndiàn	形	10
沉睡	chénshuì	动	1
沉思	chénsī	动	1
陈年	chénnián	形	5
陈述	chénshù	动	9
趁着	chènzhe		10
呈现	chéngxiàn	动	1
承载	chéngzài	动	3
痴迷	chīmí	动	9
耻于	chǐ yú		9
赤足	chìzú	动	10
充斥	chōngchì	动	9
充实	chōngshí	形 / 动	1
崇敬	chóngjìng	动	6
抽泣	chōuqì	动	7
出土	chū//tǔ	动	10
初稿	chūgǎo	名	5
橱窗	chúchuāng	名	2
传世	chuánshì	动	4
串联	chuànlián	动	3
吹牛	chuī//niú	动	6
纯粹	chúncuì	副 / 形	1
纯情	chúnqíng	形	5
纯真	chúnzhēn	形	7
慈悲	cíbēi	形	2
慈祥	cíxiáng	形	10
刺骨	cìgǔ	动	10
丛林	cónglín	名	8
凑	còu	动	6

D

打交道	dǎ jiāodao		8
打拼	dǎpīn	动	7
打杂（儿）	dǎ//zá(r)	动	6
打转	dǎzhuàn	动	2
大不敬	dàbújìng		7
大亨	dàhēng	名	2
大户	dàhù	名	6
大话	dàhuà	名	5
大意	dàyì	名	1
担负	dānfù	动	10
但凡	dànfán	副	1
淡漠	dànmò	形	5
当下	dāngxià	名 / 副	1
导弹	dǎodàn	名	5
捣蛋	dǎo//dàn	动	6
倒立	dàolì	动	8
道谢	dào//xiè	动	7
低谷	dīgǔ	名	2
抵御	dǐyù	动	3
底层	dǐcéng	名	2
地层	dìcéng	名	10
地基	dìjī	名	6
地势	dìshì	名	4
地摊	dìtān	名	2
地域	dìyù	名	3
颠簸	diānbǒ	动	10
电泵	diànbèng	名	8
电池板	diànchíbǎn	名	6
垫	diàn	动	6
殿堂	diàntáng	名	10
调任	diàorèn	动	8
调子	diàozi	名	6
叮咛	dīngníng	动	10
盯	dīng	动	5
定格	dìnggé	动	10
动静	dòngjing	名	7
洞窟	dòngkū	名	10
逗	dòu	动 / 形	7
毒气	dúqì	名	9
独居	dújū	动	6
独门独院	dúmén dúyuàn		8
读物	dúwù	名	1
端正	duānzhèng	形	6
短训	duǎnxùn	名	2
堆积	duījī	动	7
对称	duìchèn	形	3
对照	duìzhào	动	8
敦实	dūnshi	形	3
多元	duōyuán	形	2

E

婀娜多姿	ēnuó duōzī		10
恩怨	ēnyuàn	名	9
而已	éryǐ	助	1

F

发掘	fājué	动	4

发霉	fā//méi	动	5
乏力	fálì	形 / 动	9
翻拍	fānpāi	动	9
翻阅	fānyuè	动	4
凡	fán	副	6
凡俗	fánsú	形	1
烦心	fánxīn	形	7
泛	fàn	动	5
方块字	fāngkuàizì	名	5
方向盘	fāngxiàngpán	名	6
方正	fāngzhèng	形	3
防卫	fángwèi	动	3
妨碍	fáng'ài	动	2
房地产	fángdìchǎn	名	4
房主	fángzhǔ	名	5
放羊	fàng//yáng	动	6
飞碟	fēidié	名	9
飞翔	fēixiáng	动	2
非同凡响	fēitóng fánxiǎng		10
废话	fèihuà	动 / 名	2
废弃	fèiqì	动	4
费劲	fèi//jìn	动	8
分辨	fēnbiàn	动	7
分隔	fēngé	动	8
分歧	fēnqí	名 / 形	9
纷争	fēnzhēng	名 / 动	1
氛围	fēnwéi	名	1
粉饰	fěnshì	动	7
分量	fènliàng	名	10
愤青	fènqīng	名	9
丰厚	fēnghòu	形	10
丰盛	fēngshèng	形	6
丰腴	fēngyú	形	10
风风火火	fēngfēnghuǒhuǒ		5
风貌	fēngmào	名	4
风情	fēngqíng	名	8
风趣	fēngqù	形	6
风沙	fēngshā	名	3
风头	fēngtou	名	2
封存	fēngcún	动	10
奉陪	fèngpéi	动	7
奉行	fèngxíng	动	9
缝	fèng	名	6
敷	fū	动	6
敷衍	fūyǎn	动	5
俘获	fúhuò	动	7
浮动	fúdòng	动	7
府邸	fǔdǐ	名	3
俯瞰	fǔkàn	动	8
俯视	fǔshì	动	1
负疚	fùjiù	动	7
复兴	fùxīng	动	4
副刊	fùkān	名	6
赋予	fùyǔ	动	10

G

该	gāi	代	9

改观	gǎiguān	动	4
改嫁	gǎi//jià	动	7
改建	gǎijiàn	动	8
改良	gǎiliáng	动	9
干涸	gānhé	形	4
甘心	gānxīn	动	1
感慨	gǎnkǎi	动	6
感悟	gǎnwù	动	1
钢丝	gāngsī	名	8
高超	gāochāo	形	10
高洁	gāojié	形	5
稿费	gǎofèi	名	2
告示	gàoshi	名	5
戈壁	gēbì	名	10
戈壁滩	gēbìtān	名	6
搁置	gēzhì	动	4
革命	gémìng	动 / 形	2
格局	géjú	名	3
隔绝	géjué	动	3
隔离	gélí	动	8
隔三岔五	gésān chàwǔ		6
跟不上	gēn bu shàng		10
更名	gēngmíng	动	4
工地	gōngdì	名	5
工匠	gōngjiàng	名	10
公顷	gōngqǐng	量	8
公益	gōngyì	名	8
公约	gōngyuē	名	4

共鸣	gòngmíng	动	1
共识	gòngshí	名	4
共同体	gòngtóngtǐ	名	9
勾画	gōuhuà	动	10
构图	gòutú	动	10
构筑	gòuzhù	动	1
诟病	gòubìng	动	8
古董	gǔdǒng	名	4
固守	gùshǒu	动	7
关节	guānjié	名	6
官员	guānyuán	名	9
贯通	guàntōng	动	4
惯例	guànlì	名	10
灌	guàn	动	6
光顾	guānggù	动	6
光芒	guāngmáng	名	8
光影	guāngyǐng	名	10
瑰宝	guībǎo	名	4
瑰丽	guīlì	形	10
国力	guólì	名	4
过日子	guò rìzi		6
过意不去	guòyìbúqù		5

H

含糊	hánhu	形	6
寒气	hánqì	名	10
行情	hángqíng	名	5
壕沟	háogōu	名	8
好手	hǎoshǒu	名	5

好在	hǎozài	副	2
好恶	hàowù	名	1
浩大	hàodà	形	10
合租	hézū	动	5
何妨	héfáng	副	1
何况	hékuàng	连	5
何其	héqí	副	10
核武器	héwǔqì	名	9
痕迹	hénjì	名	7
轰动	hōngdòng	动	4
红尘	hóngchén	名	2
呼吁	hūyù	动	4
糊	hú	动	6
花白	huābái	形	6
花朵	huāduǒ	名	10
画册	huàcè	名	10
画卷	huàjuàn	名	3
画像砖	huàxiàngzhuān	名	3
欢喜	huānxǐ	形	6
欢心	huānxīn	名	7
还嘴	huán//zuǐ	动	7
缓缓	huǎnhuǎn	副	7
幻觉	huànjué	名	9
唤醒	huànxǐng	动	1
患	huàn	动	6
焕发	huànfā	动	4
荒凉	huāngliáng	形	10
荒野	huāngyě	名	6
恍惚	huǎnghū	形	10
辉煌	huīhuáng	形	3
回归	huíguī	动	2
回绕	huírào	动	10
毁灭	huǐmiè	动	9
会意	huìyì	动	1
讳言	huìyán	动	1
婚恋	hūnliàn	名	5
浑厚	húnhòu	形	3
浑身	húnshēn	名	6
混凝土	hùnníngtǔ	名	8
混血	hùnxuè	动	9
火圈	huǒquān	名	8
伙食	huǒshí	名	7
J			
饥渴	jīkě	形	8
机智	jīzhì	形	6
积淀	jīdiàn	名 / 动	1
积聚	jījù	动	7
积压	jīyā	动	6
积攒	jīzǎn	动	7
及	jí	连	4
极度	jídù	副	1
极致	jízhì	名	7
即	jí	副 / 动	1
即便	jíbiàn	连	2
急迫	jípò	形	4
急切	jíqiè	形	10

集大成	jí dàchéng		9
挤压	jǐyā	动	2
计较	jìjiào	动	6
技艺	jìyì	名	10
际遇	jìyù	名	5
迹象	jìxiàng	名	6
寄生虫	jìshēngchóng	名	6
寂静	jìjìng	形	6
寂寥	jìliáo	形	10
暨	jì	连	4
加之	jiāzhī	连	5
夹克	jiākè	名	6
家底	jiādǐ	名	4
家伙	jiāhuo	名	6
家居	jiājū	名	3
家族	jiāzú	名	7
嘉言隽语	jiāyán juànyǔ		1
假装	jiǎzhuāng	动	7
价值观	jiàzhíguān	名	2
驾驭	jiàyù	动	7
肩膀	jiānbǎng	名	1
艰巨	jiānjù	形	10
监制	jiānzhì	动	9
兼	jiān	动	6
检讨	jiǎntǎo	动 / 名	2
见解	jiànjiě	名	9
见证	jiànzhèng	动 / 名	4
僵持	jiāngchí	动	6
僵化	jiānghuà	动	9
讲解	jiǎngjiě	动	10
讲述	jiǎngshù	动	7
讲坛	jiǎngtán	名	8
降临	jiànglín	动	9
交汇	jiāohuì	动	10
交卷	jiāo//juàn	动	10
交融	jiāoróng	动	10
交织	jiāozhī	动	3
焦急	jiāojí	形	7
焦虑	jiāolǜ	形	1
角落	jiǎoluò	名	7
教诲	jiàohuì	动	10
教研室	jiàoyánshì	名	10
教养	jiàoyǎng	名	5
节点	jiédiǎn	名	8
节水	jiéshuǐ	动	8
劫持	jiéchí	动	9
结缘	jié//yuán	动	10
截然	jiérán	副	7
解惑	jiěhuò	动	1
介意	jiè//yì	动	6
紧凑	jǐncòu	形	3
谨慎	jǐnshèn	形	6
进程	jìnchéng	名	4
近在咫尺	jìn zài zhǐchǐ		10
惊奇	jīngqí	形	7
惊讶	jīngyà	形	7

精美绝伦	jīngměi juélún		10
精确	jīngquè	形	1
精通	jīngtōng	动	6
井然	jǐngrán	形	3
颈椎	jǐngzhuī	名	6
景观	jǐngguān	名	8
敬意	jìngyì	名	10
境界	jìngjiè	名	1
镜像	jìngxiàng	名	9
救生	jiùshēng	动	1
咀嚼	jǔjué	动	5
沮丧	jǔsàng	形	5
巨幅	jùfú	形	3
巨人	jùrén	名	1
巨无霸	jùwúbà	名	6
剧烈	jùliè	形	6
圈养	juànyǎng	动	8
绝技	juéjì	名	10
军方	jūnfāng	名	9

K

开办	kāibàn	动	8
开口	kāi//kǒu	动	6
开阔	kāikuò	形 / 动	1
开辟	kāipì	动	3
开心果	kāixīnguǒ	名	7
看似	kànsì	动	5
看中	kàn//zhòng	动	5
扛	káng	动	5
考古	kǎogǔ	名 / 动	10
可持续发展	kěchíxù fāzhǎn		4
可恶	kěwù	形	6
渴慕	kěmù	动	1
刻板	kèbǎn	形	8
恳切	kěnqiè	形	4
空虚	kōngxū	形	1
恐惧	kǒngjù	形	8
空地	kòngdì	名	3
控诉	kòngsù	动	9
口述	kǒushù	动	4
苦笑	kǔxiào	动	7
夸张	kuāzhāng	形	4
宽敞	kuānchang	形	3
宽容	kuānróng	动	2
狂放	kuángfàng	形	10
况且	kuàngqiě	连	9
亏待	kuīdài	动	5
葵花籽	kuíhuāzǐ	名	6
愧疚	kuìjiù	形	5
捆绑	kǔnbǎng	动	2
困境	kùnjìng	名	1

L

来访	láifǎng	动	7
赖皮	làipí	形 / 名	6
揽活（儿）	lǎn//huó(r)	动	6
劳力	láolì	名	6
唠叨	láodao	动	6

老眼昏花	lǎoyǎn hūnhuā		7
冷落	lěngluò	动/形	4
愣	lèng	动/形	6
礼仪	lǐyí	名	3
里程	lǐchéng	名	4
理念	lǐniàn	名	8
理所应当	lǐsuǒyīngdāng		2
理性	lǐxìng	形/名	8
力求	lìqiú	动	1
历程	lìchéng	名	4
历经	lìjīng	动	10
立志	lìzhì	动	2
莲台	liántái	名	10
联结	liánjié	动	8
联名	liánmíng	动	4
脸庞	liǎnpáng	名	7
链条	liàntiáo	名	9
辽阔	liáokuò	形	1
寥寥	liáoliáo	形	6
了却	liǎoquè	动	10
烈日	lièrì	名	8
邻里	línlǐ	名	6
临	lín	介/动	2
灵魂	línghún	名	1
灵气	língqì	名	2
灵巧	língqiǎo	形	3
凌空	língkōng	动	10
聆听	língtīng	动	1
领会	lǐnghuì	动	1
领略	lǐnglüè	动	1
领悟	lǐngwù	动	2
领域	lǐngyù	名	4
留意	liú//yì	动	10
流程	liúchéng	名	2
流露	liúlù	动	7
流淌	liútǎng	动	4
笼子	lóngzi	名	8
路程	lùchéng	名	10
路途	lùtú	名	6
露天	lùtiān	形/名	3
轮休	lúnxiū	动	6
轮值	lúnzhí	动	6
论证	lùnzhèng	动	4
骆驼	luòtuo	名	6
绿荫	lǜyīn	名	8
绿洲	lǜzhōu	名	10
略	lüè	副	9

M

卖力	màilì	形	2
蛮力	mánlì	名	6
蔓延	mànyán	动	10
漫游	mànyóu	动	1
茫茫	mángmáng	形	10
茂密	màomì	形	8
眉眼	méiyǎn	名	5
美妙	měimiào	形	5

魅惑	mèihuò	动	2
蒙受	méngshòu	动	1
猛兽	měngshòu	名	8
迷惑	míhuò	形 / 动	7
绵延	miányán	动	10
勉强	miǎnqiǎng	形 / 动	8
面颊	miànjiá	名	10
面具	miànjù	名	7
描画	miáohuà	动	7
妙语连珠	miàoyǔ liánzhū		6
民居	mínjū	名	3
民众	mínzhòng	名	9
名利	mínglì	名	2
名录	mínglù	名	4
名著	míngzhù	名	1
明了	míngliǎo	动 / 形	7
明珠	míngzhū	名	10
铭记	míngjì	动	4
陌生	mòshēng	形	7
莫名	mòmíng		10
墨镜	mòjìng	名	6
目睹	mùdǔ	动	9
目击	mùjī	动	9
牧场	mùchǎng	名	6
牧民	mùmín	名	6
牧人	mùrén	名	6

N

纳凉	nàliáng	动	3
纳税人	nàshuìrén	名	9
乃至	nǎizhì	连	9
恼怒	nǎonù	动	7
内涵	nèihán	名	4
内向	nèixiàng	形	3
能言善辩	néngyán shànbiàn		6
逆时针	nìshízhēn	形	8
腻烦	nìfan	形 / 动	5
捻	niǎn	动	6
念叨	niàndao	动	6
凝固	nínggù	动	10
凝聚	níngjù	动	1
牛棚	niúpéng	名	6
扭动	niǔdòng	动	6
扭曲	niǔqū	动	6
浓厚	nónghòu	形	4
懦弱	nuòruò	形	7

P

排行	páiháng	动	2
排水	páishuǐ	动	3
徘徊	páihuái	动	6
攀登	pāndēng	动	1
判别	pànbié	动	9
庞大	pángdà	形	4
抛弃	pāoqì	动	7
喷泉	pēnquán	名	3
盆地	péndì	名	10
碰上	pèngshang		5

批评家	pīpíngjiā	名	1
疲惫	píbèi	形	5
匹配	pǐpèi	动	8
癖好	pǐhào	名	1
媲美	pìměi	动	4
偏爱	piān'ài	动	3
篇章	piānzhāng	名	3
翩翩起舞	piānpiān qǐwǔ		3
片刻	piànkè	名	7
漂泊	piāobó	动	5
漂流	piāoliú	动	2
拼图	pīntú	名	7
贫乏	pínfá	形	1
品尝	pǐncháng	动	1
品级	pǐnjí	名	1
平淡	píngdàn	形	3
平面	píngmiàn	名	3
平摊	píngtān	动	5
屏障	píngzhàng	名	10
颇	pō	副	9
破旧	pòjiù	形	6
破碎	pòsuì	动	7
破损	pòsǔn	动	6
菩萨	púsa	名	10

Q

栖息地	qīxīdì	名	8
凄惨	qīcǎn	形	2
期盼	qīpàn	动	9
欺骗	qīpiàn	动	9
齐名	qímíng	动	10
其间	qíjiān	名	10
奇闻	qíwén	名	1
奇异	qíyì	形	1
旗帜	qízhì	名	9
起步	qǐbù	动	4
起劲	qǐjìn	形	5
起居	qǐjū	名	3
气愤	qìfèn	形	7
气质	qìzhì	名	7
迄今为止	qìjīn wéizhǐ		4
弃儿	qì'ér	名	2
卡	qiǎ	动	1
迁怒	qiānnù	动	7
牵扯	qiānchě	动	5
牵涉	qiānshè	动	4
牵头	qiāntóu	动	4
谦恭	qiāngōng	形	5
签署	qiānshǔ	动	4
前堂	qiántáng	名	3
前沿	qiányán	名	9
潜意识	qiányìshi	名	9
潜在	qiánzài	形	7
浅薄	qiǎnbó	形	7
欠缺	qiànquē	动 / 名	1
欠条	qiàntiáo	名	6
强健	qiángjiàn	形	1

钦佩	qīnpèi	动	6
侵害	qīnhài	动	7
侵占	qīnzhàn	动	1
勤快	qínkuai	形	2
倾心	qīngxīn	动	1
倾注	qīngzhù	动	10
清场	qīng//chǎng	动	9
清单	qīngdān	名	4
情怀	qínghuái	名	9
情理	qínglǐ	名	4
情愿	qíngyuàn	动	6
庆幸	qìngxìng	动	5
穷尽	qióngjìn	动 / 名	10
求婚	qiú//hūn	动	2
求助	qiúzhù	动	8
曲折	qūzhé	形	10
趋向	qūxiàng	名 / 动	8
趋于	qūyú	动	3
趣味	qùwèi	名	1
权威	quánwēi	名 / 形	9
全貌	quánmào	名	8
拳击	quánjī	名	8
缺德	quē//dé	形	6
缺失	quēshī	动	4
群众演员	qúnzhòng yǎnyuán		5

R

惹	rě	动	7
热带	rèdài	名	8
人次	réncì	量	8
人文	rénwén	名	1
人种	rénzhǒng	名	9
忍耐	rěnnài	动	6
认知	rènzhī	动	2
任凭	rènpíng	连 / 动	6
日益	rìyì	副	4
柔软	róuruǎn	形	6
揉	róu	动	6
如期	rúqī	副	5
如意	rú//yì	动	7
入选	rùxuǎn	动	4
软弱	ruǎnruò	形	9
睿智	ruìzhì	形	6
若干	ruògān	代	10
弱小	ruòxiǎo	形	7

S

洒脱	sǎtuō	形	5
撒	sǎ	动	3
散播	sànbō	动	6
散发	sànfā	动	3
散落	sànluò	动	8
丧门星	sāngménxīng	名	7
嫂子	sǎozi	名	6
色调	sèdiào	名	10
沙里淘金	shālǐ táojīn		1
沙丘	shāqiū	名	6
刹车	shāchē	动 / 名	9

筛选	shāixuǎn	动	1
善意	shànyì	名	7
伤感	shānggǎn	形	7
上岗	shàng//gǎng	动	2
上述	shàngshù	形	4
尚	shàng	副 / 连	4
赊账	shē//zhàng	动	6
申报	shēnbào	动	4
深层	shēncéng	形 / 名	1
神化	shénhuà	动	10
神经错乱	shénjīng cuòluàn		7
神圣	shénshèng	形	5
神态	shéntài	名	10
神仙	shénxiān	名	5
慎重	shènzhòng	形	5
升迁	shēngqiān	动	2
生机勃勃	shēngjī bóbó		8
生态	shēngtài	名	4
生物学	shēngwùxué	名	8
生效	shēng//xiào	动	4
声誉	shēngyù	名	1
牲畜	shēngchù	名	6
圣地	shèngdì	名	10
圣殿	shèngdiàn	名	1
盛事	shèngshì	名	4
湿润	shīrùn	形	3
石窟	shíkū	名	10
时空	shíkōng	名	2
实话	shíhuà	名	7
史诗	shǐshī	名	9
使命	shǐmìng	名	8
世代	shìdài	名	1
世故	shìgu	形	5
世人	shìrén	名	10
世俗	shìsú	名	2
事务	shìwù	名	2
事业单位	shìyè dānwèi		8
视角	shìjiǎo	名	4
视野	shìyě	名	3
适宜	shìyí	形	9
释放	shìfàng	动	6
收放自如	shōufàng zìrú		7
手锯	shǒujù	名	6
首批	shǒupī		4
首饰	shǒushì	名	7
首要	shǒuyào	形	4
寿星	shòuxīng	名	1
售价	shòujià	名	2
书呆子	shūdāizi	名	1
书籍	shūjí	名	1
舒坦	shūtan	形	5
耍赖	shuǎlài	动	6
衰败	shuāibài	动	4
率真	shuàizhēn	形	7
水池	shuǐchí	名	3
水禽	shuǐqín	名	8

水系	shuǐxì	名	4
水源	shuǐyuán	名	8
顺便	shùnbiàn	副	5
顺时针	shùnshízhēn	形	8
瞬间	shùnjiān	名	7
硕果	shuòguǒ	名	10
丝绸	sīchóu	名	6
私下	sīxià	名	9
思路	sīlù	名	4
死硬	sǐyìng	形	9
四合院	sìhéyuàn	名	3
饲养	sìyǎng	动	8
饲养员	sìyǎngyuán	名	8
肆意	sìyì	副	5
宿命	sùmìng	名	10
随即	suíjí	副	2
损伤	sǔnshāng	动	7
所谓	suǒwèi	形	2

T

他乡	tāxiāng	名	5
泰斗	tàidǒu	名	10
谈资	tánzī	名	9
忐忑	tǎntè	形	10
坦荡	tǎndàng	形	1
袒露	tǎnlù	动	10
探求	tànqiú	动	7
烫	tàng	动 / 形	6
讨好	tǎo//hǎo	动	7
特写	tèxiě	名	5
特质	tèzhì	名	2
腾	téng	动	2
提速	tí//sù	动	4
提要	tíyào	名	9
啼哭	tíkū	动	7
体面	tǐmiàn	形 / 名	6
体贴	tǐtiē	动	6
体质	tǐzhì	名	10
天地	tiāndì	名	3
天外来客	tiānwài láikè		9
天文台	tiānwéntái	名	9
天性	tiānxìng	名	8
挑剔	tiāoti	动	5
听从	tīngcóng	动	8
庭院	tíngyuàn	名	3
停顿	tíngdùn	动	5
停滞	tíngzhì	动	8
通病	tōngbìng	名	6
通达	tōngdá	动	6
通风	tōng//fēng	动	3
通航	tōngháng	动	4
通透	tōngtòu	动 / 形	3
同居	tóngjū	动	5
统称	tǒngchēng	动 / 名	3
统筹	tǒngchóu	动	4
偷窥	tōukuī	动	7
偷情	tōu//qíng	动	7

投机	tóujī	动	5
投喂	tóuwèi	动	8
透风	tòu//fēng	动	5
图景	tújǐng	名	3
图像	túxiàng	名	10
土坯	tǔpī	名	3
推断	tuīduàn	动	3
推理	tuīlǐ	动	9
退让	tuìràng	动	7
妥协	tuǒxié	动	5

W

外号	wàihào	名	7
外星人	wàixīngrén	名	9
外在	wàizài	形	3
完备	wánbèi	形	3
完好	wánhǎo	形	10
顽固	wángù	形	7
网民	wǎngmín	名	1
望楼	wànglóu	名	3
偎依	wēiyī	动	5
微贱	wēijiàn	形	2
微量元素	wēiliàng yuánsù		6
微妙	wēimiào	形	5
围合	wéihé	动	3
唯	wéi	副	1
唯有	wéiyǒu	连/副	1
伪科学	wěikēxué	名	9
伪装	wěizhuāng	名/动	7
委屈	wěiqu	形	7
未	wèi	副	4
未知数	wèizhīshù	名	4
胃口	wèikǒu	名	1
温差	wēnchā	名	10
温带	wēndài	名	8
温泉	wēnquán	名	7
温柔	wēnróu	形	10
文豪	wénháo	名	1
文物	wénwù	名	4
文献	wénxiàn	名	3
蚊子	wénzi	名	7
吻合	wěnhé	形	3
无干	wúgān	动	1
无价	wújià	动	2
无以为生	wúyǐwéishēng		5
无异	wúyì	动	5
无助于	wúzhù yú		9
妩媚	wǔmèi	形	10
侮辱	wǔrǔ	动	7
舞女	wǔnǚ	名	10
物件	wùjiàn	名	2
物种	wùzhǒng	名	8

X

昔日	xīrì	名	4
习性	xíxìng	名	8
喜悦	xǐyuè	形	7
狭小	xiáxiǎo	形	5

狭窄	xiázhǎi	形	1
下垂	xiàchuí	动	10
下山	xià shān		6
下意识	xiàyìshi	副	7
先贤	xiānxián	名	1
闲事	xiánshì	名	6
闲书	xiánshū	名	1
显露	xiǎnlù	动	6
显示屏	xiǎnshìpíng	名	5
现成	xiànchéng	形	1
线条	xiàntiáo	名	10
羡慕	xiànmù	动	7
相爱	xiāng'ài	动	5
相识	xiāngshí	动/名	6
香灰	xiānghuī	名	2
香炉	xiānglú	名	2
享福	xiǎng//fú	动	7
享用	xiǎngyòng	动	1
向往	xiàngwǎng	动	2
相貌	xiàngmào	名	2
像模像样	xiàngmú xiàngyàng		5
像样	xiàng//yàng	形	6
消匿	xiāonì	动	8
消灾	xiāo//zāi	动	1
潇洒	xiāosǎ	形	7
小户人家	xiǎohù rénjiā		3
小康	xiǎokāng	形	1
小鸟依人	xiǎoniǎo yīrén		7
小众	xiǎozhòng	名	8
效益	xiàoyì	名	8
协定	xiédìng	名	4
协作	xiézuò	动	4
泄漏	xièlòu	动	9
邂逅	xièhòu	动	5
心烦	xīnfán	动	6
心结	xīnjié	名	7
心坎儿	xīnkǎnr	名	6
心目	xīnmù	名	9
心性	xīnxìng	名	1
兴盛	xīngshèng	形	10
星球	xīngqiú	名	9
形制	xíngzhì	名	3
兴致	xìngzhì	名	5
幸亏	xìngkuī	副	1
性情	xìngqíng	名	1
凶杀	xiōngshā	动	1
修补	xiūbǔ	动	6
修脚	xiū//jiǎo	动	8
修行	xiūxíng	动	2
羞涩	xiūsè	形	5
羞于	xiūyú		1
秀丽	xiùlì	形	3
绣	xiù	动	6
虚假	xūjiǎ	形	9
序幕	xùmù	名	4
叙述	xùshù	动	9

宣称	xuānchēng	动	9
宣言	xuānyán	名	4
旋涡	xuánwō	名	7
选中	xuǎnzhòng		9
绚烂	xuànlàn	形	7
绚丽	xuànlì	形	3
靴子	xuēzi	名	6
雪盲症	xuěmángzhèng	名	6
熏陶	xūntáo	动	1
寻常	xúncháng	形	7
寻访	xúnfǎng	动	2

Y

咽喉	yānhóu	名	10
湮没	yānmò	动	10
严密	yánmì	形	3
言辞	yáncí	名	4
岩石	yánshí	名	8
沿岸	yán'àn	名	4
沿线	yánxiàn	名	4
研讨会	yántǎohuì	名	4
掩盖	yǎngài	动	7
掩护	yǎnhù	动	9
掩饰	yǎnshì	动	7
眼界	yǎnjiè	名	1
眼神	yǎnshén	名	5
演变	yǎnbiàn	动	3
演进	yǎnjìn	动	4
演绎	yǎnyì	动	3
厌倦	yànjuàn	动	5
佯攻	yánggōng	动	7
养料	yǎngliào	名	1
养生	yǎngshēng	动	1
样刊	yàngkān	名	2
摇晃	yáohuàng	动	10
遥远	yáoyuǎn	形	6
咬牙	yǎo//yá	动	5
要地	yàodì	名	10
也就是说	yě jiùshì shuō		5
野外	yěwài	名	8
野性	yěxìng	名	8
液化气	yèhuàqì	名	5
依凭	yīpíng	动	1
依托	yītuō	动	8
一度	yídù	副 / 数量	2
遗迹	yíjì	名	10
遗弃	yíqì	动	7
遗忘	yíwàng	动	10
遗址	yízhǐ	名	3
疑惑	yíhuò	动 / 名	5
一锤定音	yìchuí dìngyīn		4
一己之力	yìjǐzhīlì		1
一声不吭	yìshēng-bùkēng		6
异地	yìdì	名	5
异样	yìyàng	形	5
易于	yìyú	动	6
逸闻	yìwén	名	1

引领	yǐnlǐng	动	1
隐秘	yǐnmì	形	3
婴儿	yīng’ér	名	7
迎合	yínghé	动	7
营收	yíngshōu	名	8
营造	yíngzào	动	3
萦绕	yíngrào	动	10
影壁	yǐngbì	名	3
影响力	yǐngxiǎnglì	名	2
硬邦邦	yìngbāngbāng	形	6
雍容	yōngróng	形	10
永恒	yǒnghéng	形	1
用度	yòngdù	名	2
优劣	yōuliè	名	4
优生	yōushēng	动	1
优越	yōuyuè	形	3
忧虑	yōulǜ	动	1
悠闲	yōuxián	形	10
由衷	yóuzhōng	动	7
犹如	yóurú	动	1
犹疑	yóuyí	形	5
有序	yǒuxù	形	3
有种	yǒuzhǒng	动	7
幼小	yòuxiǎo	形	7
诱使	yòushǐ	动	1
余光	yúguāng	名	7
与此同时	yǔcǐ-tóngshí		8
宇宙	yǔzhòu	名	9
欲望	yùwàng	名	2
渊源	yuānyuán	名	3
园艺	yuányì	名	8
缘分	yuánfèn	名	5
院落	yuànluò	名	3
乐舞	yuèwǔ	名	10
孕育	yùnyù	动	4
运河	yùnhé	名	4

Z

砸	zá	动	6
载体	zàitǐ	名	1
赞扬	zànyáng	动	1
凿	záo	动	4
灶台	zàotái	名	6
造价	zàojià	名	8
造像	zàoxiàng	名	10
躁动不安	zàodòng bù’ān		1
则	zé	连	8
责怪	zéguài	动	7
锃亮	zèngliàng	形	6
眨	zhǎ	动	5
择菜	zhái//cài	动	5
账单	zhàngdān	名	6
招致	zhāozhì	动	7
召见	zhàojiàn	动	10
照理	zhàolǐ	副	9
罩	zhào	动	7
折腾	zhēteng	动	6

遮	zhē	动	3
遮蔽	zhēbì	动	3
遮阳	zhēyáng	动	8
折叠	zhédié	动	6
哲人	zhérén	名	1
珍宝	zhēnbǎo	名	10
震撼	zhènhàn	动	10
整合	zhěnghé	动	4
正步	zhèngbù	名	6
正道	zhèngdào	名	5
正房	zhèngfáng	名	3
之所以	zhīsuǒyǐ	连	1
知名度	zhīmíngdù	名	9
知之甚少	zhī zhī shèn shǎo		10
直辖市	zhíxiáshì	名	4
指南	zhǐnán	名	9
指使	zhǐshǐ	动	6
秩序	zhìxù	名	3
滞后	zhìhòu	动	8
忠告	zhōnggào	名 / 动	1
终极	zhōngjí	名	9
重任	zhòngrèn	名	10
重镇	zhòngzhèn	名	10
诸多	zhūduō	形	4
蛛网	zhūwǎng	名	5
主干	zhǔgàn	名	4
主义	zhǔyì	名	9
注定	zhùdìng	动	5
柱廊	zhùláng	名	3
筑	zhù	动	8
专栏	zhuānlán	名	2
专一	zhuānyī	形	5
专注	zhuānzhù	形	6
追随	zhuīsuí	动	2
着眼	zhuóyǎn	动	1
姿态	zītài	名	10
自发	zìfā	形	7
自负	zìfù	形	6
自如	zìrú	形	7
自尊	zìzūn	动	6
字面	zìmiàn	名	9
宗旨	zōngzhǐ	名	8
走向	zǒuxiàng	名	4
祖先	zǔxiān	名	2
祖宗	zǔzong	名	4
钻戒	zuànjiè	名	2
尊卑	zūnbēi		3

附录（二）成语索引

老生常谈	lǎoshēng-chángtán	9
乐此不疲	lècǐ-bùpí	9
雷厉风行	léilì-fēngxíng	7
落落大方	luòluò-dàfāng	10

M

毛骨悚然	máogǔ-sǒngrán	7
貌合神离	màohé-shénlí	5
面目可憎	miànmù-kězēng	1
名副其实	míngfùqíshí	1
目不暇接	mùbùxiájie	4

N

袅袅婷婷	niǎoniǎotíngtíng	7

P

拍案而起	pāi'àn'érqǐ	7
迫不及待	pòbùjídài	10

Q

奇耻大辱	qíchǐ-dàrǔ	7
前所未有	qiánsuǒwèiyǒu	4
锲而不舍	qiè'érbùshě	7
琴棋书画	qín-qí-shū-huà	2
青梅竹马	qīngméi-zhúmǎ	7

R

惹是生非	rěshì-shēngfēi	6
人去楼空	rénqù-lóukōng	4
人云亦云	rényún-yìyún	1
如愿以偿	rúyuànyǐcháng	6

S

煞风景	shāfēngjǐng	2
深宅大院	shēnzhái-dàyuàn	3
生生世世	shēngshēngshìshì	2
十字路口	shízì-lùkǒu	10
世外桃源	shìwài-táoyuán	10
事倍功半	shìbèi-gōngbàn	1
水到渠成	shuǐdào-qúchéng	4
水土不服	shuǐtǔ-bùfú	2
肃然起敬	sùrán-qǐjìng	6
随波逐流	suíbō-zhúliú	2

T

泰山压顶	tàishān-yādǐng	5

W

蔚为大观	wèiwéidàguān	3
纹丝不动	wénsī-búdòng	7
无价之宝	wújiàzhībǎo	4
无声无息	wúshēng-wúxī	7
无时无刻	wúshí-wúkè	7
无忧无虑	wúyōu-wúlǜ	7
五花八门	wǔhuā-bāmén	1

X

嬉皮笑脸	xīpí-xiàoliǎn	6
显而易见	xiǎn'éryìjiàn	5
想方设法	xiǎngfāng-shèfǎ	6
心惊肉跳	xīnjīng-ròutiào	6
心领神会	xīnlǐng-shénhuì	6
心血来潮	xīnxuè-láicháo	6
形影不离	xíngyǐng-bùlí	5

《高级中文综合教程》（全三册）

编者分工一览表

编者	第 1 册	第 2 册	第 3 册
李文	第一课　第三课 第八课　第十课	第一课　第八课 第九课　第十课	第一课　第五课 第九课　第十课
杨洁	第二课	第六课	第六课
宋红芳	第六课	第三课	第三课
张亚茹	第五课	第二课	第八课
张咏梅	第七课	第五课	第四课
柯润兰	第四课	第七课	第七课
洪桐怀	第九课	第四课	第二课